法律法规释义系列

中华人民共和国
种子法导读

刘振伟 张桃林 刘东生 主编

修订版

ZHONG HUA REN MIN GONG HE GUO
ZHONG ZI FA DAO DU

中国法制出版社
CHINA LEGAL PUBLISHING HOUSE

编委会

国以农为本　农以种为先

（代序言）

全国人大常委会副委员长　吉炳轩

国以农为本，农以种为先。种子不仅是农业的基本生产资料，也是农业科技进步的重要载体。我国用占世界7%的耕地养活了占世界21%的人口，生产了占世界25%的粮食，农作物优良品种的培育和推广发挥了不可替代的重要作用。作为世界上的农业大国和用种量最大的国家，不断提升依法治种水平，推动建立现代种业强国，对于我们牢牢把握粮食安全的主动权，保障农产品有效供给，促进农业提质增效和绿色发展，都具有十分重要的意义。

当前和今后相当长时期，农业生态环境和资源条件约束将更加明显，受制于国内外粮价倒挂和农业生产成本不断提升，保障国家粮食安全和农产品有效供给对种业发展提出了新的更高要求。目前，我国大宗农产品进口量不断增加，粮食进口量已超过生产量的20%；人口数量由1979年的10亿增长到现在的14亿；而耕地数量自1979年到现在却减少了1亿多亩，且水土流失不断加剧，土地不是增多，而是在减少，特别是耕地，再减下去就势必影响粮食安全。在人口不断增长和消费水平不断提高的背景下，在耕地资源减少和水资源束缚加剧的趋势下，农业的阶段性、结构性供过于求和供给不足问题并存，我们要将饭碗端在自己手中，就必须把种子控制在手里，否则我们就会陷于被动，粮食安全和农业发展就无法保证。

党中央、全国人大、国务院历来高度重视种业发展问题和种子法贯彻实施工作。习近平总书记在2013年的中央农村工作会议上指出，“要下决心把民族种业搞上去，抓紧培育具有自主知识产权的优良品种，从源头上保障国家粮食安全”。2016年的中央一号文件也明确提出，要“加快推进现代种业发展”，“要全面推进依法治种”。“十四五”规划纲要也将发展现代种业，开展良种重大科技攻关，建设国家级育制种基地，培育壮大育繁推一体化的种业龙头企业等，作为国民经济和社会发展的一项重大任务。习近平总书记在2020年底召开的中央经济工作会议和中央农村工作会议上，都反复强调要把耕地保护好、种业搞上去。全国人大常委会2015年对种子法进行了修订，2017年下半年就对种子法的贯彻实施情况进行了执法检查，2021年又对种子法的贯彻实施和有关种子工作进行专题调研，并再次修改种子法，就是贯彻落实党中央的决策部署，进一步推动现代种业发展，确保国家种业安全。

一

从历史发展来看，不论是农业史，还是科技史，或是经济发展史，在中华文明中，农作物种子文明始终占据着十分重要的地位。

中华文明是以农耕文明为主，农耕和游牧相融合的文明。不论是农耕文明，还是草原文明，对于种子、种畜都是高度重视的，特别是农耕文明，更为重视。传统的农业社会，以粮为国之根本，民之必需，所以就特别重视农业生产。而重视农耕，重视粮食，就要从种子和土地做起。没有种子，或没有好的种子，再好的土地和生产条件也打不出粮食来。对于种子的保管，古人特别重视，指出，收藏种子必须干燥、通风，如果种子潮湿，又放在不通风的地方保存，就会坏掉，不发芽；即使发了芽，苗也长不好，而且经不起风雨，会很快死掉。提出，种子要纯，而不能杂。古人在生产实践中对种子的纯度看得很重。《齐民要术》提出，如果用混杂的谷种，出的苗会迟早不均匀；收获的粮食不但产量不高，而且有的好，有的坏；有的熟得早，有的熟得晚；不但粮食的品相不好，而且做饭也不能同时熟，还会出现夹生饭。当然，这主要是指谷米一类或豆类作物。古人要求，对于作种子的粮食收获，要单收、单打、单存放，而不能同其他粮食混收、混打、混存放，而且还要在田地里选种，即选出长得好的穗子。种子挑选要颜色纯洁的，籽粒饱满的，色泽鲜亮的；收割下来，要高高挂起，到第二年春天再从穗上打下来，作为种子来用。对于种子的保存，古人提出，还要根据不同作物，采取不同的保存方法。有的要挂起来，使其通风、干燥；有的可收拾干净、晾晒干燥后用窖来藏。用窖来藏也有很多讲究，既要防虫、防鼠、防潮、防霉变，还要注意密封，以延缓种子的新陈代谢速度，使种子能够休眠，保证春种时苗壮有力等。对于种子的开窖时间也有要求。《齐民要术》就提出，要在播种之前20来天开窖取出种子，并要对种子进行淘洗，清除杂质、空壳，以保证种子的纯度和净度。要种一颗算一颗，而且要晒干后再去播种。

《齐民要术》还提出了“粪种”的概念，有点类似现在的拌种和随种施肥的功效，不过这在中国1400多年前就已载于书籍，而实际应用也在2000年以上，是了不起的。所谓“粪种”，就是用肥料拌种，但又不是一般的粪肥，而是用粪土和骨头汤来拌。《周官》一书中就有记载，不同的土地还要采取不同的“粪种”。如红黄色的硬土，用牛骨汤来拌；淡红色的土地，用羊骨汤来拌；一刨就散开的土地，用麋骨汤来拌；干涸的沼泽土地，用鹿骨汤来拌；坚硬的土地，用麻子汤来拌；轻松的土地，用狗骨汤来拌。拌种是项技术活，不是谁都可以做的，要由懂技术的人来干，现在叫拌种技术员，而当时把这种人叫“草人”，即掌管“土化”方法的人，就是懂得土质和“粪种”技术的人。“草人”是古时的尊称，“神农尝百草”，这里的草指的是药；“百草之王”，指的是高明的药师。

对于不同作物种子的选择、收获，古人也有许多经验。那时可能没有现在的专门治种育种经营种子的基地和人员，而是在大田里选择长得最好的株穗作为种子。如麦种的选取，提出等麦熟可以收获时，选取穗中粗大健全的，割下来，缚成长束，竖立在打谷场中高而干燥的地方，晒到极干。不要那些有白色的，即麦穗尖部不饱满的颗粒，晒干后发白的，这样的穗株也不要用作种子，就是穗株不饱满的不用。小麦、玉米、谷子，包括稻子都有这种现象，玉米最明显。有许多棒子顶尖部是秃头，没有籽粒，这样的棒子就不能作为种子。如果有，一定要把这些穗去掉。麦穗晒干后要同干艾混杂在一起收藏，一般一石麦子，要放一束艾草。最好用瓦器或竹器来保管，这样的种子种下后收成可加倍。可见好种收成之大之好。对于谷子种子的选择，则选高大硬实的，将谷穗斩下来，扎成小把，挂在高而干燥的地方。这样收藏的谷子，可以保证苗全苗壮，等等。不同的作物种子，都有不同的要求，这不是空头理论，而是实践经验的总结，其中蕴含着科学道理。包括不同种子，不同种植时间，早几天，晚几天，播种的量都是不同的；不同的土壤，不同的墒情，播种的深浅也是不同的。

这些经验都是很宝贵的。

种子太重要了。有关资料显示，目前，全国农作物良种覆盖率达到96%，优良品种的商品供种率达到60%，杂交水稻和杂交玉米种子的商品供种率达到100%。

但也要清醒认识我国种业与种业发达国家的差距。我国种业的市场化改革是自2000年种子法颁布实施后开始的，相比其他产业，起步较晚，基础也弱，种业发展的薄弱环节也较为突出。一方面，产学研分割导致种业链条的各个环节集成度较低；另一方面，种业经营主体散弱小，导致种业集中度也较低。长期以来，我国的育种创新任务大都是由各级农林科研院所承担，由于缺乏人才流动机制，科研机构与种子企业的利益联结也不够紧密，再加上原来统一供种体系打破后，大量增加的种子公司分散了行业资源与市场份额，严重束缚了种业创新和民族种业做大做强。2015年修订的种子法在推动建立公益性育种研究和企业自主育种相结合的创新体制方面作了规定，目的就是调动科研单位和种子企业两方面的积极性，推动建立利益共享、风险共担的科研体系。但破除体制机制性束缚绝非朝夕之功，需要各地各部门在科企合作、成果转让、人才流动、权益分配等方面大胆创新，进一步加大产学研结合、育繁推一体化种子企业的培育力度。

应该清醒地看到，目前我国良种的安全供应能力有待进一步加强。种子是特殊的农业生产资料，其生产供应受市场和自然双重风险影响。种子的品种安全和种子质量安全不仅关系到农业增产增效，也直接关系着农民能否获得稳定的生产经营收入。为此，2015 年修订的种子法明确了非主要农作物品种的登记制度，明确了强制性品种退出制度，明确了种子企业要对种子标签和使用说明的真实性负责，以确保农业生产经营者的用种安全。但当前由于品种缺陷造成的农作物种植风险仍然存在，假劣种子侵农害农事件时有发生，一些地方的种子市场监管能力也有待加强，这些都需要各地各部门通过加强严格执法加以解决。

应该清醒地看到，我国种业知识产权保护制度仍需完善。近年来，我国植物新品种权的申请和授权数量都大幅增加，2015 年修订的种子法专门就植物新品种权作了规定，但与当前生物技术和分子育种技术的快速发展形势以及保护需求相比，知识产权保护制度仍需要完善，保护力度也有待进一步加强。特别是在植物新品种保护方面，尽管 2015 年修订的种子法新增了植物新品种权保护专门规定，但由于实质性派生品种管理制度缺失，目前面临的一个突出问题是修饰性、模仿性品种较多，同质化问题突出，原始创新人花费多年培育的品种，被他人进行简单修饰模仿后，就可以进入市场，这对鼓励原始创新极为不利，如果任由其发展，也势必影响到我国建立现代种业大国目标的实现。

对于这些问题，我们都要高度重视，抓紧推动解决，应尽快努力提升依法治种和现代种业发展水平。

一是要进一步推动种业科技创新。育种创新和良种培育，关系到农业综合生产能力的提升，也将带动耕作栽培、植物保护、农业生态建设、农产品加工等各领域的发展。要始终坚持以增强种业自主创新能力为出发点，为推动育种创新体系发展提供法律保障。要依法推动种业领域科研成果权益分配改革，探索育种成果权益分享方式，促进人才、资源、技术依法有序向企业流动，逐步建立基础性、公益性研究与商业化育种有机结合的种业科技创新体系。

二是要进一步加大种质资源保护。要明确种质资源库、保护区和保护地种质资源的公共资源属性，依法推动公共种质资源开放利用。要加快完善国家种质资源保护与利用规划，加强国家级育种制种基地和区域性良种繁育基地建设，建立健全种质资源保护、利用和管理服务体系。要依法落实对种质资源的各项保护措施，实施好对优势种子繁育基地的基本农田永久保护、农机购置补贴、保险保费补贴等扶持措施，依法保障国家种质资源安全。

三是要进一步强化种子品种管理。一方面，要依法落实主要农作物和主要林木品种审定制度，把推动产学研结合、促进育繁推一体化作为整合种业资源的切入点，实施运用好品种审定“绿色通道”。对存在种植风险的品种要依法强制退出，明确推广销售已撤销审定品种的法律责任。另一方面，要依法建立非主要农作物品种登记制度，完善相关配套规定，落实省级农业主管部门的登记和管理职责。

四是要进一步加强种子质量监管。要始终坚持将确保农业生产经营者的用种安全作为最重要目标，依法维护种子管理机构的法律地位，不断提升种子市场监管水平，不断加强对种子质量的监督检查。要依法严肃查处假劣种子侵农害农行为，明确种子生产经营者的质量责任，督促企业建立种子可追溯信息系统，实施全程可追溯管理。

五是要进一步完善种业知识产权保护制度。作为科技创新激励机制的重要组成部分，建立和完善知识产权保护制度，是关系育种创新和种业持续健康发展的重要问题。要通过严格执法，进一步加大对套牌侵权、假冒授权品种、侵犯植物新品种权等违法行为的打击力度，为育种成果的有偿使用和快速转让提供法律保障。要实施实质性派生品种管理制度，进一步激发科研人员从事原始育种创新的积极性。

二

要育出良种，销售良种，保护良种，就还需要弄清一个问题，何为良种？这好像不是什么问题，但正是这所谓人人都清楚都明白的不是问题，却成了一个问题，需要花费点笔墨说得更清楚一些。这个问题必须要从我国的国情出发来看待。

何为良种？特别是当前农民最需要什么样的良种？根据我国目前的农业生产实际和市场需求，我感觉到有以下几条标准：

1. 要能高产。

高产丰收问题始终是农业生产的一个根本问题，这是由我国人多地少、农业资源有限的实际所决定的。不要认为我国连续十多年粮食丰收，库里装不下了，就认为我们的粮食吃不完了，产量就可以压下来了。这样看问题就会大错特错。我们的粮食还是不足的，这一点一定要十分清醒。我们所需要的粳米和食用油用粮还有很大缺口，特别是油用大豆，还需要大量进口。前几年的所谓粮食涨库，主要是玉米多了一些，这是结构性矛盾，稍微进行了种植结构的调整，玉米又显得不足了，这两年还需进口。种植结构调整，而不是不要高产。玉米即使压缩种植面积，也要着重于高产。也正因为前些年玉米种植成效明显，有大量的良种种植，使玉米产量普遍每亩在1400斤以上，许多农田达到2000斤的亩产，才使玉米的生产出现了一段时间供大于求的局面。水稻如果没有袁隆平高产杂交水稻种子的推广，我们的稻米供应也是严重不足的。中国的国情决定了，要在有限的耕地上产出更多的粮食，粮食高产既是一条需要长期坚持的原则，也是战略。良种要能高产，高产需要良种，这仍然是第一位的。

2. 要能优质。

粮食高产仅是一方面，另一方面就是优质。随着经济的发展，人们的消费水平也在发生变化，而且是很大的变化，正在由温饱向富裕迈进。小康同温饱的要求是不一样的。短缺经济时代，人们为吃饱肚子而奔波，能吃口饱饭就心满意足了，也就不大追求食物的品质。现在则不同了，人们不仅是要吃饱的问题，还要吃好、穿好、住好、行好，生活标准大大提高了。这是历史的发展进步，也是改革开放的成效，是好事。要满足人们不断增长变化的新需求，就要着力去提高各类农作物的品质。就粮食、水果、蔬菜来说，人们还是钟情于品质高的。中原地区的小麦，东北地区的大米，一些知名的品牌之所以受欢迎、价格高，而且销路广，就在于品质好。还有一些地区的苹果、大枣、西瓜、香瓜和一些蔬菜多少年来市场波动不大，始终深受欢迎，也在于品质好。入口农作物的品质主要是口感、质感和营养成分，即好吃好看有营养，我们应努力去培育这样的良种。有些作物、果蔬产量和质量存在矛盾，产量高，质量会低；而质量低，往往产量较高。怎样做到高产优质，这是良种培育需要着力攻关的问题。我们的法律就要保护高产优质的良种培育，保护具有地域优势的特色种业发展。

只有高产了，优质了，富有特色了，才能高效。良种的意义最终要体现在效益上，靠效益来衡量和反映。

3. 要能适地。

再好的种子都有其地域性，放之四海而皆可用的种子是没有的。农作物受天时、地利的影响很大，土壤条件不同，气温寒热不同，雨水多寡不同，风力大小不同，适者就生存，不适者淘汰，这是生物生存法则，天工造物就是这个规矩。再好的种子，离开了适宜它的地理环境，到其他地域去种植，如果不去进行培育改良，就会不服水土。不论是引进良种，培育良种，推广良种，都必须坚持适地原则，即培育、改良、推广自己这个地区最适宜的品种。我们现在引进了一些种子，这些种子都是很好的，但引进来后效果如何，必须做适应性实验，而不能盲目推广。种子不能搞简单的拿来主义。培育种子不能走捷径，认为哪里的种子好了，就买回来，大肆推广。这不是说种子不能引进，而是要积极引进，但一定要经过适应性的实验，还要进行改良，否则会出问题的。红薯、玉米、棉花、苹果等许多农作物都不是中国原产的，而是从南美洲经欧洲，或者西域一些国家引进的，但进入中国后，都是经过实地种植，不断适应和改良以后，才成了中国当家的农作物。有些农作物适应期还不是一年两年、一代两代完成的，而是经过几代、十几代，甚至更长的时间才完成的。积极引进优良品种，结合当地水肥气候等条件，培育改良出自己的优良品种，这是需要努力做好的。

4. 要能抗病。

不论什么样的农作物都有病害，动物和植物都是一样的，人得病，植物也得病。人得病有内因和外因两种，内因有基因遗传问题。人体素质因不同的基因传递，有的抵抗能力减弱、免疫功能下降，用中医的话来说，就是正气不足，而抵挡不住外邪入内，正气足了，外邪就进不了体内，也就得不了病。外因有气候、环境、工作、饮食、灾害等种种原因，导致人体不适，甚至发生了病痛。植物同样，有些病是基因传递而来的，即在种子的基因中就有这个病，也是世世代代传了下来；有的是地力、肥力不足，水土不服，或风力不够，阳光不足所致。植物的很多病有的是自身抵抗能力不足而生的，也有的是外力侵害所致的，特别是恶劣的气候条件，阴雨连绵、低温寡照、闷热潮湿等自然条件不利，以及大气污染、土壤污染、水系污染等，给植物带来了疾病，直接影响农作物的产量和品质。解决污染不是种子的问题，是环境保护问题。但在不利的环境条件下，种子的培育也要研究这个问题，怎样能增强种子的免疫功能，增强抗病的能力，这个关一定要攻，攻破了就是造福人类的大功一件。农业生产要研究在工业社会条件下的发展问题，种子培育也要能够跟上。

5. 要能防虫。

虫灾虫害，现在是农作物的大灾大害。我的房后有一点空闲之地，原先种植的是草，我开辟出了一小块，种了几种蔬菜，还栽了几棵树。蔬菜有韭菜、大葱、茄子、辣椒、秋葵、豆角、黄瓜、西红柿、胡萝卜、白菜、小青菜等，当然是根据季节不断调整来种，每样都不多，有的几棵、几十棵，也是一种兴趣，还是一种试验，也是观察了解蔬菜的各种灾害疾病。果树有桃、杏、苹果、核桃、石榴、无花果，也都是小树，但也都挂了果，少者一棵，多者两棵，也不是靠它们来吃果，而是为了观察了解，当然也是一种生活情趣。还有几株葡萄，葡萄下边还种了几棵草莓。这些蔬菜、果树，从播种、栽种，到发芽、成长、开花、结果，我爱人都是很精心的，比在一般菜园里、果园里投放的精力要大得多，也细致得多。我是坚持不用农药治虫的，但虫灾十分严重。蔬菜从小苗出来，除了韭菜、大葱、蒜苗和胡萝卜没有多少虫害外，其他蔬菜都受到虫害的侵蚀。各种各样的虫都有，从小苗吃到壮苗，再吃到开花结果，一年下来基本上是给虫子种的蔬菜，有的蔬菜是绝收的，像白菜、白萝卜都被虫子吃掉，我从来没有收获过。果树也是一样，人吃得没有虫吃得多，没有一种水果不被虫吃的。虫太厉害了，怎么办？除了药物防治，生物防治外，能不能在种子上做点文章，培育出抗虫的种子来？药物防治危害甚大，药了虫也害了人，鸟和蜜蜂也深受其害，几遭灭种之灾。这是个需要抓紧解决，而又需要长久科研的问题，也是要害问题。

6. 要能耐灾。

农业生产年年有灾，这是自然规律。我们的许多农业技术运用，就是在同自然灾害斗争中产生并发展和逐步规范的。如作物种植的沟栽法、畦栽法、埂栽法、合理密植法、培土法、锄地法、灌溉法、晒地法等，都是在防备和抗拒自然灾害。正因为我们积累了丰富的抗拒自然灾害的办法，才能不断去夺取农业的丰收，保持了人们有饭吃、有衣穿、有活干，能够安居乐业的好局面。除了农业设施和耕作技术外，种子的抗灾能力也是一个很重要的方面。如矮化密植的小麦、水稻等优良品种，就可以抗风灾、抗倒伏，这是种子的作用。玉米、谷子也是一样，好的玉米、谷子品种，可以靠自己的根茎次生根，俗称霸王鞭，紧紧抓在地上，也可以抗倒伏，而不惧风的侵害。优良品种应是能够耐灾抗灾的品种，也包括节水、耐旱的作物品种，而不能是经不起风吹雨打的品种或费水而不经旱的品种。

三

种子是农业的基础，也是关键，夺取农业丰收，提高农产品品质，关键靠种子，这个道理是都清楚明白的。同时，还需要明白的是，种子也是农业科技进步的重要载体，良种培育是农业科技创新的重要领域和关键环节。良种培育不仅有效提升了农业综合生产能力，也带动了耕作栽培、植物保护、农业生态建设、农产品加工等各领域的创新发展。新种子法坚持创新驱动发展的理念，以体制改革和机制创新为动力，推动建立基础性、公益性育种研究和企业自主育种相结合的育种创新体系，加大种业知识产权保护力度，为提升种业自主创新能力提供了法律保障和制度支撑。

需要进一步明确的是，农作物种业有其特殊性，特殊就特殊在种业是国家战略性、基础性核心产业，是促进农业长期稳定发展、保障国家粮食安全的根本。抓住了种业，就抓住了国家粮食安全的根本和关键。种业涉及方方面面，科研单位、大专院校、经营企业、农业种植的一家一户，也包括一些农业机械，特别是耕作播种机械的制造、改革和创新，也涉及一些化肥、农药的生产和使用、销售等，即农作物从种到收，到储运、加工、销售等，各个层面和环节均有关系。有的是直接关系，有的是间接关系，有的是连带关系。可以说，种业的发展是一个牵一发而动全身的系统性工程。这样一个系统性工程，仅靠任何一家都是办不了、办不好的。尤其是现代种业，不同于传统农业的自种自收自留种的生产方式，而是育培、繁殖、推广、种植一体化的，而且是通过市场手段来运作的，任何一个单位、一个企业、一个人都无法把这一系统工程承担下来，而能够承担的、发挥主导作用的只能是政府。因为政府掌握着众多的公共资源，可以依法统一协调各个方面，能够把各种资源调动起来、整合起来，为现代种业的发展提供政策支持和市场引导，能有效推动现代种业的发展。

政府的主导作用主要体现在：

要进一步强化种业基础性公益性研究。应组织和引导科研院所和高等院校开展种质资源收集、国家级和省部级保护、鉴定、育种材料的改良和创制，开展分子生物技术、品种检测技术、种子生产加工和检验技术等基础性、前沿性和应用技术研究，以及常规作物育种和无性繁殖材料选育等公益研究。要完善公共研究成果共享机制，为种子企业提供科技支撑。应组织动员相关部门加大对农作物种业基础性、公益性研究的投入，加大对生物育种产业的扶持力度。要加强农作物种业人才培养，组织和引导高等院校加强农作物种业相关学科、重点实验室、工程研究中心以及实习基地建设，引导建立教学、科研与实践相结合的有效机制，提升农作物种业人才培养质量。应充分利用高等院校教学资源，加大农作物种业人才教育和培训力度，为我国农作物种业发展提供人才和科技支撑。

要积极推进商业化育种体系建设。引导鼓励“育繁推一体化”种子企业整合现有育种力量和资源，充分利用公益性研究成果，按照市场化、产业化育种模式开展品种研发，逐步建立以市场为导向的商业化育种新机制。要推动种子企业兼并重组，在企业注册资金、固定资产、研发能力和技术水平等方面提高市场准入门槛，通过市场机制优化和调整企业布局。要支持大型企业通过并购、参股等方式进入农作物种业；鼓励种子企业间的兼并重组，尤其是鼓励大型优势种子企业整合农作物种业资源，优化资源配置，培育具有核心竞争力和较强国际竞争力的“育繁推一体化”种子企业。

要进一步加强种子生产基地建设。科学规划种子生产优势区域布局，建立优势种子生产保护区，实行严格保护。要加强西北、西南、海南等优势种子繁育基地的规划建设与用地保护。鼓励种子企业采取与制种合作社联合协作等方式建立相对集中、稳定的种子生产基地，增强种子生产能力。要完善种子储备调控制度，建立国家和省两级种子储备体系。国家应重点抓好储备杂交玉米、杂交水稻种子及其亲本，保障杂交种子供应和平抑市场价格；省级应重点抓好储备短生育期和大宗作物种子，保障灾后恢复生产和市场调剂。要严格品种审定和保护，进一步规范品种区域试验、生产试验、品种保护测试、转基因农作物安全评价和品种跨区引种行为，提高品种审定条件，统筹国家级和省级品种审定，加快不适宜种植品种退出。

要进一步强化市场监督管理。要严格种子生产、经营许可管理，依法纠正和查处骗取审批、违法审批等行为。要全面推进县级农业综合执法，加强种子行政许可事后监管和日常执法，加大对种子基地和购销环节的管理力度，严厉打击抢购套购、套牌侵权、生产经营假劣种子等行为，切实维护公平竞争的市场秩序。既要加强对进出境种子的检验检疫，还要加强农作物种业国际合作交流。要支持国内优势种子企业开拓国外市场，鼓励引进国际先进育种技术和优势种质资源，规范外资在我国从事种质资源收集、品种研发、种子生产、经营和贸易等行为。要切实做好外资并购境内种子企业安全审查工作。

要进一步完善种子生产政策。建立政府支持、种子企业参与、商业化运作的种子生产风险分散机制。要采取有效措施，加大高效、安全制种技术和先进适用制种机械的推广使用，将制种机械纳入农机具购置补贴范围。要完善种子收储政策，鼓励和引导相关金融机构特别是政策性银行加大种子收储的信贷支持，中央和省级财政应对种子储备给予补助。要健全管理体系，强化各级农业部门的种子管理职能，保障种子管理工作经费。要加强种子管理队伍建设，建立一支业务精通、素质过硬和装备精良的种子管理队伍。要充分发挥种子行业协会在现代农作物种业发展中的服务、维权、自律作用。

此外，还要进一步加大对育种企业投入、进一步创新成果评价和转化机制等，用行政、经济、法律、政策等手段，推动我国现代种业健康顺利发展，尽快做大做强。

还有一个问题需要强调的是，我们要由一个种业大国成为一个种业强国，就要始终坚持自主创新的原则，在自主创新的原则下，注意加强国际合作。

我们要依法保护加强农作物种业科技原始创新、集成创新和国际合作，鼓励引进国际优良种质资源、先进育种制种装备制造技术，加快培育具有自主知识产权的农作物种业科研成果，提高农作物种业核心竞争力。发展我国现代种业，必须着眼于自主创新、原始创新，这是需要始终坚持的，而且要努力做好的。但在坚持自主创新中，决不能把自己封闭起来，不与外界接触，不学习国际上的先进技术和运用现代化的先进设备，更不是不引进国外的优良作物新品种。而是要立足自身，放眼世界，敞开胸怀，学习、借鉴、吸收国际上人类社会所创造的一切优良种业成果，做到引进、消化、吸收、再培育，而不能关起门来，自我封闭。农业生产讲究地域性、适应性，但也特别需要引进、嫁接和吸收，这样才能取得更好的收成。人类的文明成果人类要共享，农业的文明成果更是如此。

中国历史上有“百粟”之说，就是在中国这块土地上有粟百种，而且是指中原及其周边地区，主要是黄河流域和长江流域这些传统农业地区，就种植有上百种谷物。粟是粮食的总称，也称为谷，所谓“百谷”就是百种粟，百种粮食作物。以后中原地区把谷作为玉米、水稻和小米的称谓，称玉米为苞谷，称水稻为稻谷，称小米为谷子。古时把谷分为三大类：一类称粱，即小粒谷类的总称，如谷子、高粱、黍、稷等农作物，共有20种；一类称稻，即水里栽种的粮食作物，如水稻等，也有20种；还有一类称菽，是各种豆类的总称，也有20种。这三类加起来是60种。此外，还有一些草本、木本植物的果实，可以供人采摘食用，是辅助谷物类的，也各有20种。这就是所谓的“百粟”，又叫“百谷”。今天由于粮食种植的规模化、高产量，加上畜牧业、果蔬业及渔业的发达，食用谷物品种大量减少，主要集中于麦、稻、玉米、小米和几种豆类、薯类，“百谷”之粮也就仅有10多种了。而在古人所说的百谷之外，又有许多新的农作物品种不是中国原产品，而是从域外引进的，但也进入了中国的粮食生产体系。

玉米，原产地在美洲，明嘉靖时期由东南沿海传入福建、广东，由缅甸传入云南、贵州，很快成为山地农业的新种杂粮，以后陆续传到四川、河南等地广为种植，到了今天成为我国的主要粮食作物，全国各地都有种植。甘薯，原产地也在美洲，也是在这一时期，稍晚于玉米从南方传入中国。由于甘薯的产量高，而且不论是贫瘠、碱卤和黄土、红土、沙土等各种土地都可生长，适应性很强，所以进入中国后，很快在全国各地广为种植，成为我国传统食粮的重要补充，以后曾成为中原一带的主要粮食作物，"一季甘薯半年粮"，成了救荒果腹的当家粮、救命粮。正因为玉米和甘薯的引进，在晚明时期就成为劳动人民赖以度荒的主要农作物。土豆的原产地也在美洲，据说在公元前就已有人工栽培的历史，后被欧洲的探险者和殖民者带到世界各地。17 世纪土豆已成为欧洲的重要粮食作物并传播到中国，成为中国继小麦、玉米、水稻后第四大粮食作物，我国的土豆种植面积和总产量已居世界首位。

木棉和棉花也是从域外引进的作物品种。宋时木棉已进入中国，在南宋时已在我国南方和西北地区广为种植。元代时，北方地区也广为种植。棉花也是来自域外，北宋时棉花已在广东、广西和福建种植，到南宋时就已在全国各地普遍种植。有许多史料都记载有宋时棉花的种植，而且地域广泛，遍布长江、淮河、黄河流域及四川地区。元时新疆维吾尔族地区也广为种植，而且是主要农作物。烟草也是明万历时期从吕宋（菲律宾）传入我国的，先在福建沿海种植，而后传到广东、江苏等地，明朝末年又传到北方、云贵，以后河南、云南成了烟叶主产区，河南许昌曾被称为烟叶王国。花生也是引进的，是明万历年间从东南沿海进入我国，很快在江南地区普遍种植，而后又传入北方地区，现在河南、山东又成了花生种植的大省，花生也成为当地的主要油料作物。

再就水稻来说，据最新考古发现，在浙江一带我国种植水稻的历史已有7000多年，我国是水稻的原产地，这是毋庸置疑的，但在以后的种植中，也不断引进国外的优良品种。据史书记载，北宋时期，曾引进越南的“占城稻”在福建种植。由于占城稻成熟早，抗旱能力强，而且“不择地而生”，适于普遍栽种，所以就由政府主导，在福建收取占城稻种三万斛，分送到江淮、两浙地区推广，一直到河南的汝州、鲁山也引进这一早稻种进行种植。这个稻子品种不但耐旱，而且“繁实”，即穗大粒多产量高，可以久藏，还适宜在高原地区栽植。

述说这段历史是想说明一个问题，就是要发展我国现代种业，一定要把自主创新和开放交流结合起来，统一起来，以加快我国现代种业的发展，法律要为其提供支持和保证。

此外，依法推动我国现代种业发展，还要注意坚持市场导向。通过产学研相结合、育繁推一体化，整合农作物种业资源，推动建立健全现代种业制度。要依法推动产学研结合，支持科研院所和高等院校的种质资源、科研人才等要素向种子企业流动，推动形成以市场为导向、资本为纽带、利益共享、风险共担的农作物种业科技创新模式。

要依法扶优扶强，依法保优保强，通过法律支持、政策引导，多渠道加大对优势科研院所、高等院校的种业基础性、公益性研究投入。

种子法是涉农法律中重要的法律制度，要认真学习，深入宣传普及，花气力推动种子法的深入贯彻实施，下力推动我国现代种业更好更快发展，能够尽快形成科研分工合理、产学研相结合、资源集中、运行高效的育种新机制，培育一批具有重大应用前景和自主知识产权的突破性优良品种，建设一批标准化、规模化、集约化、机械化的优势种子生产基地，打造一批育种能力强、生产加工技术先进、市场营销网络健全、技术服务到位的“育繁推一体化”现代农作物种业集团，健全职责明确、手段先进、监管有力的种子管理体系，显著提高优良品种原始创新能力和覆盖率，确保我国粮食等主要农产品有效供给。

目　录

绪　论

努力提高种业知识产权保护法治化水平[①]

刘振伟

2021 年 12 月 24 日，第十三届全国人民代表大会常务委员会第三十二次会议全票通过了《关于修改〈中华人民共和国种子法〉的决定》，自 2022 年 3 月 1 日起施行。这是继 2015 年 11 月 4 日第十二届全国人民代表大会常务委员会第十七次会议修订种子法后的又一次重要修改，对我国现代种业发展具有十分重要的意义。

种子是发展现代农业，保障国家粮食安全的基础。加强种业科学技术研究，保护植物新品种权，激励育种原始创新，是“打好种业翻身仗”的关键。党中央、国务院高度重视现代种业发展和知识产权保护。习近平总书记指出：“要下决心把我国种业搞上去，抓紧培育具有自主知识产

① 这是作者为 2022 年出版的种子法导读作的绪论，重点论述种业知识产权保护。文中的“新种子法”，指 2021 年修改的《中华人民共和国种子法》。

权的优良品种，从源头上保障国家粮食安全。”“实现种业科技自强自立、种源自主可控。”“知识产权保护工作关系国家治理体系和治理能力现代化，关系高质量发展，关系人民生活幸福，关系国家对外开放大局，关系国家安全。全面建设社会主义现代化国家，必须从国家战略高度和进入新发展阶段要求出发，全面加强知识产权保护工作，促进建设现代化经济体系，激发全社会创新活力，推动构建新发展格局。”“要综合运用法律、行政、经济、技术、社会治理等多种手段，从审查授权、行政执法、司法保护、仲裁调解、行业自律、公民诚信等环节完善保护体系，加强协同配合，构建大保护工作格局。要打通知识产权创造、运用、保护、管理、服务全链条，健全知识产权综合管理体制，增强系统保护能力。”近年来的中央经济工作会议和中央农村工作会议，都提出要大力推动自主创新，保护知识产权，打好种业翻身仗。

知识产权，指人们就其智力劳动成果所依法享有的专有权利，是一种无形的财产权，属于民事权利的一种，具有专有性、时间性、地域性等法律特征。我国民法典规定，民事主体依法享有知识产权，知识产权的客体包括作品，发明、实用新型、外观设计，商标，地理标志，商业秘密，集成电路布图设计，植物新品种，以及法律规定的其他客体，涵盖了实践中主要的知识产权种类，与国际通行做法基本一致。

我国民事、刑事基本法提供了知识产权保护的基本框架，在此基础上制定主体法及相关决定。1982 年制定了商标法，1984 年制定了专利法，1990 年制定了著作权法，2015 年修改种子法，增加植物新品种保护专章，加上相关法律的涉知识产权保护规定，我国知识产权法律制度与现实需求总体上是适应的。但是，与专利等种类的知识产权保护相比，我国种业知识产权保护起步晚。过去总认为利用自然遗传资源培育新品种，是对自然资源的改良、利用或开发活动，创新性不强，科技含量不高，这是误解。选育动植物新品种过程漫长，培育一个植物新品种一般需要 8～10 年，选育一个畜禽新品种，要花费数十年乃至上百年，其成果凝聚了育种者大量的智力创造性活动。特别是现代育种科技变革迭代，基因组学、分子生物学、合成生物学、信息生物学、人工智能技术、大数据信息技术等广泛应用于动植物育种领域，现代种业进入了“常规育种＋现代生物技术育种＋信息化育种”时代，是科技含量很高的前沿学科，是十分重要的知识产权种类。2021 年的种子法修改，聚焦提高植物新品种知识产权保护法治化水平，在育种者、生产经营者、使用者之间建立平衡的权利义务关系，为原始创新和种业振兴提供法治保障。

一、我国植物新品种保护制度现状

1997年3月20日，国务院颁布《中华人民共和国植物新品种保护条例》，同年10月1日施行，正式确立植物新品种权制度。1999年我国加入国际植物新品种保护联盟公约（UPOV 1978年文本），国务院农业、林业主管部门相继颁布《中华人民共和国植物新品种保护条例实施细则（农业部分）》（1999年）、《中华人民共和国植物新品种保护条例实施细则（林业部分）》（1999年）、中华人民共和国《农业植物新品种权侵权案件处理规定》（2003年）、《中华人民共和国林业植物新品种保护行政执法办法》（2014年）等规章；最高人民法院发布《关于开展植物新品种纠纷案件审判工作的通知》（法〔2001〕18号）、《关于审理植物新品种纠纷案件若干问题的解释》（法释〔2001〕5号）、《关于审理侵犯植物新品种权纠纷案件具体应用法律问题的若干规定》（法释〔2007〕1号）和《关于审理侵害植物新品种权纠纷案件具体应用法律问题的若干规定（二）》（法释〔2021〕14号）等。国务院农业农村和林业草原主管部门发布了11批农业植物品种保护名录和8批林业植物新品种保护名录。为适应种业知识产权保护的新要求，2015年修订《中华人民共和国种子法》，新增“新品种保护”专章，对植物新品种的授权条件、授权原则、品种命名、保护范围及例外、强制性许可等作出原则性规定，填补了我国植物新品种法律制度空白。此后，我国植物新品种权申请量和授权量逐步增多，截至2021年，农作物申请4.8万多件，授权1.7万多件，林草作物申请7000多件，授权3400多件，位列UPOV公约成员前列。

然而，由于我国现行植物新品种保护水平是基于UPOV公约1978年文本，保护力度低于UPOV公约大部分成员采用的UPOV公约1991年文本，难以应对生物育种技术快速发展带来的挑战，主要表现在三个方面：一是品种权保护范围窄，保护环节不完整。按照原来的规定，植物新品种权的保护范围仅限于授权品种的繁殖材料，保护环节仅限于授权品种繁殖材料的生产、繁殖和销售。因此，品种权人只能对未经许可生产、繁殖、销售授权品种繁殖材料，以及未经许可将该授权品种的繁殖材料重复使用于生产另一品种繁殖材料的情形主张权利，对未经许可使用受保护品种的繁殖材料而获得的收获材料不能主张权利（除非证明实施为繁殖进行的处理、许诺销售、进口、出口、储存授权品种繁殖材料的行为人与未经许可生产、繁殖、销售授权品种繁殖材料存在共同侵权，才能追究相关行为人侵害品种权的法律责任）。保护范围过窄和保护环节不完整，使品种权人陷入取证难、维权难、赔偿低的不利局面，许多侵权行为难以受到追究。二是对原始育种创新难以实行有效激励。为激励原始育种创新，避免修饰性育种免费占用原始品种育种成果，UPOV 公约 1991 年文本建立了实质性派生品种制度，并为 68 个 UPOV 成员接受并实施。我国长期以来未建立实质性派生品种制度，没有依据育种创新程度对原始品种与修饰性品种实施区别性保护。原始育种创新投入大、周期长、风险高、亲本容易流失。按照原来的规定，修饰性品种同原始品种受到同样保护，这就混同了不同劳动成果的价值贡献，这是明显的短板弱项。近些年来，虽然我国植物新品种权的申请量与授权量攀升，但品种多而不优、同质化严重，其中水稻、玉米的同质化率超过 50%。根据农业农村部科技发展中心对 1800 份水稻授权品种遗传相似度分析，50% 的品种与近似品种的遗传差异在 10% 以内，25% 的品种与近似品种的遗传差异在 5% 以内。“郑单 958”玉米品种作为第六代代表性品种，推广十多年，与其近似的品种很多。三是不利于种质资源和先进育种技术引进。来自国外的植物品种权申请量，在一定程度上反映国际社会对我国品种权保护的认可程度。目前，国外在我国申请植物新品种权保护的数量有限，约占总申请量的 8%，与美国的 62%、日本的 30% 差距不小。植物新品种保护制度不完善，影响优异种质资源和优良品种进入我国，也影响对原创性育种技术的引进、消化和吸收。

二、种子法修改的主要内容

2021 年种子法修改，聚焦我国种业知识产权保护的实际需要，通过扩大植物新品种权的保护范围、扩展保护环节、建立实质性派生品种制度、健全侵权损害赔偿制度、完善法律责任等，加大植物新品种权的保护力度。

（一）扩大植物新品种保护范围

新种子法规定，植物新品种保护范围由授权品种的繁殖材料延伸到未经许可使用授权品种繁殖材料获得的收获材料，凡涉及由未经许可使用授权品种的繁殖材料而获得的收获材料，应当得到植物新品种权所有人的许可。扩大品种权保护范围，增加了品种权人主张权利的机会，可以比较好地解决无性繁殖作物、常规作物品种维权难问题。新种子法同时规定，品种权人对授权品种繁殖材料已有合理机会行使其权利的，不再对该繁殖材料的收获材料行使权利。也就是说，品种权人不得针对同一批授权品种的繁殖材料和由该批繁殖材料获得的收获材料重复行使权利，并且在可能的情况下，应尽量针对繁殖材料行使权利。这样处理，有利于保护种子经营流通秩序。

（二）扩展植物新品种保护环节

新种子法规定，除本法、有关法律、行政法规另有规定的外，任何单位或者个人未经植物新品种权所有人许可，不得生产、繁殖和为繁殖而进行处理、许诺销售、销售、进口、出口以及为实施上述行为储存该授权品种的繁殖材料，不得为商业目的将该授权品种的繁殖材料重复使用于生产另一品种的繁殖材料。与原法相比，品种权保护环节由原来的三个扩展为八个，增加了“为繁殖而进行处理、许诺销售、进口、出口、储存”五个环节，为品种权人提供了更多主张权利的机会，减少维权举证难度，对侵权行为构成全链条打击。

（三）建立实质性派生品种制度（EDV），实施延伸保护

实质性派生品种是指由原始品种实质性派生，或者由该原始品种的实质性派生品种派生出来的品种，与原始品种有明显区别，并且除派生引起的性状差异外，在表达由原始品种基因型或者基因型组合产生的基本性状方面与原始品种相同。新种子法第二十八条第四款规定，对实质性派生品种实施第二款、第三款规定行为的［即上述（一）、（二）所述内容］，应当征得原始品种的植物新品种权所有人的同意。实质性派生品种制度的要义是，实质性派生品种可以申请植物新品种权并可以获得授权，但对其进行商业化利用时，应当征得原始品种的植物新品种权所有人的同意。1991 年，国际植物新品种保护联盟针对利用生物技术修饰性改造他人授权品种的情况，建立了实质性派生品种（EDV）制度，明晰了原始品种的品种权人与派生品种的品种权人的利益分享机制，以鼓励育种原始创新，减少

修饰模仿。目前，UPOV 77 个成员中，有 60 个成员施行 UPOV 公约 1991 年文本，有 8 个成员施行 UPOV 公约 1978 年文本但建立了实质性派生品种制度，就是说，共有 68 个成员已经施行实质性派生品种制度。我国是 UPOV 成员中第 69 个施行实质性派生品种制度的成员。

新种子法规定，实质性派生品种制度的实施步骤和办法由国务院规定。实施实质性派生品种制度，需要种子 DNA 身份鉴定等技术支持。在农业领域，农业农村部已建立植物新品种测试中心及 27 个分中心，建立了水稻、玉米、小麦等作物 1 万多个品种的 DNA 指纹数据库，制定了 35 种作物的分子鉴定技术标准。在林业领域，国家林草局已建立 1 个测试中心、5 个区域测试分中心，收集了 69 个树种 427 个品种的 DNA 标准样品，编制了油茶、杨树等树种 SSR 分子鉴定技术标准。按照积极稳妥的思路，实质性派生品种制度可以分作物、分阶段施行。

（四）明确植物新品种权人的惠益分享途径

新种子法规定：“植物新品种权所有人可以将植物新品种权许可他人实施，并按照合同约定收取许可使用费；许可使用费可以采取固定价款、从推广收益中提成等方式收取。”这个规定是原则性的，具体需要依据平等互利、协商一致、等价有偿等原则，由当事各方通过协议明确权利义务。

（五）健全侵权损害赔偿制度

新种子法从五个方面提高对侵害植物新品种权行为的威慑力：明确将故意作为惩罚性赔偿的构成要件；加大了惩罚性赔偿数额，对权利人的损失或侵权人获得的利益或品种权许可使用费可以确定数额的，将赔偿数额的上限由三倍提高到五倍，难以确定数额的，将赔偿限额由三百万元提高到五百万元；明确赔偿数额应当包括权利人为制止侵权行为所支付的合理开支；提高对生产经营假种子违法行为的罚款额度，生产经营假种子货值金额不足二万元的，处二万元以上二十万元以下罚款，货值金额二万元以上的，处货值金额十倍以上二十倍以下罚款；提高对生产经营劣种子违法行为的罚款额度，生产经营劣种子货值金额不足二万元的，处一万元以上十万元以下罚款，货值金额二万元以上的，处货值金额五倍以上十倍以下罚款。

新种子法关于植物新品种保护的规定，是我国植物新品种保护的支架性法律制度，比较好地衔接了 UPOV 公约 1991 年文本，全面强化了植物新品种保护力度，将保护水平推向新的高度。

（六）种子法修改中讨论的其他相关问题

植物新品种权的保护环节、保护范围和 EDV 制度，共同构成了植物新品种权的支架性法律制度，在行使权利过程中，还需要遵守权利用尽原则、合法来源抗辩规则和品种权例外规定。虽然新种子法没有直接规定权利用尽原则和合法来源抗辩规则，但为司法实践留出了空间。

一是关于权利用尽原则。权利用尽是知识产权领域的一个重要原则，又称首次销售权利用尽原则。这个原则通常是指，含有知识产权的产品由知识产权权利人或经其许可的经营主体售出后，知识产权权利人对该批产品享有的权利即行用尽，不得干预购买者对该批产品的后续处理，如使用、许诺销售、销售、进口等。不同类型的知识产权，其权利用尽的情形会有不同。如专利法第七十五条规定，专利产品或者依照专利方法直接获得的产品，由专利权人或者经其许可的单位、个人售出后，使用、许诺销售、销售、进口该产品的，不视为侵犯专利权。权利用尽原则是平衡知识产权权利人与其他当事方利益的机制，既体现知识产权的专有性，又体现特定条件下专利产品的自由流通性。

为了适应日益活跃的农产品国际贸易，UPOV 公约 1991 年文本第十六条规定了品种权权利用尽的情形："受保护品种的材料或第十四条第五款所指品种的材料，已由育种者本人或经其同意在有关缔约方领土内出售或在市场销售，或任何从所述材料派生的材料，育种者权利均不适用，除非这类活动涉及该品种的进一步繁殖，或涉及能使该品种繁殖的材料出口到一个不保护该品种所属植物属或种的国家，但出口材料用于最终消费的情况不在此列。"

其含义是，经品种权人或经其许可的人同意生产的授权品种的材料（包括繁殖材料和收获材料）在首次进入商品流通领域后，品种权人对该批授权品种的材料享有的法律赋予的权利即行用尽。权利用尽原则的适用有两个前提条件：一是进入流通领域的是经品种权人许可生产的授权品种材料；二是对授权品种材料的使用不涉及“进一步繁殖”和“特定条件下出口”的行为。倘若被控授权品种材料未经品种权人许可生产，则为侵权材料，不适用权利用尽原则，品种权人在法律规定的诉讼时效内仍然可以主张权利。例如，品种权人 A 许可 B 公司繁殖销售 15 万公斤玉米种子，但 B 公司违反合同繁殖销售 20 万公斤玉米种子，对超出许可范围的 5 万公斤侵权玉米种子，品种权人 A 可以向 B 公司主张权利。又如，某土豆出口商将经品种权人许可生产的土豆出口，一部分出口到已经对土豆实施品种权保护的日本，属于合法行为，适用权利用尽原则；另一部分出口到尚未建立植物品种保护制度的缅甸，如果土豆直接用于最终消费，则适用权利用尽原则，如果未经品种权人许可用于种植，则构成侵权，不适用权利用尽原则，品种权人可以提起诉讼并要求赔偿。2021 年《最高人民法院关于审理侵害植物新品种权纠纷案件具体应用法律问题的若干规定（二）》对权利用尽原则做了规定。

二是关于合法来源抗辩规则。《最高人民法院关于审理侵害植物新品种权纠纷案件具体应用法律问题的若干规定（二）》第十三条规定了当事人合法来源抗辩及适用条件："销售不知道也不应当知道是未经品种权人许可而售出的被诉侵权品种繁殖材料，且举证证明具有合法来源的，人民法院可以不判令销售者承担赔偿责任，但应当判令其停止销售并承担权利人为制止侵权行为所支付的合理开支。对于前款所称合法来源，销售者一般应当举证证明购货渠道合法、价格合理、存在实际的具体供货方、销售行为符合相关生产经营许可制度等。"这个规定，对于统一司法案件审理适用标准、体现权利平衡原则、保护正常合法交易是有积极意义的。对合法来源抗辩规则是否在新种子法中体现，存在认识上的分歧：一种意见认为，合法来源抗辩是植物新品种知识产权保护制度的重要组成部分，不入法，对非故意侵权主体有失公允，不利于保护正常的交易行为。另一种意见则认为，销售者对其所销售种子的品种、来源和授权情况等负有法定注意义务，规定合法来源抗辩将会减轻相关当事人的侵权责任，增加了品种权人的维权成本，削弱了品种权保护力度，且 UPOV 公约 1978 年文本、1991 年文本均未规定该内容，不主张在新种子法中体现。鉴于此，新种子法对合法来源抗辩规则未作规定，留予司法实践继续探索。

三是关于权利例外情形。原法关于保护农民利益有两处规定：一是农民自繁自用授权品种的繁殖材料，可以不经植物新品种权所有人许可，不向其支付使用费，但不得侵犯植物新品种权所有人依照本法、有关法律、行政法规享有的其他权利。二是农民个人自繁自用的常规种子有剩余的，可以在当地集贸市场上出售、串换，不需要办理种子生产经营许可证。这两处规定中，前者属于权利例外情形，后者属于生产经营许可情形。如果农民大量销售远超出自用需要的种子，则属于种子生产经营行为，需要办理种子生产经营证。有意见认为，随着种植大户、家庭农场和农民专业合作社等新型经营主体发展，农村承包地流转和托管服务面积不断扩大，农民自繁自用难以准确界定，有些经营主体借农民自繁自用之名行经营性销售之实，侵犯了植物新品种权人的合法权益，为杜绝漏洞，建议删除上述规定。

新种子法对上述两处规定未作修改，主要考虑是：第一，我国是大国小农，家庭承包经营仍然是生产经营主体，保留农民对种子自繁自育自用的权利在一定时期是必要的，有些豆科类、无性繁殖类作物及部分常规种子，离不开农民的自繁自育；第二，农民自留种对于保存传统的农作物种质资源、保持农作物品种多样化、维护生物多样性仍具有重要作用；第三，农民是弱势群体，农业是弱质产业，国家不断提高对农业、农民的支持保护水平，在农民用种上给予倾斜，有利于农民降低生产成本，符合政策趋向；第四，《最高人民法院关于审理侵害植物新品种权纠纷案件具体应用法律问题的若干规定（二）》对农民自繁自用行为已作出界定，农民在其家庭农村土地承包经营合同约定的土地范围内自繁自用授权品种的繁殖材料，不构成侵权。承包大户、家庭农场以及农民专业合作社等新型经营主体，不属于享有自繁自用权利的农民范围，防止滥用“农民权利”实施侵权行为。这样处理，既将法律赋予农民的权利保障到位，又避免其他经营主体假借农民权利侵犯品种权人的合法权益。

新种子法修改决定共十九条，上述是主要内容，也是重点内容，其他修改恕不一一赘述。

三、种业知识产权保护的其他法律规定

种业知识产权保护还涉及专利法、反不正当竞争法、商标法、公司法、刑法等相关法律。

（一）专利法

我国现行专利法没有对植物新品种提供专利保护，但对其产品的生产方法授予专利权。这里的生产方法指非生物学方法，即人的技术介入对该方法所要达到的目的或者效果起了主要的控制作用或者决定性作用。按照专利法规定，在育种创新过程中发现的相关功能基因、编码蛋白以及载体等，属于生物技术领域涉及遗传工程的发明，只要

符合专利法规定的申请条件，即具备新颖性、创造性和实用性，可以通过申请专利权保护。

按照《专利审查指南》的规定，可以借助光合作用，以水、二氧化碳和无机盐等无机物合成碳水化合物、蛋白质来维系生存的植物的单个植株及其繁殖材料（如种子等），属于“植物品种”的范畴，不能被授予专利权。但植物的细胞、组织和器官，如果不具有上述特性，则不能被认为是“植物品种”，可以授予专利保护。

（二）反不正当竞争法

商业秘密是指不为公众所知悉、具有商业价值并经权利人采取相应保密措施的技术信息、经营信息等商业信息。《中华人民共和国反不正当竞争法》第九条规定，经营者不得实施下列侵犯商业秘密的行为：1. 以盗窃、贿赂、欺诈、胁迫、电子侵入或者其他不正当手段获取权利人的商业秘密；2. 披露、使用或者允许他人使用以前项手段获取的权利人的商业秘密；3. 违反保密义务或者违反权利人有关保守商业秘密的要求，披露、使用或者允许他人使用其所掌握的商业秘密；4. 教唆、引诱、帮助他人违反保密义务或者违反权利人有关保守商业秘密的要求，获取、披露、使用或者允许他人使用权利人的商业秘密。经营者以外的其他自然人、法人和非法人组织实施前款所列违法行为的，视为侵犯商业秘密。第三人明知或者应知商业秘密权利人的员工、前员工或者其他单位、个人实施本条第一款所列违法行为，仍获取、披露、使用或者允许他人使用该商业秘密的，视为侵犯商业秘密。

商业秘密是民事主体对其智力成果享有的专有性财产权。育种创新过程中形成的品种资源、育种材料、中间材料、制种亲本（自交系）、制种技术等技术信息和经营信息，如果具备商业秘密的保护条件，可作为商业秘密获得法律保护。

（三）商标法

地理标志和商标是知识产权法律制度的重要内容，在农业领域尤为重要。根据商标法规定，可以将地理标志注册为证明商标或集体商标。《中华人民共和国商标法》第十六条规定，地理标志是指标示某商品来源于某地区，该商品的特定质量、信誉或者其他特征，主要由该地区的自然因素或者人文因素所决定的标志。商标中有商品的地理标志，而该商品并非来源于该标志所标示的地区，误导公众的，不予注册并禁止使用；但是，已经善意取得注册的继续有效。种子生产经营中，相关商业主体可以充分利用地理标志和商标来保护自己的商业声誉。

（四）公司法

公司法规定，股东可以用知识产权出资，合伙企业法、农民专业合作社法中也有类似规定。民法典规定，知识产权中的财产权可以出质。

（五）植物新品种保护的程序性规定

2014年，全国人大常委会决定在北京、上海、广州设立知识产权法院，2020年决定在海南自由贸易港设立知识产权法院。2018年，全国人大常委会通过《关于专利等知识产权诉讼程序若干问题的决定》，优化了知识产权诉讼程序。

（六）刑法

刑法对植物新品种保护提供依据。刑法第一百四十条、第二百二十五条、第二百一十三条、第二百一十四条、第二百一十五条、第二百一十六条、第二百一十九条等，分别设定生产、销售伪劣产品罪，非法经营罪，假冒注册商标罪，销售假冒注册商标的商品罪，非法制造、销售非法制造的注册商标标识罪，假冒专利罪，侵犯商业秘密罪等多个罪名，对伪劣种子等农资制假售假犯罪以及侵犯商标权、专利权、商业秘密等知识产权犯罪行为作出规定。

四、关于国际植物新品种保护公约及主要制度

20世纪以来，随着种子植物育种活动和贸易的发展，植物新品种保护的重要性越来越突出，一些国家开始探索对植物新品种进行有效保护的制度。20世纪30年代，美国出台了植物专利法，将无性繁殖的植物品种纳入专利保护范围。同时期，法国、德国、比利时、荷兰等国家探索用工业专利等方式保护育种者权利，经过近30年实践，比利时、法国、德国、荷兰、意大利、丹麦、英国、瑞典等欧洲国家于1961年签署UPOV公约，在专利制度以外创建植物新品种保护制度。1968年UPOV公约生效，国际植物新品种保护联盟正式成立，这是植物新品种保护史上具有重大影响的事件。

UPOV公约是保护育种者权益的国际公约，通过协调各成员国之间在植物新品种保护方面的法律、政策和技术，确保各成员国以一整套清晰、明确的原则为基础，对符合新颖性、特异性、一致性和稳定性要求的植物新品种的育种者授予知识产权，保护其合法权益。该公约自制定以来，先后于1972年、1978年和1991年进行三次修订。1972年修订主要针对财务、会费及理事会投票规则等程序性事项，没有涉及实体性规定；1978年修订主要围绕完善以杂交为主的传统育种技术条件下的植物新品种保护制度，对植物新品种的判断是以植物表型特征作为基础，没有深入分子育种层面；1991年修订主要应对现代生物技术发展和农产品贸易全球化对植物新品种保护的需求，深入利用分子生物学技术育种的层面，涉及植物表型特征与特定基因型或基因型组合特征的关联，为实质性派生品种制度的引入奠定了基础。UPOV公约1991年文本与UPOV公约1978年文本相比，在保护方式、植物品种界定、保护植物属种的数量、保护范围、保护期限及权利例外与限制等方面，都有修改，重要的修改涉及以下五个方面：

一是扩大品种权保护范围和保护环节。UPOV 公约 1991 年文本明确将品种权保护范围由授权品种繁殖材料扩大到未经许可利用授权品种繁殖材料获得的收获材料，并且授权成员自行决定是否将品种权保护范围扩大到由未经许可利用授权品种繁殖材料获得的收获材料直接制成的产品。同时将品种权保护环节由生产、销售扩大到生产或繁殖、为繁殖进行的处理、许诺销售、销售、进口、出口环节。

二是强化对原始创新品种的保护力度。UPOV 公约 1978 年文本奉行品种权独立原则，所有符合授权条件的植物新品种都可以获得同样的品种权保护，不因品种之间的派生关系而有所区别。UPOV 公约 1991 年文本建立实质性派生品种制度，规定实质性派生品种可以申请并获得品种权保护，但实质性派生品种的商业化利用，需要经过该实质性派生品种的原始品种的品种权人许可。同时，明晰“植物品种”定义，强调三个要素：品种指植物最低分类单元中单一的植物群；该植物群以某一特定基因型或基因型组合的特征来确定；该特征区别于任何其他植物群并且其适用性经过繁殖不发生变化。

三是拓展保护植物的属种数量。UPOV 公约 1978 年文本规定，成员在加入公约后的5年内，其保护的属或种至少要达到24个。UPOV公约1991年文本则要求原公约1978年文本成员最迟在加入1991年文本之日起5年内对所有植物属种提供保护，新加入成员可在加入1991年文本之日起10年内，对所有植物属种提供保护。

四是规范育种者权利例外。UPOV公约1978年文本规定，以商业化为目的的生产、许诺销售、销售授权品种的繁殖材料，需经育种者许可，为培育其他品种利用授权品种以及销售所培育的品种，不需要获得育种者许可。因农民留种种植行为不属于商业销售的生产，不需要获得育种者许可。UPOV公约1991年文本将育种者权利例外分为强制性例外与非强制性例外，其中“私人的非商业性活动”“试验性活动”和“为培育其他品种的活动”属于强制性例外；“农民自繁自用”属于非强制性例外，由各成员在国内法中自主规定是否保留，照应各成员的国情差异。

五是延长保护期限。UPOV公约1978年文本规定，一般植物的品种权保护期限不少于15年，木本和藤本植物不少于18年。UPOV公约1991年文本规定，一般植物的品种权保护期限不少于20年，木本和藤本植物的品种权保护期限不少于25年。

此外，UPOV公约1991年文本还废除了对植物品种双重保护的禁止性规定，使保护方式更加灵活。

目前，国际上植物新品种保护主要有两种模式：一种是美国实行的植物专利、植物新品种和发明专利“三位一体”的保护模式，育种者可以根据需要选择其中一种或者多种组合的保护方式。另一种是以欧盟为代表的保护模式，由植物品种保护制度对植物新品种提供保护，其他不属于植物品种的植物发明由专利制度提供保护，这也是多数国家采用的保护模式。我国根据种业发展的实际需要及国情，创造出以种子法为主体，以民事、刑事基本法为基本保护框架，其他法律相关规定为补充，行政法规、部门规章、司法解释相配套的植物新品种保护法治体系，集成了前两种模式的优势。

2021 年修改种子法，是我国植物新品种保护法律制度演变发展史上的重大标志性事件。2015 年修改种子法为我国种业更好地融入市场经济提供了坚实的法治保障，2021 年修改种子法则为我国种业保护原始创新、种业科技自强自立、种源自主可控提供了坚实的法治保障。

（作者为种子法修改领导小组组长）

为发展现代种业提供坚实的法治保障[①]

刘振伟

修改种子法是十二届全国人大常委会五年立法规划项目，由全国人大农业与农村委员会牵头，农业部、国家林业局等部门参与。这一涉及农业核心竞争力的重要法律制度，调整对象涉及育种、繁种、用种、经营、管理、执法六大主体，涵盖科研、生产、流通、进出口、种质资源保护和植物新品种权保护六大领域，各方面十分关注。新种子法精心设计每一项制度，既体现现代种业发展趋势，又适应现阶段我国种业发展实际，为发展现代种业提供坚实的法律保障。

一、我国种业发展的历史沿革

新中国成立以来，党和国家始终高度重视种子工作和种业发展。二十世纪六十年代的中央文件提出，“种子第一，不可侵犯”；毛泽东同志指出，把“培育和推广良种”

① 这是作者为2016年出版的种子法导读作的绪论，文中所引数据为2015年数据，文中的“新种子法”指2015年修订的《中华人民共和国种子法》。

作为发展农业的重要措施之一；邓小平同志强调，“农业靠科学种田，要抓种子、优良品种”，“农业问题最终要由生物工程来解决”。党的十七届三中、五中全会决定和近年来有关文件，都对发展现代种业提出明确要求。中国用占世界9%的耕地养活占世界22%的人口，生产占世界25%的粮食，优良品种的培育和推广发挥了重要作用。

我国种业发展大体经历了自繁自用、统一供种和市场化发展三个阶段。各个阶段的发展都是由当时的农业生产方式、生产力水平及农村经济体制决定的，历史地、辩证地看待这几个阶段，都具有其特定环境下的合理性。

（一）自繁自用阶段（1949年至1977年）

新中国成立初期，农村土地归农民个人所有。在初级社时期，与个体经营相适应，生产用种主要是农民自繁。农民响应政府号召，就地繁育优良品种，多余的由政府预约收购调配，“家家种田，户户留种，种粮不分，以粮代种”是当时的真实写照。高级社时期，良种繁育逐步转变为主要由农场承担。到了人民公社时期，又形成了主要由村集体自繁、自选、自留、自用、国家辅之以必要调剂的“四自一辅”模式。三年困难时期，农业生产陷入低谷，粮食紧缺，农作物种子出现严重混杂退化，为此，全国建立以县良种场为骨干、公社良种场为桥梁、生产队种子田为基础的三级良种繁育推广体系，名义是三级体系，但由于技术水平不高，管理力量薄弱，种子“一年纯、两年杂、三年退化”问题十分普遍。

这一阶段，种子没有商品属性，没有种子企业，也没有形成商品种子市场。

（二）统一供种阶段（1978 年至 1999 年）

改革开放以后，农村实行以家庭承包经营为基础、统分结合的双层经营体制，种业逐步发展形成了布局区域化、生产专业化、加工机械化、质量标准化、以县为单位统一供种的“四化一供”模式。各地在种子站基础上建立具有垄断地位的县种子公司，按照“不赔钱略有盈余”原则开展种子加工经营。这一阶段的种子有了商品属性。1995 年，国家开始实施包括良种选育、生产繁殖、加工包装、推广销售、质量管理为主要内容的“种子工程”，提出种子产业化思路：第一步，行政推“三率”（标牌统供率、种子精选率和种子包衣率）；第二步，竞争建中心（建立大中型农作物种子加工中心）；第三步，联合建集团（培育较大规模的种业集团公司）。“种子工程”的实施，提升了良种化水平，这一阶段，我国共育成并推广农作物新品种 1210 个，主要农作物品种更换率达 56%，商品种子生产和经营量达到 80 亿公斤。同时，种子管理体制开始改革，种子站与种子公司分设，管理职能归种子站，经营职能归种子公司。由于种子站与种子公司是“一套人马、两块牌子”，职责、经费、人员没有做到完全分离。种子公司由于缺资金、缺技术、缺人才、缺管理，生产经营陷入困境，负债经营的占70%以上。

这一阶段，种子经营管理政企不分、事企不分，种子市场仍是缺乏竞争的市场。但是，提出了政企分开、事企分开的改革思路并为之探索，为而后深化改革作了必要准备。

（三）市场化发展阶段（2000年至今）

2000年颁布施行的《中华人民共和国种子法》，为打破国有种子公司垄断经营，推动多元市场主体发育提供了法律保障，种业进入从计划体制向市场经济体制转型发展阶段。这一阶段有三个特点：一是种业生产经营由单一主体逐步向多元主体转变；二是种业发展由主要靠行政推动向政府推动加市场拉动转变；三是种子经营和管理体制全面实现政企、事企分开。在种子法的统领下，国务院及农业、林业部门先后制定出台了40多项配套法规和规章，全国25个省、区、市制定地方性种子法规，形成了以种子法为核心的多层次的种业法律法规体系，进入了依法治种时期。

一是育种创新能力逐步提高。

种子法实施以来，我国大力推动农业种质资源库（圃）建设，长期保存各类农作物种质资源43.3万份，居世界第二位，收集野生植物种质资源5万余份，从国外引进种质资源2.3万多份，保护濒危物种59个；建成26种作物的100个国家农作物改良中心、46个国家重点实验室和59个国家工程技术研究中心；启动实施分子育种专项和36种作物产业技术体系创建，创制了1万多份具有应用价值的育种材料。

林业建立自然保护区2126处、面积18.4亿亩，约占国土面积的12.8%；建立森林公园2583处、面积2.52亿亩，对285万株珍稀古树名木挂牌保护；建立13个国家林木种质资源专项保存库和22个综合保存库，保存树种2000多种，保存林木种质资源5万余份。

培育推广了一批高产、优质、多抗、高效的主要农作物新品种。2001年以来，通过国家和省级审定的主要农作物品种21926个，其中国家级审定2393个，农作物良种覆盖率达到96%；通过审（认）定的林木良种5987个，主要造林树木良种使用率达到60%以上。

植物新品种权申请量年均增长40%，年申请量在国际植物新品种保护联盟成员中排名前4位。目前，种植业已公布了9批、93种植物新品种保护名录，授予新品种权7443个，有效品种权5209件；林业已公布5批、198种植物新品种保护名录，授予新品种权913个。截至2014年，全国共受理植物育种发明专利申请17700多件。

育种科研队伍发展壮大。全国有450多家科研院所，5万多名科技人员从事育种工作，其中与育种有关的两院院士29位。

二是种子企业实力逐步增强。

种子企业在市场竞争中逐步成长。截至2014年底，全国农作物种子经营企业5064家，其中注册资本1亿元以上的“育繁推一体化”企业70多家，种业前50强企业的经营额由2001年的30亿元提高到240亿元，市场占有率由10%提高到33%。国内种子市场销售额为780多亿元，是仅次于美国的第二大种子市场。企业的育种创新能力快速提升，研发投入不断加大，2014年企业选育国审玉米、水稻品种分别占62%和48%。经营林木种苗企业近8万家，种苗年产值2000多亿元。

目前我国农作物良种的商品供种率达到60%，能够满足农业生产240多亿斤常年用种量的需求。其中，杂交水稻和杂交玉米种子的商品供种率达到100%，全部实现了精选加工、统一包装和标牌销售。小麦已由过去的农民自留种发展到60%以上的商品供种率。

三是形成支持种业发展的政策扶持体系。

各级财政加大对种业发展的投入，扶持建设了一批农作物品种改良中心、繁育基地、质检中心和区域试验站。国家对种子企业实行税收优惠政策，免征增值税，实施良种补贴政策，设立种业专项资金或基金等，支持政策初具雏形。社会资本进入种业加快，种业国际化迈出新步伐，国内大型种企在东南亚、非洲、南美等地设立了28家公司。

四是种业管理执法队伍逐步健全。

目前，全国农业种子管理机构2919个，90%的涉农县区设有种子管理机构，政企、事企全面分开。31个省、区、市和四个森工集团建立了林木种苗管理机构，1904个地、县级林业主管部门设立了林木种苗管理机构。农、林两大系统共有管理、执法人员4.6万人。

五是经国务院同意的国家种业南繁基地建设规划开始实施，种业科技创新有了比较坚实的基地服务和后勤保障。

可以说，在农林领域，种业是依法治理成效比较明显的产业之一。

二、我国种业发展面临的新挑战

与国外农业发达国家相比，我国农业竞争力先天不足，近些年又进入农产品成本快速上升和价格高于国际水平的特殊时期。在国内粮食“十二连增”的同时，农产品进口额每3年翻一番，大宗农产品全面净进口，农产品进出口贸易逆差额扩大。今后若干年，因人口增长和消费水平提高产生的农产品刚性需求扩大趋势不可逆转，因城镇化加速产生的耕地和水资源减少趋势不可逆转，因比较优势缺失产生的国内大宗农产品价格与国际市场价格差距扩大趋势不可逆转，因上述原因产生的农产品进口扩大趋势不可逆转。缓解“四个不可逆转”，关键是农业科技，农业科技关键是种业。

上述问题，应是我国农业发展面临的长期趋势。由于我国粮食储备制度统得过多过细，农产品价格形成机制始终处于调整之中，阶段性的粮食库存过高，财政负担过重，由此给人一种错觉，似乎我国农业问题已过关。我国农业的阶段性、周期性或结构性的过剩或不足将长期存在，不能因为某一阶段的特殊情形而对我国粮食问题、农业问题高枕无忧。我国粮食、农业问题隐患依然很大，抓种业的劲头丝毫不能放松。

我国种业发展急需解决的几个主要问题：

（一）育种科技创新体系

2011 年 5 月 9 日，国务院主管农业农村工作的领导同志在全国现代农作物种业工作会议上指出，我国农作物品种选育存在“四多四少”问题，即“商业化的种业科研体制机制尚未建立，产学研分割、育繁推脱节，育种方法、技术和模式落后，品种选育集成度低，成果评价及转化机制不完善，品种选育目标不适应生产需要。选育的品种多，但突破性的品种少，相当部分品种是低水平重复；通过审定的品种多，但较大面积种植的品种少，且品种名称混乱、

“一品多名”和“多品一名”问题突出；高产品种多，但综合性状好、品质高、抗逆性和适应性强的品种少，不适应我国病虫多发、异常天气频发的趋势；适合人工劳动的品种多，但适合机械收割的品种少（特别是棉花、油菜等经济作物），不适应农村劳动力转移、农业机械化快速发展的新形势。同时，受生产方式、加工工艺设备和检测技术等因素影响，我国种子质量水平不高，种子活力差、发芽势弱、健康度低，导致出苗率低、携病带菌等问题”。我国60%以上的玉米品种亲本使用通用资源，低水平重复问题严重。

造成“四多四少”的原因是多方面的：一是投入和技术方面的原因。长期以来，我国80%的科研经费用于商业性育种，种质资源收集改良、育种方法、技术创新等基础性、前沿性研究投入不足，育种方法滞后。分子育种缺少成果验证和产业化转化环节，种质创新速度慢，制约着突破性大品种的选育。二是科研管理方面的原因。千军万马从事商业性育种，项目资源、育种材料和人才资源分散，难以集中优势资源打歼灭战。绝大部分种子企业科研基础薄弱，育种能力不足。三是科研评价体系方面的原因。重立项轻验收、重论文轻专利、重数量轻质量的科研成果评价体系，不利于催生原创性成果。四是品种审定制度方面的原因。品种审定以产量标准为导向，品种同质化严重。

品种审定标准、程序以及公平性、透明性、合理性等，业内人士多有诟病。一些地方反映，在品种审定中，有的将老品种当新品种审定，换个名称再审定，换个省区还审定；有的将同一品种多次审定或用其他品种冒牌、套牌，造成“一品多名”或“多品一名”；有的把他人的材料改换名称，抢先审定，侵害了原始品种所有人权益；有的钻审定程序的空子，通过控制品种进入市场的时间，利用审定资源紧缺搞权力寻租，违反了法律法规。

（二）植物新品种保护

我国1997年制定了《中华人民共和国植物新品种保护条例》并加入了国际植物新品种保护公约（1978年文本），但面临着法律效力低、与国际植物新品种保护发展趋势的衔接不够紧密等问题。作为行政法规，条例难以对侵害植物新品种权的民事责任作出规定，对品种权人合法权益的保护力度有限。在制度安排上，对新培育的植物新品种未区分原始品种和实质性派生品种，对实质性派生品种的权利实现没有任何约束性规定，导致一些育种者对授权品种的亲本连续采取诱变、突变、回交等方式选育品种，只有细微性状改良的品种便可堂而皇之作为新品种使用，形成对原始创新成果的巨大侵害。

（三）种业集中度

我国种业市场还属于发展的初级阶段，种子企业进入市场只有十多年时间，虽然数量不少，但大多没有完成原始资本积累，生产经营规模普遍偏小。我国“育繁推一体化”前10强种子企业占种子国内贸易额的13%；世界前10强种子企业占世界种子贸易额的35%，美国前20强种子企业占本国国内贸易额的70%。我国销售额前50强的种子企业，每年的研发投入10多亿元，占销售额的4%左右；国际跨国种业集团每年的研发投入占销售额的8%至15%，有的甚至高达20%，美国种业巨头孟山都公司资产近180亿美元，每年的研发投入在10亿美元以上。

（四）种子市场监管

种子市场放开以来，种子生产经营主体数量剧增，分子育种等新技术的应用，导致种子侵权行为呈高科技化趋势，违法手段隐蔽性高。种子执法力量薄弱，市场监管技术和手段落后。在种子案件查处中，工商、公安、质检、农业综合执法和种子管理部门交叉、缺位、越位、错位并存，对违法行为处罚力度轻，威慑力不够，违法成本低。

（五）外资进入

国外种子企业通过并购国内种子企业、独资或合资开展种子经营，独资、合资设立研发机构或通过品种授权使用等方式进入我国种业领域，近年来呈加速趋势，并且由园艺作物向粮食作物拓展，由生产经营向科研育种延伸。国外种子企业凭借其雄厚的资金实力、强大的创新能力和灵活的营销模式，在与国内种子科研、经营竞争中明显占据优势。

面对外资在种业领域强势进入的势头，需要辩证地看待。一方面，在利用国外先进育种理念和技术、改变我国传统育种和种植模式方面，可以取人之长。另一方面，对其带来的挤压国内种业市场空间、抬高生产成本、抑制国内科研创新以及造成种质资源流失等问题，不可熟视无睹。总体看，我国农业领域利用外资的份额很小，占国家全部利用外资的3%左右（不足400亿美元）。以主动姿态扩大农业的对外开放，积极吸引外资投资农业，仍是我们的主基调。但对于种业这个国家战略性、基础性核心产业，应把握好利用外资的度，引进和开放，都应有利于我们掌握核心育种技术，有利于保护国内种业安全。

三、种子法修改的思路和主要内容

（一）思路

一是着力搭建现代种业制度框架。建立现代种业制度，是确保国家粮食安全、种业安全、生态安全，保护农民权益，推进农业现代化的重要战略举措。种子法修改，立足于种业国家战略性、基础性核心产业地位，着力构建以产业为主导、企业为主体、产学研结合、“育繁推一体化”的现代种业法律制度，着力提升种业自主创新能力、知识产权保护能力、企业的市场竞争能力、供种保障能力和市场监管能力。

二是坚持发挥市场配置资源的决定性作用与政府严格监管有机结合。坚持市场化改革方向，主要由市场决定种业的资源配置，除公益性研究外，其他都通过市场竞争优胜劣汰。与此同时，划定政府监管边界，明确监管职责，建立市场导向下的严管模式。政府的监管要符合市场经济规律和种业发展规律，不能大而无边，事事包揽，但也不能撒手不管，监管重点是规划计划、市场准入、市场秩序、质量标准、维护农民权益等。在监管环节上，做到事前事中事后全程监管，有法可依。

三是把握“转型升级”的度，循序渐进。种业管理制度既要体现发展方向，又不能超越发展阶段。在改革路径和制度设计上，体现“渐进式”和“小步快跑”的思路，不急于求成，不揠苗助长，改革要与现阶段各主体的发育程度、科研水平、政府的监管能力及改革参与者的接受程度相适应，最大限度地调动科研人员、种子企业、生产经营者的积极性。学习借鉴国际上先进的种业管理制度，又不盲目照搬。在扶持政策方面，明确财税、信贷、保险、良种繁育基地建设等优惠政策，形成推动现代种业发展的政策合力。

（二）修改的主要内容

新种子法在种质资源保护、种业科技创新、植物新品种权保护、主要农作物品种审定、非主要农作物品种登记、种子生产经营许可和质量监管、种业安全审查、转基因品种监管、种子执法体制、种业发展扶持保护和法律责任等十个方面作了规范完善。

1. 完善种质资源保护制度

种质资源又称为遗传资源或基因资源，包括地方品种、改良品种、新选育的品种、引进品种、突变体、野生种、近缘植物、人工创造的各种生物类型、无性繁殖器官、单个细胞、单个染色体、单个基因、DNA 序段等。凡能用于作物育种的生物体和材料，都可归于种质资源范畴。

我国是气候类型多样的国家，地域广阔、地形地貌复杂，需要保护的种质资源种类繁多。近年来，受城镇化快速推进、大规模开发建设、气候变化异常、生态环境恶化等因素影响，种质资源保护形势比较严峻。随着现代生物技术的发展，传统的保护方式已难以适应。为此，新种子法规定，国家有计划地开展种质资源普查工作；明确国务院农业、林业主管部门建立种质资源保护区、保护地的责任。

新增加的内容：一是明确种质资源库、保护区或保护地的种质资源属公共资源，依法开放利用。二是占用种质资源库、保护区或保护地，需经原设立机关同意。占用种质资源库、保护区或保护地需经原设立机关同意，不属于行政许可。行政许可法规定，行政许可是行政机关根据公民、法人或者其他组织的申请，经依法审查准予其从事特定活动的行为。作为管理经济社会事务的事前控制手段，行政许可是行政机关针对行政相对方的管理行为，由行政相对方提出申请。行政机关审核其他行政机关或其直接管理的事业单位的行为，不属于行政许可。新种子法针对的是土地征收、征用中可能发生的随意占用种质资源库、保护区或保护地的行为，主体是征地机关，不涉及审查、许可公民、法人或其他组织从事特定活动的行为，故不属新设行政许可。三是规定国家对种质资源享有主权，对种质资源的出口严格管理。主权是指国家属性，有别于所有权，种质资源的占有、使用、惠益分享等，按照有关规定执行。新种子法增加了与境外机构、个人开展合作研究利用种质资源的，应当报有关部门审核、批准。维护种质资源的国家主权、属性与开展正常的国际合作是不冲突的。

2. 完善种业科技创新制度

针对育种的基础性、前沿性和应用技术研究人力、财力投入不足，品种选育集成度低，从事原始创新动力弱等问题，新种子法对种业科技创新体制作了调整完善，包括：一是支持科研院所及高等院校重点开展育种的基础性、前沿性和应用技术研究，以及常规作物、主要造林树种育种和无性繁殖材料选育等公益性研究。二是鼓励种子企业充分利用公益性研究成果，培育具有自主知识产权的优良品种。三是鼓励种子企业与科研院所及高等院校构建技术研发平台，或建立以市场为导向、资本为纽带、利益共享、风险共担的产学研相结合的种业技术创新体系。四是完善品种选育的区域协作机制。五是加强种业科技创新能力建设，促进种业科技成果转化，维护种业科技人员的合法权益。六是由财政资金支持形成的育种发明专利权和植物新品种权，除涉及国家安全、国家利益和重大社会公共利益外，授权项目承担者依法取得。由财政资金支持为主形成的育种成果的转让、许可等应当依法公开进行，禁止私自交易。

支持育种的公益性研究与企业的自主育种相结合，建立优势互补的种业技术研发平台和创新体系，立足于调动两个积极性：既调动科研院所及高等院校从事基础性、前沿性等公益性研究的积极性；又调动具备条件的种子企业从事育种创新的积极性。两个积极性有两个交汇点：一是共建“育繁推一体化”实体。鼓励种子企业与科研院所、高等院校产学研结合，这种结合是实质性结合，有明晰的产权制度安排，是一体化的法人实体组织。二是共建合作研发平台。把企业的资金、管理、成果转化快的优势与科研院所人才密集、科研资源丰富的优势结合起来，建立利益共享、风险共担的产学研结合的种业技术创新体系。合作双方各有其主，以市场为导向，以资本为纽带。在这种合作方式中，资本是股权，科技资源、科技成果都可以作为股权分享收益，亲兄弟、明算账。调动“两个积极性”的规定，新种子法只是提出了原则和方向，条款的包容性很强，各地、各部门可以大胆创新。科研院所的科技、人才资源是几十年积累形成的，多数种子企业的育种能力还在发育成长阶段，两者需要柔性对接，需要有耐心。

3. 完善品种审定、登记制度

品种审定是种子法修改中科研院所和种子企业普遍关心的问题。新种子法完善了主要农作物和主要林木品种审定制度，包括：一是缩小主要农作物品种审定范围，取消原法关于国务院和省级人民政府农业主管部门可以分别确定一至二种主要农作物品种的规定，审定品种由 28 种减为 5 种，是一次力度较大的简政放权。二是规范审定条件和规则。将品种的特异性、一致性、稳定性测试作为品种审定的重要依据；规定审定办法应当体现公正、公开、科学、效率的原则，有利于产量、品质、抗性、方便耕作等的提高与协调，有利于适应市场和生活消费需要的品种推广；制定、修改审定办法时，应充分听取育种者、种子使用者、生产经营者和行业代表的意见；建立包括申请文件、品种审定试验数据、种子样品、审定意见和审定结论等内容的审定档案，保证可追溯；依法公布审定通过品种的审定意见情况，接受监督，品种审定实行回避制度，相关人员应忠于职守，公正廉洁，对违法行为应及时依法处理。三是增设“绿色通道”。对经认定的“育繁推一体化”种子企业实行“绿色通道”，减轻国家和省级审定压力，提高审定效率。允许其对自主研发品种自行完成试验，达到审定标准的，由审定委员会颁发审定证书，企业应对试验数据真实性负责，并建立试验数据可追溯制度。四是规范通过审定的主要农作物和主要林木品种的引种行为，对属于同一生态区的其他省份的引种，改审批制为备案制，简化了引种程序。

目前，对非主要农作物品种不审定、不登记，管理处于空白，市场处于无序状态。一些进入市场的蔬菜、花卉等品种或者没有名称，或者标签标识混乱，同种异名、同名异种情况交织，用种者无法判断品种真假，受到损失追索赔偿取证困难。同时，新品种在进入市场前未能通过规范程序保存标准样品，极易造成珍贵物种流失。针对这些问题，新种子法建立了强制性的非主要农作物品种登记制度。种子是特殊商品，种子安全涉及国家粮食安全、生物安全和食品安全。按照行政许可法关于“直接涉及国家安全、公共安全、经济宏观调控、生态环境保护以及直接关系人身健康、生命财产安全等特定活动”可以设定行政许可的规定，对非主要农作物进行登记，尽管增加行政许可，但确属必要。新种子法增加的内容包括：一是由国务院农业主管部门制定和调整需要登记的非主要农作物品种目录，列入目录的品种在推广前应当登记；应当登记而未登记的，不得发布广告、推广，不得以登记品种名义销售。二是省级农业主管部门负责登记受理工作，对申请者提交的申请文件进行书面审查，符合要求的报国务院农业主管部门予以登记公告；明确登记的内容、程序、办法，包括品种种类、名称、来源、特性、育种过程及品种的特异性、一致性、稳定性测试报告等；明确对已登记品种存在申请文件、种子样品不实的，由国务院农业主管部门撤销该品种登记，记入社会诚信档案，向社会公布，造成损失的，依法承担赔偿责任。

将登记放在省级，是按照有关逐步下放行政审批事项的要求，为了方便申请者。由国务院农业主管部门予以登记公告，是为了遏制“一品多名”、“多品一名”和冒牌套牌等侵权行为。审定与登记有严格的区别。前者是由管理部门统一对品种的特异性、一致性和稳定性（DUS）以及农艺性状（VCU）组织测试，合格后发给通行证；后者是由育种者自行或委托专门机构完成测试，测试结果要经管理部门形式上认可。DUS 测试解决的是品种的真实性问题，VCU 测试解决的是品种的优劣问题。

对品种的市场准入管理，国际上做法有异，本质相同。

美国建立标签真实性管理和种子质量认证制度，种子企业为了能够在市场竞争中生存发展，都组织严格的品种试验和测试，因为任何不真实的试验数据和测试记录、种子标签、虚假广告等，都会受到处罚直至追究刑事责任。欧盟国家实施强制性品种登记和强制性质量认证制度，一个品种只有经过登记并进行强制性质量认证后，才能进入市场销售、推广。我国实施的品种审定制度类似于欧盟国家的品种登记制度，非主要农作物品种登记类似于欧盟、美国的注册制度。审定是事前监管，登记是事后监管。

4. 完善植物新品种权保护制度

新种子法增设“新品种保护”专章，强化了植物新品种保护的关键性制度，包括：（1）明确国家实行植物新品种保护制度及授权条件和原则；（2）明确取得植物新品种权的品种得到推广应用的，权利人依法获得相应的经济利益；（3）明确完成育种的单位或个人对其授权品种享有排他的独占权；（4）规范植物新品种权保护的命名、保护例外和强制许可情形；（5）规定同一植物品种在申请新品种保护、品种审定、品种登记、推广、销售时只能使用同一个名称；（6）生产推广、销售的种子应与申请植物新品种保护、品种审定、品种登记时提供的样品相符；（7）明确对违反法律，危害社会公共利益、生态环境的植物新品种不授予植物新品种权；（8）明确取得实施强制许可的单位或者个人不享有独占实施权，无权允许他人实施。后四条，属于新增加的规定。

新种子法将植物新品种保护作为专章处理，是经过充分论证且慎重考虑的，符合党的十八届四中全会提出的“完善知识产权保护制度”和2015年中央一号文件关于“加强农业知识产权法律保护”的要求。第一，增加专章是现阶段构建我国知识产权保护法律制度的现实选择。植物新品种权是知识产权的重要组成部分，在我国知识产权保护领域，已先后制定了著作权法、专利法、商标法，而对于植物新品种权只有行政法规规定，立法明显滞后于其他知识产权保护领域。在植物新品种保护立法难以提上日程的情况下，将植物新品种保护的关键性制度通过种子法专章规定，节约了立法资源，提高了立法效率，也符合民事制度需由法律规范的要求。第二，种子管理与植物新品种保护同法规定也有成功范例。作为国际植物新品种保护联盟发起国的荷兰，1966年制定了《种子和植物繁殖材料法》，为提升其种子产业竞争力提供了法律保障。目前，荷兰申请植物新品种保护的总数居世界第一位，是世界第二大农产品净出口国，种子、种苗出口额占世界的24%。在生态条件与我国相近的日本、韩国等东亚国家也是将种子管理与植物新品种保护合并处理。第三，专章规定有利于统一执法和管理。品种审定属于行政管理行为，目的在于确保新品种的农艺和经济性状具有推广价值；植物新品种权保护属于民事行为，是经过依法申请与审核，赋予权利人为商业目的的生产销售授权品种的独占权。尽管两者法律性质不同，但管理链条是相互衔接的，进入市场销售推广的审定品种，如果是授权保护的植物新品种，二者的关系就如同一枚硬币的正反面，有统一的测试流程、统一的测试机构、统一的执法主体，两者的区别是，前者是行政保护，后者是民事保护。如果植物新品种保护以后能够通过专门立法规范，与新种子法的规定也不矛盾。新种子法只是对与种业管理制度联系密切且与植物新品种保护切割不开的内容作了衔接性规定。这种处理方式，立法中比比皆是。同是规范农村土地承包经营，作为民法的物权法、农村土地承包法有规定，作为行政法的土地管理法也有规定，作为诉讼与非诉讼程序法的农村土地承包经营纠纷调解仲裁法也有规定。不少法律之所以如此处理，是考虑了法律所设制度的完整性和周延性。在美国，规范植物新品种保护的法律，就有联邦种子法、植物品种保护法、植物专利法、信息自由法和商业秘密法等。

在本章的处理上，还留下一个遗憾：近年来生物技术和分子育种快速发展，通过体细胞克隆、基因导入等方式培育派生品种，对完善植物新品种保护制度提出了新要求。引入生物育种技术，对诚实守信的育种人来说，有助于提高育种水平。但对不诚实守信的育种人来说，又可能利用新技术剽窃别人的成果。自1999年开始授权保护的植物新品种中，修饰性、模仿性品种不少，同质化问题突出。原始创新人花费数年乃至数十年培育的品种或繁殖材料，被别人私自利用或者进行个别性状的简单修饰模仿后，就堂而皇之地申请保护并销售、推广，这对原始创新是致命性打击。实质性派生品种管理制度缺失，直接影响育种人从事原始创新的积极性。如果对这种利用技术手段投机取巧、变相剽窃的行为视而不见，我国种业原始创新动力将会消磨殆尽，后果十分严重，必将进一步拉大我国与种业发达国家的差距。为此，种子法修订草案一审稿中规定，“实质性派生品种可以申请植物新品种权，并可以获得授权。但对其进行生产、繁殖等行为的，应当征得原始植物新品种权所有人的同意。实施实质性派生品种的植物种类、判定标准及起始时间，由国务院农业、林业主管部门分别确定”。但是，在二审后，因有分歧意见，这一规定暂未写入，成为一件憾事。

持不同意见的理由是：这一规定扩大了现行植物新品种保护条例对植物新品种权所有人的权利保护范围，按照这一规定，利用国外种质资源培育新品种要付出较大经济代价，增加了我国的国际义务，总体上不利于我国作物育种发展。建议对这一规定是否与我国种业发展的实际情况及植物新品种保护现有条件、能力相适应，是否会削弱我国加入该公约1991文本的主动权，是否会对我国民族种业发展造成影响作深入研究论证。

上述理由，依据不够充分。理由是：将原始品种权的权利范围延伸到实质性派生品种的繁殖材料。

一是着眼于保护原始创新。分子生物技术广泛应用后，在育种中，通过人工诱发基因突变、体细胞克隆、基因导入或采用回交等方式，可轻而易举获得仅改变个别次要性状的品种，按现行制度，就可以申请植物新品种权从而受到保护。此种行为极大地损害了曾作出实质性贡献的原始品种权人的利益，降低了原始育种创新者的积极性。由于制度缺失，育种研发上的急功近利、低水平重复得不到约束，导致遗传资源变窄，影响着种业的可持续发展。我国大面积推广的水稻品种中，推广面积前10位的两系杂交稻品种，大多是实质性派生品种。玉米品种也如此，有19.4%的自交系是对已审定的杂交组合的重复使用。据北京农业科学院玉米中心对260个玉米品种的DNA指纹检测，与原始品种“郑单958”在4个位点以内有差异的品种就有69个（位点差异越少，同质化越严重）。包括袁隆平等院士及一些著名育种专家，多年来一直呼吁要对修饰性育种加以必要的约束，建立原始品种权保护制度。草案一审稿提出的分阶段实施实质性派生品种制度，是解决修饰性育种泛滥的针对性措施。

二是符合知识产权司法保护的国际通行做法。实质性派生品种，就是由原始品种实质性派生，或者由实质性派生品种再次派生出来的品种，与原始品种比较，除了因派生行为导致的个别性状差异外，其余性状与原始品种的基因型或者基因型组合决定的性状保持一致。对派生品种权利的行使，草案一审稿规定给予必要的约束。实行实质性派生品种制度是国际通行做法。经历几十年的农业科技进步，我国已成为育种、用种大国，已具备在知识产权保护上与国际分阶段接轨的条件，监管能力也是适应的。

三是与是否加入国际植物新品种保护联盟公约（简称UPOV 1991 文本）没有直接联系，也未改变和增加我对外国际义务。草案一审稿提出的实质性派生品种制度内容，与 UPOV 1991 文本的含义有区别，我们只涉及派生品种的繁殖材料一项，而 UPOV 1991 文本延伸到收获物和加工品、进出口等七项内容。未加入 UPOV 1991 文本，也未必不能引入文本内容。我国已加入的 UPOV 1978 文本第五条规定，植物新品种权的保护内容，成员国在履行承诺义务的基础上，在国内法中可以同向扩大。我国制定了涉外民事关系法律适用法，该法对知识产权采用的是“被请求保护地法律”原则，国外的品种，只有在我国申请了植物新品种权保护，才能在国内受到司法保护，未在我国申请新品种保护，则不受我国内法的司法保护。建立实质性派生品种制度，只表明原始品种的特定权利成立及在我国境内具有统一的法律效力，对中国公民和在我国的外国人、法人给予平等保护，没有改变和增加我对外国际义务。有意见担心提高植物新品种保护水平会对我国造成损害，这是问题的实质。目前我国主要农作物如水稻、小麦、大豆、棉花、油菜等，用种基本为自主选育，建立实质性派生品种制度后，有利于遏制国外育种家对国内育种家的侵权。在玉米品种上，受国内法保护的国外某些品种有一定的种质资源优势，但在国内市场上占比很低，我国现受保护的植物品种 7443 个，国外的申请量仅占 1% 左右，且仅限于玉米杂交品种，算大账是利大于弊。试想，如果我们采取了一项制度，反而把自己的手脚捆住了，那肯定不能干。从长远看，这个制度可以彰显国家鼓励和保护育种原始创新的姿态，有利于提升我国在农业知识产权保护上的良好国际形象。

四是制度设计是过渡性的，比较稳妥。草案一审稿授权国务院农业、林业主管部门确定实质性派生品种的植物种类、判定标准和起始时间，留出了较大操作空间，弹性很大，以规避可能的风险（如有的话）。我国完全可以根据我们的技术水平、监管能力和实际需要，独立决定何时加入 UPOV 1991 文本，主动权仍在我们手中。

5. 完善种子生产经营许可和质量管理制度

一是关于生产经营许可。

原法将种子生产和经营作为两个环节分开管理，不利于“育繁推一体化”种子企业的形成，也不利于加强对种子生产数量和质量的源头控制。新种子法将原法“种子生产”“种子经营”“种子使用”合并为“种子生产经营”一章，将种子生产许可证和种子经营许可证合并为种子生产经营许可证；完善种子生产经营许可证分级审批制度，将符合国务院农业、林业主管部门规定条件的“育繁推一体化”种子企业的种子生产经营许可证由国务院主管部门核发，下放由省级政府主管部门核发；取消了凭种子生产经营许可证方可申请办理或者变更工商营业执照的规定；取消了申请种子生产经营许可证时对资金的要求；明确将具有无检疫性有害生物的种子生产地点作为申请种子生产经营许可的条件；规范种子生产经营许可证的载明事项；禁止买卖种子生产经营许可证；完善种子生产经营档案管理制度，明确生产经营档案的具体载明事项及种子样品保存期限由国务院农业、林业主管部门规定；明确符合国务院农业、林业主管部门规定条件的“育繁推一体化”企业生产经营许可证的有效区域为全国；明确销售种子应当符合国家或者行业标准，附有标签和使用说明，建立标签和使用说明标注内容的真实性原则；规范种子标签的载明事项，应标注种子品种审定或登记编号、品种适宜种植区域及季节、生产经营者及注册地、种子生产经营许可证信息代码等，明确销售授予植物新品种权的种子的，必须标注植物新品种权号；规定种子生产经营者不得作虚假或者引人误解的宣传。新种子法将种子生产和经营许可证两证合一，下放“育繁推一体化”企业种子生产经营许可证审批权限，取消先证后照的规定，有利于降低行政管理成本和种子生产经营成本。

二是关于种子质量管理。

为规范种子质量监管行为，加大种子质量监管力度，新种子法将原法“种子质量”“种子行政管理”合并为“种子监督管理”一章，在种子质量检验、行业自律管理、信息发布及监管等方面作了完善，包括：授权国务院农业、林业主管部门制定种子质量检验办法；明确农业、林业主管部门可以采用国家规定的快速检测方法对生产经营的种子品种进行检测，检测结果可以作为行政处罚依据；可将没有标签的种子认定为假种子；规定种子生产经营者依法自愿成立种子行业协会，明确种子协会的服务职能；禁止在种子生产基地从事检疫性有害生物接种试验；国家建立统一的植物品种标准样品库，建立种业信息发布制度，明确省级以上政府农业、林业主管部门在统一的政府信息发布平台上发布品种审定、品种登记、新品种保护、种子生产经营许可、监督管理等信息；扩大了赔偿范围，种子使用者因种子标签和使用说明标注内容不真实，遭受损失的，可以向种子生产者或者经营者要求赔偿；取消了种子检验员资格考核的规定；建立自愿性的种子质量认证，经认证合格的可在包装上使用认证标识。

三是关于品种退出。

原法对于种植多年后不再适宜生产，需要退出的种子品种没有退出规定，各级农业、林业主管部门虽然确定了一批不宜种植的品种，但由于没有法律支持，对已退出品种种子的销售行为无法有效监管。为此，新种子法建立了强制性品种退出制度，规定审定通过的农作物品种和林木良种出现不可克服的严重缺陷等情形不宜继续推广、销售的，经原审定委员会审核确认后，撤销审定，由原公告部门发布公告，停止推广、销售；对已登记品种出现类似情形的，由国务院农业主管部门撤销登记并发布公告，停止推广。

四是关于特许经营备案。

原法规定经营不再分装的包装种子、委托销售、在有效区域设立分支机构以及农民出售串换自繁自用的种子等四种情形，不需办理许可证。在征求意见中，不少地方提出应删除农民个人在集贸市场上出售、串换自繁自用剩余种子不需办理许可证的规定，并加强对其他三类许可的备案管理。为此，新种子法规定，对专门经营不再分装的包装种子的，或者受具有种子生产经营许可证的种子生产经营者以书面委托生产、代销其种子的，应向县级政府农业、林业主管部门备案。考虑到农村地区特别是一些地方性常规品种的用种实际，保留了农民个人在集贸市场上出售、串换自繁自用剩余种子不需办理许可证的规定，但限定在当地。

6. 完善种业安全审查评估制度

原法仅对外资进入种子生产经营领域进行了规范，在征求意见过程中，种子种苗管理部门、种子企业、科研机构等都普遍对外资大规模进入威胁我国种业安全表示担忧，提出应对外资进入育种、科研领域以及企业并购行为等进行法律约束，保护我国种子产业安全。为此，新种子法规定：建立种业安全审查机制，规范境外机构、个人投资、并购境内种子企业或者与境内种子企业、科研院所开展技术合作，严格品种研发和种子生产经营的审批管理。上述规定，有利于防止特有种质资源和先进育种技术流失，避免我国主要农作物种子市场被外资控制，确保国内种业安全。

7. 完善转基因植物品种监管制度

转基因植物品种是社会关注的一个热点。一方面生物技术需要发展，在严格监管、确保安全的前提下逐步推进产业化应用；另一方面一些消费者对于转基因食品的安全性存有一些疑虑。原法涉及转基因品种管理有三处规定："转基因植物品种的选育、试验、审定和推广应当进行安全性评价，并采取严格的安全控制措施"，"销售转基因植物品种种子的，必须用明显的文字标注，并应当提示使用时的安全控制措施"，"引进转基因植物品种的管理办法，由国务院规定"。上述规定都予以保留，为了回应消费者对转基因食品的疑虑，增加了由国务院农业、林业主管部门"加强跟踪监管"和"及时公告有关转基因植物品种审定和推广的信息"的规定，尊重和保护消费者的知情权。

8. 完善种子执法制度

原法规定，农业、林业主管部门是种子行政主管机关，但未明确其所属的种子管理机构的法律地位。目前，林业行业由种子种苗管理机构执法，农业行业有的由种子管理机构执法，有的由农业综合执法机构执法，也有的由种子管理机构和农业综合执法机构联合执法等。新种子法完善了种子执法体系和执法手段，包括：农业、林业主管部门所属的综合执法机构或受其委托的种子管理机构，可以开展种子执法相关工作；农业、林业主管部门在依法履行监督检查职责时，可以进入生产经营场所进行现场检查，对种子取样测试、试验或者检验，查阅、复制相关合同、票据、账簿、生产经营档案等有关材料，可以采取查封、扣押等行政强制措施。

作出上述规定的理由：首先，明确综合执法机构的执法主体地位，符合党的十八届三中全会提出的“整合执法主体，相对集中执法权，推进综合执法”改革精神，与农业法关于“实行综合执法，提高执法效率和水平”的规定一致。其次，委托种子管理机构进行执法符合行政处罚法的有关规定。行政处罚法规定，行政机关依照法律、法规或者规章的规定，可以在其法定权限内委托符合条件的组织实施行政处罚。种子管理机构在执法中，以农业、林业主管部门的名义行使行政处罚权，其行为后果由行政主管部门承担。再次，委托执法与综合执法不矛盾，可以有效解决行政部门“权责不匹配”和种子管理机构“有责无名分”问题。最后，通过委托方式明确种子管理机构的执法地位，有利于综合执法机构和种子管理机构整合力量，增强执法力量。目前，全国农作物种子执法机构实行单独执法的机构773个，实行共同执法的机构519个，实行综合执法的机构1627个，管理、执法人员2.6万人。1904个地县设有林木种苗管理机构，管理、执法人员近2万人。明确种子执法主体，有利于加强种子种苗管理机构建设和执法队伍的稳定。对此，各方面的意见是一致的，特别是农业、林业部门从事种子种苗管理的执法人员，倍受鼓舞，认为有这一条规定，使他们的执法工作有了法律依据。

9. 完善种业发展扶持保护制度

原法的扶持保护措施只有3条，新种子法将国务院有关扶持种业发展的政策措施上升为法律规定，新增了“扶持措施”一章，包括财税、信贷、保险、良种繁育基地建设等方面，共7条。对品种选育、生产、示范推广、种质资源保护、种子储备以及制种大县给予扶持；将先进适用的制采种机械纳入农机具购置补贴范围；引导社会资金投资种业；国家加强种业公益性基础设施建设；优势种子繁育基地由国务院农业主管部门商所在省级政府确定；对优势种子繁育基地内的耕地，划入基本农田保护区，实行永久保护；鼓励和引导金融机构为种子生产经营和收储提供信贷支持；省级以上人民政府采取保费补贴措施，支持发展种业生产保险；鼓励科研院所及高等院校与种子企业开展育种科技人才交流，支持本单位的科技人员到种子企业从事育种成果转化活动，鼓励育种科研人才创新创业。

上述规定中，有些已经在实施，但没有系统化、长期化，有些规定的层次较低。这次修改，较好地处理了这个问题。

10. 完善法律责任

结合上述制度设计，新种子法进一步完善相关法律责任，涉及40多处。一是增加了对侵犯植物新品种权、植物新品种申请权和植物新品种权权属纠纷救济途径的 3 项规定。二是增加了对 24 种种子违法行为的行政处罚措施。主要包括：植物新品种侵权行为；假冒授权品种行为；以欺骗、贿赂或其他等不正当手段取得种子生产经营许可证行为；作为良种推广、销售应当审定未经审定的林木品种行为；推广、销售应当停止推广、销售的农作物品种和林木良种行为；对应当登记未经登记的农作物品种以登记品种名义销售行为；对已撤销登记的农作物品种以登记品种名义推广、销售行为；对应当审定未经审定，或者应当登记未经登记的农作物品种发布广告，或者广告有关主要性状描述等内容与审定、登记公告不一致行为；未经许可进出口种子行为；将从境外引进林木种子进行引种试验的收获物在国内销售行为；进出口假、劣种子或者属于国家规定不得进出口种子行为；销售没有使用说明种子行为；未按规定建立、保存种子生产经营档案行为；种子生产经营者在异地设立分支机构、专门经营不再分装的包装种子或者受委托生产、代销种子未按规定备案行为；侵占破坏种质资源行为；未经审核批准与境外机构、个人合作研究利用种质资源行为；收购珍贵树木种子或者限制收购的林木种子行为；未根据林业主管部门制定的计划使用林木良种行为；自行完成试验的种子企业造假行为；在种子生产基地进行检疫性有害生物接种试验行为；种子生产经营者拒绝、阻挠执法机构依法实施监督检查的行为；私自交易由财政资金支持形成的育种成果行为；伪造测试、试验数据或者出具虚假证明行为；农业、林业主管部门不依法作出行政许可决定，发现违法行为或者接到违法行为的举报不予查处，或者未依照本法规定履行职责的行为；品种审定委员会委员或者工作人员不依法履行职责，弄虚作假、徇私舞弊的行为等。三是加大了对 10 种违法行为的行政处罚力度。主要包括：生产经营假、劣种子，违反种子生产经营许可管理规定，将为境外制种的种子或从境外引进农作物种子进行引种试验的收获物在国内销售，违反种子包装和标签管理规定，私自采集或采伐国家重点保护的天然种质资源，向境外提供或者从境外引进种质资源，经营推广应当审定未审定种子，强采掠青、损坏母树或者在劣质林和劣质母树上采种，违法收购林木种子等。增加了因生产假、劣种子犯罪被判处有期徒刑以上刑罚的，被吊销种子生产经营许可证的，其法定代表人、直接负责的管理人员五年内不得担任种子企业的法定代表人、高级管理人员等 3 项从业禁止的规定。四是提高法律的震慑力，规定上述违法行为构成犯罪的，依法追究刑事责任。

除以上十个方面的内容，新种子法还明确了省级政府的种子储备责任，将烟草种、中药材种管理纳入了法律规范范围等。

种子法修改从 2011 年开始调研到审议通过，历时近五年时间。目前的规定，是取得了最大公约数。期待新种子法成为发展我国现代种业的新起点！

第一章

总 则

种业是国家战略性、基础性核心产业。种子法是实现依法治种，推动现代种业发展的基本遵循，在保障国家粮食安全和重要农产品有效供给、推动生态文明建设、维护生物多样性等方面具有十分重要的作用。《中华人民共和国种子法》（以下简称种子法）于2000年7月8日第九届全国人大常委会第十六次会议通过。2004年8月28日第十届全国人大常委会第十一次会议和2013年6月29日第十二届全国人大常委会第三次会议两次修正。2015年11月4日第十二届全国人大常委会第十七次会议修订，在种质资源保护、种业科技创新、植物新品种权保护、品种审定和登记、种子生产经营许可、种业安全审查、种子执法、种业发展扶持政策等方面进行了完善。2021年12月24日第十三届全国人大常委会第三十二次会议第三次修正，通过扩大植物新品种权的保护范围、扩展保护环节、建立实质性派生品种制度、健全侵权损害赔偿制度、完善法律责任等，加大植物新品种权的保护力度。

一、立法目的

种子法第一条规定："为了保护和合理利用种质资源，规范品种选育、种子生产经营和管理行为，加强种业科学技术研究，鼓励育种创新，保护植物新品种权，维护种子生产经营者、使用者的合法权益，提高种子质量，发展现代种业，保障国家粮食安全，促进农业和林业的发展，制定本法。"

根据本条规定，种子法立法的目的主要包括以下几个方面：

1. 保护和合理利用种质资源。种质资源是生物界长期自然演化形成的基因资源，是育种的物质基础，也是保护我国生物多样性和生物安全的重要载体。保护和合理利用种质资源，一是要加强种质资源的普查、收集、整理、鉴定、登记和保存，保证种质资源得到系统的管理。二是要加强种质资源库、种质资源保护区、种质资源保护地的建设。三是要限制侵占、破坏种质资源库、种质资源保护区和保护地的行为。四是要明确国家对种质资源享有主权，加强对种质资源国际合作交流的管理。五是要明确政府建立的种质资源库、种质资源保护区和保护地的种质资源属公共资源，要依法开放利用。政府要定期公布可供利用的种质资源目录。六是要对破坏种质资源的行为规定相应的法律责任。

2. 规范品种选育行为。品种选育是生产、经营和推广良种的基础，育种创新能力是种业的核心竞争力。规范品种选育行为，一是要合理配置育种资源，建立分工明确、运作规范、转化高效、竞争有序的育种创新机制。二是要规范育种科研成果转化，由财政资金支持为主形成的育种成果的转让、许可等应当依法公开进行，禁止私自交易。三是要维护种业科技人员的合法权益。由财政资金支持形成的育种发明专利权和植物新品种权，除涉及国家安全、国家利益和重大社会公共利益的外，授权项目承担者依法取得。

3. 规范种子生产经营行为。种子生产经营是直接与市场相关的环节，规范种子生产经营行为，除了加大执法力度外，关键是要通过实施许可、制定标准、出台规程等方式，建立先进、公平、高效的各项制度，营造公平竞争、健康发展的市场秩序。具体来讲，一是要完善种子生产经营许可制度。二是要符合种子国家和行业标准。三是要执行生产技术规程和检验、检疫规程。四是要建立生产经营档案，保证可追溯。五是要完善和强化种子标签制度。此外，还要规范种子广告、包装、运输等。

4. 规范种子管理行为。种子管理是各级政府及其有关部门、有关机构，以及有关组织等对种业进行规范、协调、监督和执法的行为，规范种子管理行为，既要把该管的管起来，避免管理缺位，又要把想管的管理好，避免监管不力，还要注重不该管的不管，避免监管过度。具体来讲，一是要明确监管责任。在明确农业农村、林业草原主管部门对种子管理总体负责的基础上，进一步明确各有关部门在质量管理、行政审批、市场监管、种业安全等方面的监管责任。二是要明确监管职权。既要明确农业农村、林业草原主管部门所属的综合执法机构或者受其委托的种子管理机构可以开展种子执法相关工作，又要明确执法机构可以采取查封扣押等执法权限。三是要注重简政放权，将种子生产许可和经营许可合二为一，并下放部分行政审批的管理权限，进一步转变政府职能。四是要注重发挥行业协会的作用。

5. 加强种业科学技术研究，鼓励育种创新。种业科学技术研究是提升种业科技创新能力、促进现代种业发展的重要内容。“十三五”以来，我国在种业科学技术研究方面取得了一系列重大成果，水稻、黄瓜、番茄、白菜等基因组学研究及应用国际领先，但种业基础研究仍较薄弱，原始创新能力后劲不足，前沿性新技术应用不足，急需在相关法律制度上完善。2021 年种子法修改，在立法目的增加了“加强种业科学技术研究，鼓励育种创新”的内容。鼓励育种创新，一是支持科研院所及高等院校重点开展育种的基础性、前沿性和应用技术及公益性研究。二是鼓励种子企业充分利用公益性研究成果，培育具有自主知识产权的优良品种。三是鼓励种子企业与科研院所及高等院校构建技术研发平台。四是维护种业科技人员的合法权益。

6. 保护植物新品种权。植物新品种权作为一种知识产权，在鼓励创新、保护育种者合法权益、打击种子侵权行为、维护种子市场秩序方面起着十分重要的作用。要加强植物新品种权保护力度，一是要提升植物新品种权的法律位阶，2015 年种子法修改前，我国主要依靠植物新品种保护条例来规范植物新品种保护，2015 年修改种子法，在立法目的中增加“保护植物新品种权”，将植物新品种保护条例中的关键性内容充实到种子法中，如植物新品种的授权条件、授权原则、品种命名、保护范围及例外、强制许可等。2021 年修改种子法，扩大植物新品种的保护范围、延长保护环节。二是要加大对侵犯植物新品种权的行为的处罚力度，维护植物新品种权人的合法权益。

7. 维护种子生产经营者、使用者的合法权益。维护市场参与主体的合法权益，是维护公平竞争的种子市场秩序，促进种子市场长期稳定健康发展的重要保障。具体来讲，一是要保障种子生产经营者的生产经营自主权。二是要保障种子使用者的自主选择权，不得强迫或者干预。三是要给予农民个人在当地集贸市场出售、串换自繁自用的剩余常规种子的许可豁免权。四是要保障种子使用者因种子质量、标签和使用说明等问题遭受损失后的赔偿请求权，并明确追偿途径。五是要对侵犯种子生产经营者和使用者合法权益的行为明确法律责任。

8. 提高种子质量。种子质量决定了用种者播种后的长势和收成，也会影响种子生产经营者的信誉和收益。随着种子市场的发展，单一品种种子播种面积日益增大，如玉米品种“郑单958”的年播种面积达到数千万亩，一旦发生质量问题，后果不堪设想。要提高种子质量，一是要明确农业农村、林业草原主管部门的种子质量监管责任。二是要明确种子质量检验机构的法律地位，建立种子质量检验制度。三是要建立种子质量认证制度，允许企业使用认证标识。四是要强化和细化种子标签管理，明确种子生产经营者的责任。五是要加大对生产经营假劣种子、涂改标签和伪造检验数据等违法行为的处罚力度。

9. 发展现代种业。现代种业的发展离不开种子的产业化，种子产业化是我国种业持续快速发展的基础。种子企业是种子产业化的主体，目前，总体上看，我国的种子企业数量多、规模小、研发能力弱，育种资源和人才不足，竞争力不强。要推动种子产业化，必须提高种业集中度，给种子企业减轻负担，并给予相应的扶持政策，推动种子企业的发展壮大，增强其市场竞争力。

10. 保障国家粮食安全。保障粮食安全是农业农村工作的首要任务。在我国耕地面积增加潜力有限、自然灾害频发、水资源紧缺的国情下，只有通过选育和推广优质、高产、广适、多抗的优良品种，提高粮食单产，调整粮食结构，改善粮食品质，才能为保障我国粮食产量持续稳定增长提供强有力的支撑。同时，种子法加强种子进出口和对外合作管理，扶持民族种业发展，减缓跨国种业巨头对我国种子市场特别是主粮种子市场的冲击，进一步保障我国的种业安全和粮食安全。

二、种子法的调整范围

种子法，顾名思义是关于种子的法律，种子法第二条规定："在中华人民共和国境内从事品种选育、种子生产经营和管理等活动，适用本法。本法所称种子，是指农作物和林木的种植材料或者繁殖材料，包括籽粒、果实、根、茎、苗、芽、叶、花等。"

（一）种子的定义

在《现代汉语词典》中，种子是指"显花植物所特有的器官，是由完成了受精过程的胚珠发育而成的，通常包括种皮、胚和胚乳三部分。种子在一定条件下能萌发出新的植物体"。这主要是种子在自然科学上的定义。法律中的定义通常与自然科学的定义有紧密联系，但法律调整的是特定权利义务关系，法律上的定义在其调整范围内有着特定的含义。一方面，种子法中规定的“种子”，必须是农作物和林木的种植材料或者繁殖材料，与农作物和林木的种植与繁殖无关的种子，如仅用来食用而不作种用的稻谷、小麦等粮食，虽然符合自然科学上的种子的定义，也不属于本法调整的范围。另一方面，自然科学上定义的种子，主要是指的“籽粒”和“果实”，而种子法调整的种子除了“籽粒”和“果实”外，还包括其他所有农作物和林木的种植材料或者繁殖材料，如“根、茎、苗、芽、叶、花”等。总的来说，种子法关于种子的定义，与自然科学上种子的定义，不是简单的谁大于谁，谁包含谁的关系，而是互有交叉，有着特定的范围。

需要说明的是，在2015年种子法修改的起草、审议和征求意见过程中，有意见认为，在林业工作中，通常以“种苗”或者“苗木”作为种植材料或者繁殖材料，一些相关的国务院文件也采用过“林木种苗”“种子种苗”和“种子苗木”等提法，建议将“种子法”改为“种子种苗法”或者“种子苗木法”，同时在具体条文中将涉及林业的“种子”都改为“种子种苗”或“种子苗木”。但是，种子法中“种子”的定义就包括了“种苗”和“苗木”的概念，自种子法颁布实施以来，在实践中已经形成共识，相关的配套法规、规章和规范性文件也都沿用了种子法中的概念，如果进行修改，法律中“种子”的范围就会缩小，在法律法规和规章的适用上反而会引起不必要的混乱，因此，2015 年种子法修改沿用了原法对“种子”的定义方式。

此外，种子法对具体的农作物和林木的种植材料或者繁殖材料采取列举的方式进行规定，包括“籽粒、果实、根、茎、苗、芽、叶、花等”，其中“花”是 2015 年修法时根据各方面意见新增的内容。这是因为随着育种科技的进步，一些新的农作物和林木的生物体器官也逐渐被用作种植材料或者繁殖材料，如“花”等，因此，将“花”纳入了调整范围。

（二）种子法调整的行为范围

根据种子法第二条，种子法主要调整从事品种选育、种子生产经营和管理等活动。

1. 品种选育。品种，种子法第九十条第二项规定：“品种是指经过人工选育或者发现并经过改良，形态特征和生物学特性一致，遗传性状相对稳定的植物群体。”本法所指的品种，主要包括农作物和林木品种，不包括动物品种。品种选育，就是育种者采用物理、化学、生物等人工方法改变品种的遗传特性，培育出新的品种的活动。这里的育种者，是指开展品种选育活动的主体，既包括科研院所、学校、种子企业、有关组织等单位，也包括科研工作者等个人。

2. 种子生产经营。种子生产经营，是指种子生产经营者种植、采收、晾晒、清选、分级、干燥、包衣、包装、标识、销售种子的活动。2015 年修改前的种子法将种子生产和种子经营分别进行规范，在行政许可、档案管理等方面分别规定了不同的内容。随着市场经济的发展，许多种子生产者也同时开展种子经营活动，许多种子企业也兼有生产和经营的业务，因此，2015 年种子法修改将种子生产和种子经营的内容合并进行规范。

3. 种子管理。种子管理是指各级人民政府及其有关部门、有关机构以及有关组织对种子行业进行的指导、规范、扶持、服务、审批、执法等活动。从管理主体上讲，包括各级人民政府，农业农村、林业草原主管部门，市场监管、税务、财政、检疫、广告等相关主管部门，种子管理机构，综合执法机构，品种审定委员会，种子行业协会等。从管理内容上讲，包括制定和实施种业发展规划、种质资源保护、种子储备、品种选育、品种审定和登记、新品种保护、种子进出口、种业扶持、种子监管、种子检疫、种子行业协会管理等内容。

（三）参照执行

种子法第九十一条规定："国家加强中药材种质资源保护，支持开展中药材育种科学技术研究。草种、烟草种、中药材种、食用菌菌种的种质资源管理和选育、生产经营、管理等活动，参照本法执行。”按照种子法第二条第二款规定，本法所称种子，是指农作物和林木的种植材料或者繁殖材料，没有包括草种、烟草种、中药材种、食用菌菌种等。对于这些种子，其他法律中也没有规定。所以，种子法第九十一条作出参照执行的规定，为草种、烟草种、中药材种、食用菌菌种的种质资源管理和选育、生产经营、管理等活动提供法律依据。国务院有关部门可根据本法的规定和国务院有关行政管理体制改革的有关规定要求，制定具体的实施办法。为了加强对中药材种质资源的保护和中药材育种的科学技术研究，2021 年修改种子法，专门作出规定，“国家加强中药材种质资源保护，支持开展中药材育种科学技术研究”。

（四）种子法的实施时间

种子法第九十二条规定，“本法自 2016 年 1 月 1 日起施行”，明确种子法实施的起始时间。2021 年 12 月 24 日第十三届全国人民代表大会常务委员会第三十二次会议通过《关于修改〈中华人民共和国种子法〉的决定》，对种子法进行第三次修正。决定中规定，本决定自 2022 年 3 月 1 日起施行，指的是决定中对种子法修改的内容自 2022 年 3 月 1 日起施行，而法律实施的时间不变，仍为 2016 年 1 月 1 日。

三、种子管理

（一）种子管理的政府职责

种子法第三条规定："国务院农业农村、林业草原主管部门分别主管全国农作物种子和林木种子工作；县级以上地方人民政府农业农村、林业草原主管部门分别主管本行政区域内农作物种子和林木种子工作。各级人民政府及其有关部门应当采取措施，加强种子执法和监督，依法惩处侵害农民权益的种子违法行为。"

种子法明确了政府对种子管理工作的责任和义务，具体来讲包括以下三个方面：

1. 明确种子管理工作的主管部门。种子管理是农业、林业管理工作的重要内容，作为主管农业、林业工作的各级政府农业农村、林业草原行政部门，对种子管理工作负有不可推卸的责任和义务，应当履行种子管理主管部门的职责，强化对种子管理重要性的认识，提高工作积极性和主动性，引导和扶持我国种子行业的持续健康发展。各级政府农业农村、林业草原主管部门在种子管理方面的职责是全方位的，涵盖了种质资源保护、品种审定和登记、植物新品种保护、生产经营许可证核发和管理、种子进出口管理、种子质量监管、种子市场监管、种子信息发布、种子执法等各个方面。

2. 明确种子管理工作的层级。即国务院农业农村、林业草原主管部门负责全国农作物种子和林木种子工作；县级以上地方人民政府农业农村、林业草原主管部门分别主管本行政区域内农作物种子和林木种子工作。除此之外，种子法和有关法律法规在具体管理事项上对不同层级主管部门的管理权限也作出了特别规定。

3. 明确各级政府和各个部门的协调配合。做好种子管理工作，不仅需要作为主管部门的农业农村、林业草原部门积极履职，也需要财政、发展改革、税务、金融、市场监管、公安等其他政府有关职能部门给予支持、协调和配合。因此，种子管理工作必须在各级政府的统一组织下，由各个部门互相配合、相互协作，才能形成合力，整合资源，充分发挥各个部门的优势，共同促进我国种业的发展。

（二）国家对种子工作的扶持和奖励

对种子工作进行扶持和奖励，是种子管理的一项重要内容，对促进我国种业持续健康发展具有重要作用。种子法第四条规定："国家扶持种质资源保护工作和选育、生产、更新、推广使用良种，鼓励品种选育和种子生产经营相结合，奖励在种质资源保护工作和良种选育、推广等工作中成绩显著的单位和个人。"这是国家对种业进行扶持和奖励的总体性规定，表明了国家扶持种业发展和奖励在种业发展中成绩显著的单位和个人的基本态度。具体的各项扶持措施，则在种子法的“扶持措施”一章进行了规定。

惩罚和奖励是维护法律权威，保障法律实施的两种重要手段。对种子工作中成绩显著的单位和个人给予奖励，既是对工作非常努力、作出重要贡献、取得重要成果的单位和个人的一种肯定，又可以树立榜样和标杆，引导社会各界更好地投入种质资源保护和良种选育、推广等工作中去，调动各方参与的积极性和主动性。这里的奖励，既包括物质奖励，也包括精神奖励、荣誉奖励。物质奖励对个人来说，可以包括一定数额的奖金、一定幅度的工资增长，以及职务、级别上的晋升等，对企业、事业单位来说，除奖金外，还可以是税收、信贷方面的优惠待遇等。精神奖励和荣誉奖励可以包括授予光荣称号、通报表扬，以及竞赛名次奖励等。

需要注意的是，奖励应当按照有关法律、法规、自治条例和单行条例、规章、规范性文件的要求进行，不得随意给予，以体现奖励的官方性、严肃性。除政府及其有关部门以外的其他单位和个人给予的奖励，不受本条规定限制。目前，《国家科学技术奖励条例》等有关法规、规章对有关奖励的内容作出了规定，相关部门已在此方面作出了积极探索。未来，各级政府及其有关部门在相关法规、规章、文件中将对奖励作出更加细致、明确的规定。

（三）种业发展规划

编制种业发展规划，是确定今后一段时期种业发展方向和目标，明确种业发展任务和措施的重要方式。种子法第五条规定："省级以上人民政府应当根据科教兴农方针和农业、林业发展的需要制定种业发展规划并组织实施。"

在农业方面，2012 年，国务院办公厅正式印发由农业部会同国家发展改革委、财政部、科技部等 16 个部门编制完成的《全国现代农作物种业发展规划（2012—2020 年）》（以下简称《规划》），《规划》共包括规划背景、总体要求、重点任务、发展布局、重大工程和保障措施六个部分。在林业方面，2010 年，国家发改委、财政部、国家林业局联合发布了《全国林木种苗发展规划（2011—2020 年）》，规划共包括发展现状、需求分析、指导思想和目标、发展战略、建设布局和任务、投资估算与资金筹措、保障措施七个部分。

除全国性的现代种业发展规划以外，许多省级人民政府也根据当地实际情况发布了本行政区域内的现代种业发展规划，还有一些市县政府也发布了相关内容。这些规划的发布实施，有力地促进和保障了各地现代种业的发展。

四、种子储备

种子法第六条规定："省级以上人民政府建立种子储

备制度，主要用于发生灾害时的生产需要及余缺调剂，保障农业和林业生产安全。对储备的种子应当定期检验和更新。种子储备的具体办法由国务院规定。”

（一）建立种子储备制度的主要目的

1. 保障农业、林业生产安全。我国现行的种子储备制度，是在国家救灾备荒种子贮备制度的基础上发展起来的。我国是一个自然灾害多发的国家，农业、林业又是受自然灾害影响最为明显的行业。在发生洪灾、旱灾、风灾、蝗灾、地震等严重自然灾害，导致农作物大面积减产或者林木受损时，不仅农业、林业生产会受损，农民收入会减少，更会使人民群众的日常生活受到影响，严重时可能引发社会问题。因此，建立救灾备荒种子储备制度，加强农业防灾减灾建设，提高抵御自然灾害和重大突发事件的能力，显得十分必要。

2. 对种子市场进行余缺调剂。2015 年修改种子法，增加了“余缺调剂”的内容，是对种子储备制度的充实。种子法自 2000 年实施以来，大大加快了种业的市场化进程，从成本的角度考虑，具有自主生产经营权的种子企业并不会常年储备种子，但仅靠市场自发调节不能完全解决种子供求失衡、价格波动剧烈等问题。对此，2011 年《国务院关于加快推进现代农作物种业发展的意见》（国发〔2011〕8 号）提出要“完善种子储备调控制度”。因此，在出现

“市场失灵”的时候，有必要通过政府的种子储备进行调控，平衡种子供求关系，平抑种子价格，维护用种者的利益，同时也间接保障了农业、林业生产的平稳发展。

（二）种子储备制度的主要内容

1. 责任主体。种子法明确规定“省级以上人民政府建立种子储备制度”，进一步明确了省级人民政府的责任。我国实行国家和省两级种子储备体系，国家和省级种子储备应当保持合理规模，在功能定位、品种结构、地域布局上互相衔接和补充。具体来讲，在农作物种子储备上，国家重点储备杂交玉米、杂交水稻种子及其亲本，保障杂交种子供应和平抑市场价格；省级重点储备短生育期和大宗作物种子，保障灾后恢复生产和市场调剂。在林木种子储备上，国家重点储备林木良种，保障良种供应和平抑市场价格；省级重点储备和造林用种量大的树种种子，以及种子生产丰歉年间隔时间长的种子，保障大规模造林用种需求。

2. 运作方式。在农作物种子储备方面，《农业部关于加强种子管理工作的意见》提出，为增强种子市场调控能力，各级农业部门和种子管理机构都要创造条件，建立以种子企业为主体、财政资金为保障、市场化运作的种子储备制度。《国务院关于加快推进现代农作物种业发展的意见》提出，种子储备任务通过招投标方式落实，国家重点支持的“育繁推一体化”种子企业要主动参与投标。可以看出，虽然国家和省级政府是种子储备的责任主体，但在具体的运作方式上，为了提高效率，避免重复建设，没有采取政府包揽的办法，而是采取市场化招投标的方式进行储备。

在林木种子储备方面，2012 年《国务院办公厅关于加强林木种苗工作的意见》指出，建立林木种子贮备制度。制定林木种子贮备管理办法，加强种子收购、检验、储存、更新及管理；建立国家主要造林树种种子贮备库；省级林业主管部门根据林木种子结实丰歉规律及造林绿化任务，开展相应的林木种子贮备；支持企业建立专门的林木种子贮备库。

3. 保障措施。种子储备具有显著的公益性质，体现的是政府责任，因此，应当给予一定的保障措施，鼓励和引导种子企业承担种子储备任务。在农作物种子储备方面，《农业部关于加强种子管理工作的意见》指出，争取将种子储备资金纳入同级财政预算。《国务院关于加快推进现代农作物种业发展的意见》提出，鼓励和引导相关金融机构特别是政策性银行加大种子收储的信贷支持，中央和省级财政对种子储备给予补助。目前，种子储备财政补助的内容包括种子储备贷款贴息、储备库等设施建设费用、种子保管费用、种子检验费用、种子自然损耗补贴、正常转商费用以及种子价差补贴等。

在林木种子储备方面，《国务院办公厅关于加强林木种苗工作的意见》指出，加大资金投入，各级财政要建立对林木种子贮备长期稳定的投资渠道；地方政府要将属于公共服务范围的种苗管理工作经费纳入同级财政预算；加大对种子贮备库的基本建设投入，探索多元化的投入机制，引导金融机构和各类社会资金参与林木种苗产业发展。

五、转基因植物品种

种子法第七条规定："转基因植物品种的选育、试验、审定和推广应当进行安全性评价，并采取严格的安全控制措施。国务院农业农村、林业草原主管部门应当加强跟踪监管并及时公告有关转基因植物品种审定和推广的信息。具体办法由国务院规定。"

转基因是社会关注的热点问题。长期以来，我国在转基因问题上坚持"积极研究、慎重推广、规范管理、科学发展"的原则，并遵循"非食用作物→饲用和加工原料作物→食用作物"的步骤逐步推进，按照严谨的科学标准、严格的法规程序来发展转基因生物技术。

1. 积极研究，抢占技术制高点。转基因是一项新技术，是现代生物学的最新成果，具有广阔的发展前景。积极研究转基因技术，既是保障我国农产品有效供给的需要，也是积极应对国际竞争和挑战的必然要求。我国是一个人多地少、水资源紧缺、自然灾害和病虫灾害频发的国家，要保障我国农产品的有效供给，必须走科技创新之路，积极研究包括转基因技术在内的先进育种技术。目前，许多国家都在大力开展转基因研究，争夺转基因领域的制高点，美国等国家已经开展了包括主粮在内的转基因品种的大规模商业化种植。为了避免在技术领域和市场领域被他国垄断和占领，在未来的国际竞争中受制于人，必须积极开展转基因生物技术研究，加快研发具有自主知识产权的新品种。2008 年，国务院批准设立转基因生物新品种培育重大专项，此后，又陆续设立一系列专项，大力投入转基因育种研究，目的是要获得一批具有重要应用价值和自主知识产权的基因，培育一批抗病虫、抗逆、优质、高产、高效的重大转基因生物新品种，提高农业转基因生物研究整体水平，为我国农业可持续发展提供强有力的科技支撑。2020 年，生物育种与人工智能、量子信息、集成电路、生命健康、脑科学、空天科技、深地深海等作为前瞻性、战略性国家重大科技项目之一，被写入国家“十四五”规划纲要。

2. 慎重推广，严格实行风险控制。转基因作为一项新技术，具有一定的未知性，必须以科学的态度重视其潜在的风险。为此，我国建立了严格的转基因风险管控制度。

一是建立转基因监管法律法规体系。除种子法、食品安全法等法律外，还包括国务院颁布的《农业转基因生物安全管理条例》，农业部制定的《农业转基因生物安全评价管理办法》《农业转基因生物进口安全管理办法》《农业转基因生物标识管理办法》《农业转基因生物加工审批办法》，国家质量监督检验检疫总局制定的《进出境转基因产品检验检疫管理办法》，以及国家林业局制定的《开展林木转基因工程活动审批管理办法》等，为开展转基因管理工作提供了法律依据。二是组建农业转基因生物安全委员会开展评价工作。委员会从实验室研究、中间试验、环境释放、生产性试验和申报农业转基因生物安全证书五个阶段，主要对食用安全性和环境安全性等进行科学、系统、全面的安全评价。三是建立部际联席会议制度，负责研究和协调农业转基因生物安全管理工作中的重大问题。四是组建全国农业转基因生物安全管理标准化技术委员会，发布相关的转基因生物安全标准。

3. 实行转基因产品标识管理。目前，各国对转基因产品的标识的管理有三种模式。第一种是自愿标识，即是否标识依照当事人自愿，不进行强制性要求。第二种是定量标识，即按照含量来标识，低于规定含量可以不标，高于规定含量的必须进行标识。第三种是强制定性标识，即只要存在转基因成分，就必须进行标识。我国实行的是按目录强制定性标识的制度。依照《农业转基因生物标识管理办法》，对转基因大豆、玉米、油菜、棉花、番茄五类作物 17 种产品实行按目录强制标识。

4. 强化跟踪监管和信息公开。加强跟踪监管和及时公告转基因植物品种审定和推广的信息，是种子法关于转基因管理的重要内容。目前，根据有关法律法规，由农业农村部、国家林草局分别负责全国的农业、林业转基因生物安全的监督管理，指导不同生态类型区域的农业、林业转基因生物安全监控和监测工作，建立全国农业、林业转基因生物安全监管和监测体系。县级以上地方各级人民政府农业农村、林业草原主管部门依法负责本行政区域内的农业、林业转基因生物安全的监督管理工作。这一规定，主要是为了强化主管部门的管理责任，督促主管部门提高监管和监测水平，保障公众的知情权。

此外，转基因问题具有较高的社会关注度，为了避免不实消息误导公众，政府应当主动加强转基因相关知识的宣传和普及，引导社会各界以尊重科学、尊重事实的态度正确地了解转基因问题，为转基因技术的研究和发展创造公开、公正、透明的环境。

第二章

种质资源保护

种质是育种的物质基础，种质资源是保障国家粮食安全和重要农产品有效供给、推动生态文明建设、维护生物多样性的国家战略性资源。2000 年颁布实施的种子法，将种质资源保护纳入法治轨道，为依法规范种质资源保护和利用，维护国家种质资源主权奠定了法治基础。2021 年的中央一号文件强调加强农业种质资源保护开发利用，这是以习近平同志为核心的党中央对保护和利用种质资源作出的战略部署，提出的明确要求。当前，我国种质资源保护和利用在体系建设、系统保护、精准鉴定、有效利用等方面，与新时代新阶段推动乡村全面振兴、实现农业农村现代化的目标要求仍存在一定差距，推动种质资源实现应保尽保、不断提升资源利用效率，是打好种业翻身仗需要进一步补齐的短板和弱项。为此，2015 年和 2021 年种子法修改时，都着眼于现实问题和实践需求，对我国种质资源的保护和利用法律制度作出了修改完善。

一、种质资源的保护

（一）种质资源的概念和范围

种质是亲代通过体细胞或生殖细胞传递给子代的遗传物质，个别遗传症状或遗传原种都可以称为种质。种质资源是亲代向子代传递遗传物质的生物载体，其实质是生物的基因资源，也被称为遗传资源。在生物学研究领域，种质和种质资源的范围较为广泛，涵盖了植物、动物以及微生物等，但种子法规定的种质资源和调整范围是农作物、林木及其他植物，对于畜禽遗传资源、水产种质资源以及野生动物资源的保护和利用，则分别由畜牧法、渔业法、野生动物保护法等法律进行规范。

为此，种子法第九十条第一项规定了种质资源的概念："种质资源是指选育植物新品种的基础材料，包括各种植物的栽培种、野生种的繁殖材料以及利用上述繁殖材料人工创造的各种植物的遗传材料。"种子法第二条和第九十一条第二款明确了种子法规范调整的种质资源范围为农作物和林木种质资源，草种、烟草种、中药材种、食用菌菌种的种质资源管理参照种子法执行。根据种子法的相关规定，国务院农业农村、林业草原主管部门制定了《农作物种质资源管理办法》《林木种质资源管理办法》《草种管理办法》等，对种质资源的具体形态作出进一步细化，规定种质资源包括植物的植株、果实、籽粒、苗、根、茎、花、花粉、组织、细胞和 DNA、DNA 片段及基因等。

同时，为继承和弘扬传统中医药学，保障和促进我国中医药事业持续健康发展，2021 年修改种子法，在第九十一条中增加一款规定："国家加强中药材种质资源保护，支持开展中药材育种科学技术研究。"加强中药材种质资源保护，有利于尽可能多地保存药用植物不同生态类型，保存中药材在自然条件下遗传性的完善性。《中华人民共和国中医药法》第二十五条规定，国家保护药用野生动植物资源，对药用野生动植物资源实行动态监测和定期普查，建立药用野生动植物资源种质基因库，鼓励发展人工种植养殖支持依法开展珍贵、濒危药用野生动植物的保护、繁育及其相关研究。种子法增加此款是与中医药法作出的衔接性规定。

（二）种质资源保护的基本原则

由于种质资源具有丰富的遗传多样性，蕴藏着各种潜在的可利用基因，不仅可以直接用于农业、林业生产，还可以为优良品种选育和开展生物技术研究提供基因来源，种质资源对未来农业和林业发展具有决定性意义。同时，种质资源在解释生物遗传基础、揭示生物起源和保持生物多样性方面也具有不可或缺的作用。物种的遗传多样性与其生存能力成正比，种质资源的丢失，特别是一些稀有、珍贵作物种质资源的丢失，将给农业、林业生产造成不可弥补的损失，甚至影响整个生态系统的稳定和安全。因此，世界各国普遍将种质资源定位为国家战略资源，依法加大保护力度。如在美国，其本土种质资源同样面临着逐渐消失的问题，95%的卷心菜、91%的大田玉米、94%的豌豆和81%的番茄品种已不存在。为加强种质资源保护，美国建立了完善的种质资源管理体系，由40个作物种质委员会支持国家植物种质资源系统的运行，不仅使美国成为世界上植物种质资源保存量最大和保存种类最多的国家之一，也推动美国成为世界种业强国。

为体现种质资源国家战略资源的功能定位，种子法第一条明确将“保护和合理利用种质资源”作为立法目的之一；第四条规定“国家扶持种质资源保护工作”，“奖励在种质资源保护工作”中“成绩显著的单位和个人”；第八条第一款规定“国家依法保护种质资源，任何单位和个人不得侵占和破坏种质资源”；第六十二条规定国家对“种质资源保护”给予扶持；第八十条明确了“侵占、破坏种质资源，私自采集或者采伐国家重点保护的天然种质资源”等违法行为的法律责任，并通过加大处罚力度，增强种质资源保护的刚性约束。种子法的这些规定，体现了激励与约束并重的保护原则，为有效提升我国种质资源保护水平、不断增强种质资源保护治理效能提供了有力法治保障。

（三）种质资源保护的具体措施

我国是农业和种质资源大国，拥有历史悠久的农耕文明，是世界上三大农业起源地之一，也是水稻、大豆、小麦等重要农作物的起源中心、次生起源中心。在世界上主要栽培的1200多种农作物中，我国有660多种，国内外普遍认为起源于中国的作物有300多种。据有关科研机构统计，目前我国农作物物种有9631个，其中栽培作物种1339个、栽培作物野生近缘种1930个、采集与放牧植物物种4204个，还有2100多个田间杂草及有毒植物物种。在1339个栽培种和1930个野生近缘种中（经济林木和药用植物未纳入以下统计）：水稻、小麦、玉米等粮食类作物栽培种109个、野生近缘种284个；棉、麻、油等经济类作物栽培种93个、野生近缘种281个；苹果、梨、桃等果树类作物栽培种140个、野生近缘种414个；西红柿、黄瓜、白菜等蔬菜类作物栽培种245个、野生近缘种245个；苜蓿等饲草与绿肥类作物栽培种226个、野生近缘种363个；花卉等观赏植物类作物栽培种298个、野生近缘种477个。

对种质资源的保护措施，主要包括非原生境保护和原生境保护两种途径。非原生境保护是通过建立种质库、种质圃及试管苗库等，保存各种植物的遗传材料。原生境保护是通过建立种质资源保护区或保护地，使种质资源在原生态环境下进行繁殖保存。目前，我国已初步构建起由 1 个国家种质资源长期库、1 个复份库、10 座中期库和 43 个种质圃，以及 214 个原生境保护区构成的农作物种质资源保护体系；建有林木种质资源保存库 164 处和草种质资源中心库、备份库及资源圃 14 个，31 个省级示范基地、622 个良种基地和 617 个采种基地也开展了林木种质资源的收集保存工作，初步构建起原地、异地、设施保存相结合的林草种质资源保护体系。截至 2021 年底，全国农作物种质资源长期保存数量超过 52 万份，保存总量居世界第二位；农业微生物资源保存总量 10 万份，居世界前列；新建成的种质资源长期库新库库容达到 150 万份，将有效增加我国农作物种质资源储备能力。

为进一步加大种质资源法治保障力度，种子法主要从以下三个方面作出了制度性安排：

1. 加强对天然种质资源的保护。当前，受开发建设、气候变化、自然灾害、环境污染、物种入侵等多种因素影响，我国一些珍稀特有种质资源种类和数量减少趋势明显，地方品种和主要作物野生近缘种消失风险加剧，截至 2020 年年底，我国主要粮食作物地方品种数目丧失比例高达 71.8%，一些天然种质资源已经或正在面临流失，例如，广西壮族自治区野生稻分布点减少了 75%，作为我国耐寒性水稻品种选育的基础材料，江西省东乡野生稻种群已由

9 个减少到 3 个，处于濒临灭绝的边缘；曾广泛分布在锡林郭勒草原的内蒙古大麦草正逐渐消失；树种群体遗传资源原生性和完整性遭到破坏，天然林和天然次生林大面积下降，壳斗科、木兰科等天然次生林树种目前仅残存不足30%，樟树、杜仲、青檀等珍贵树种几乎都为散生木。

为此，种子法明确对“天然种质资源”的保护政策措施，第八条第二款规定：“禁止采集或者采伐国家重点保护的天然种质资源。因科研等特殊情况需要采集或者采伐的，应当经国务院或者省、自治区、直辖市人民政府的农业农村、林业草原主管部门批准。”按照种子法的相关规定，国务院农业农村、林业草原主管部门对依法保护天然种质资源作了细化，如《农作物种质资源管理办法》将天然种质资源的范围规定为列入国家重点保护野生植物名录的野生种、野生近缘种、濒危稀有种等；《林木种质资源管理办法》将履行行政审批程序允许采集或采伐天然林木种质资源的特殊情况，规定为科学研究、良种选育、种质资源更新等；《草种管理办法》和《食用菌菌种管理办法》也规定，禁止采集国家重点保护的天然草种质资源、天然食用菌种质资源。

2. 加强种质资源库、种质资源保护区和种质资源保护地建设。2000 年颁布实施的种子法规定，有关部门应当建立国家种质资源库，省级政府相关主管部门可以根据需要建立种质资源库、种质资源保护区或者保护地。近年来，国务院及有关部门制定出台了《关于加强农业种质资源保护与利用的意见》《全国农作物种质资源保护与利用中长期发展规划（2015—2030 年）》《全国林木种苗发展规划（2011—2020 年）》等政策性文件，支持各地各部门在重要作物野生种及野生近缘植物原生地建立农作物种质资源保护区或保护地，不断改善种质资源保护设施和设备条件，积累了成功经验。

种子法将这些经过实践检验的政策措施和成功做法上升为法律规范，在第十条第一款规定："国务院农业农村、林业草原主管部门应当建立种质资源库、种质资源保护区或者种质资源保护地。省、自治区、直辖市人民政府农业农村、林业草原主管部门可以根据需要建立种质资源库、种质资源保护区、种质资源保护地。"2015 年修改种子法，将建立保护区、保护地提升为国务院农业农村、林业草原主管部门的法定职责，将种质资源原生境保护的层次由省级提升到国家层面。

同时，针对一些地方在土地征收、征用过程中出现的随意占用种质资源库、保护区或保护地问题，种子法第十条第二款明确规定："占用种质资源库、种质资源保护区或者种质资源保护地的，需经原设立机关同意。"占用资源库、保护区或保护地需经原设立机关同意的规定，是对公权力的一种约束，指向的是土地征收征用中政府相关管理部门，不涉及其他公民和法人。行政机关审批其他行政机关或其直接管理的事业单位的行为，不属于行政许可。这条规定有利于加大对农作物野生近缘植物、重点林木保护区或保护地的保护力度，目的是有效遏制因经济发展、人类活动占用资源库、保护区或保护地的行为，避免珍稀、濒危、特有种质资源和地方特色品种资源丧失。

3. 加大种质资源普查力度。种质资源的普查、收集、整理、鉴定、登记、保存、交流等，都是加强种质资源保护的具体手段，而其中普查是一项基础性工作。如果种质资源家底不清，将在一定程度上影响到种质资源的有效收集、保存和开发利用。1955 年至 1956 年，我国首次开展了全国性农作物种质资源征集工作，重点对我国小麦地方品种等进行了收集，编著出版了《中国小麦品种志》。1979 年至 1983 年，国家又进行了全国性农作物种质资源补充收集，组织对野生稻、野生大豆、小麦野生近缘植物等种质资源专项收集和有关地区的综合考察。2013 年，国务院办公厅《关于深化种业体制改革提高创新能力的意见》提出，“加快编制并组织实施国家农作物、林木种质资源保护与利用中长期发展规划，开展全国农作物、林木种质资源普查”。2019 年，国务院办公厅《关于加强农业种质资源保护与利用的意见》再次强调，要“开展农业种质资源全面普查、系统调查与抢救性收集，加快查清农业种质资源家底”。自2015年开始，我国组织实施了第三次全国农作物种质资源普查，目前已完成2323个县的全面普查、291个县的系统调查和抢救性收集。2019年国家林草局启动实施第一次全国林草种质资源普查与收集工作，目前已完成苏铁科、棕榈科、红豆杉以及原产我国的重点兰科、木兰科等珍稀濒危野生植物种质资源的收集保存工作，共收集保存各类林木种质资源10万份、草种质资源6.1万份。

为依法保障种质资源系统收集，推动实现应保尽保，种子法第九条规定：“国家有计划地普查、收集、整理、鉴定、登记、保存、交流和利用种质资源，重点收集珍稀、濒危、特有资源和特色地方品种，定期公布可供利用的种质资源目录。具体办法由国务院农业农村、林业草原主管部门规定。”2015年修改种子法，将“普查”明确为加强种质资源保护的一项基本措施。2021年修改种子法，新增了“重点收集珍稀、濒危、特有资源和地方特色品种”的内容，通过法治手段不断加大特色资源与地方品种的收集保护力度，确保优异种质资源不丧失。

二、种质资源的利用

我国种质资源的利用途径，主要有鉴定筛选优良品种直接投入农业生产、为培育新品种提供亲本和基因、用于公益性基础研究以及服务教学等。一是在公益性基础研究领域：国家种质资源库（圃）向社会提供公益性开发利用的农作物种质材料。二是在农业生产领域：国家种质资源库（圃）根据不同地区和不同用途，广泛开展鉴定、筛选和推广使用工作，提供了一大批适宜推广种植、综合性状好的优良品种。三是在作物育种领域：通过对种质资源优异性状鉴定、发掘新基因和创新种质，有力推动了高产、抗病育种目标的实现，有效保障了育种创新。2013 年，国务院办公厅《关于深化种业体制改革提高创新能力的意见》提出，“建立健全国家农作物、林木种质资源保护研究、利用和管理服务体系”。2019 年，国务院办公厅《关于加强农业种质资源保护与利用的意见》强调，“建立全国统筹、分工协作的农业种质资源鉴定评价体系”，“开展种质资源表型与基因型精准鉴定评价”。近年来，各地各部门积极推动种质资源鉴定评价和创新利用，2016 年以来共完成 1.48 万份农作物种质资源精细特性鉴定，对 200 多个主要造林树种进行了不同程度的多样性评价，有关农林科研院校积极开展种质资源基因组测序和功能基因挖掘，水稻、小麦等农作物基因组研究处于国际领先水平，完成了 10 余个树种的全基因组测序，杂交育种、倍性育种技术不断强化，基因编辑、转基因、诱变等育种技术加快发展。可以说，提升种质资源研究利用的效率和水平，已经成为推动农业和林业可持续发展，保障国家粮食安全和重要农产品有效供给，加快生态文明建设的一项重要措施。

目前，我国对种质资源研究和利用还存在一些问题，如种质资源信息公开有限，一些科研单位和研究人员对种质资源进行封锁垄断；对种质资源的鉴定评价和系统研究不够，使得种质资源不能得到充分开发利用，特别是精细特性鉴定和优异基因挖掘严重不足，难以为育种创新提供种质基础；我国农作物种质资源 80% 以上来自国内，遗传多样性不足，在长期保存的 52 万份种质资源中，开展基因型和表型精准鉴定的数量不到 10%，在现存的 2.5 万份玉米、4 万份小麦和 8 万份水稻种质资源中，开展深度鉴定的只有 5%，“以保带用、以用促保”的保护利用机制尚未形成，种质资源优势尚未转化为育种创新和产业发展优势。针对上述问题，种子法作出以下规定。

（一）明确种质资源库、保护区和保护地的种质资源属公共资源

种质资源是在不同生态条件下经过上千年自然演变形成的，其所蕴藏的各种可利用基因，是人类繁衍生存的物质基础和基本条件。种质资源一旦向社会提供，便有众多受益者，大家共同使用种质资源，很难将其中的某个或某些人排斥在外，这使得种质资源的使用具有非排他性。同时，由于种质资源存量是有限的，一旦超过了其所能承受的范围，就会造成使用者之间的竞争，即每增加一个使用者将影响其他使用者同样有效利用种质资源的效用，这使得种质资源的使用具有竞争性。明确种质资源库、保护区和保护地种质资源的公共资源属性，有利于推动种质资源向社会开放，提高种质资源利用效率。为此，种子法第十条第一款规定："……种质资源库、种质资源保护区、种质资源保护地的种质资源属公共资源，依法开放利用。"

种子法明确将属于公共资源的种质资源范围，限定在中央和省级农业农村、林业草原主管部门建立的"种质资源库、种质资源保护区或者种质资源保护地的种质资源"，也就是国家通过普查、收集、整理、登记、保存的各种植物野生种、野生近缘种等天然种质资源，以及通过研究获得的各种植物栽培种等种质资源。以国家作物种质库为例，其所保存的种质资源对象主要是农作物及其近缘野生植物种质资源，隶属35科192属712种，其中80%是从国内收集的，地方品种资源占60%，稀有、珍稀和野生近缘植物约占10%，这些种质资源都属于公共资源。目前，通过国家农作物种质资源平台（CGRIS），社会公众可以查询国家保存的粮食作物、纤维作物、油料作物、蔬菜、果树及其他作物的种质资源信息，可以提出申请并从相应的种质资源库（圃）获得其所需要的种质资源。

（二）明确种质资源依法开放利用

2012年，国务院办公厅《全国现代农作物种业发展规划（2012—2020年）》提出，“建设种质资源共享平台，实现种质资源依法向社会开放”。2013年，国务院办公厅《关于深化种业体制改革提高创新能力的意见》提出，“国家收集保存的种质资源，要按规定向社会开放”。2015年，《全国农作物种质资源保护与利用中长期发展规划（2015—2030年）》提出，“对公共资源依法向全社会开放，对创新资源依规赋权交易，按规定或约定实现有效共享”。作为社会公共资源，种质资源应当向社会开放，但由于其属于国家重要战略资源，且使用具有竞争性，种质资源的开放利用必须遵循一定的规范要求。为此，种子法第十条第一款强调，应当“依法开放利用”。所谓“依法”主要包括以下两个方面：

一是依照种子法关于种质资源管理的相关规定。按照种子法第九条的规定，依法向社会开放的种质资源，应当是纳入可供利用种质资源目录中的种质资源。目前，在农作物种质资源方面，成立了国家农作物种质资源委员会，负责提出可供利用的农作物种质资源建议，由国务院农业农村主管部门公布并评选推荐优异种质资源。

二是依照国务院主管部门的相关规定。种子法第九条作出了授权性规定，对于种质资源的交流和利用及可供利用的种质资源目录，授权国务院农业农村、林业草原主管部门制定具体管理办法。按照种子法的授权性规定，依法开放利用种质资源，除了依照种子法的规定外，还必须符合国务院主管部门制定的相关规定，如未经国务院农业农村主管部门批准，任何单位和个人不得动用国家长期种质库保存的种质资源；因科研和育种需要，单位和个人可以提出取得可供利用目录中种质资源的申请，对符合提供种质资源条件的，国家中期种质库、种质圃应当迅速、免费向申请者提供适量种质材料；从国家中期种质库、种质圃获取种质资源的单位和个人，应当及时向国家中期种质库、种质圃反馈种质资源利用信息等。

目前，我国的种质资源库以国家投入建设为主，需要说明的是，对于企业和育种者收集、整理、保存以及在育种过程中获得的繁殖材料、遗传材料等种质资源，不属于公共资源，不在种子法规定的应当依法开放利用的范围之内。

三、种质资源的国家主权

主权是与国家相对应的，主权是指国家对其领土范围内的一切人、物、事的排他性管辖权，包括独立权、平等权、自卫权和管辖权。主权的主体是国家；主权的排他效力是相对于其他国家的，对抗的是其他国家的侵犯；主权的客体是统一的整体；主权意味着国家对客体的全面支配和控制，具有强制性。主权是国际法上的权利。

所有权是指所有人对其所有物直接支配的权利，包括所有人对其所有物的占有、使用、处分和收益四项基本权能。所有权是国内法上的权利，所对抗的是其他民事主体的侵害。所有权具有确定各民事主体之间物的归属的法律效力，有支配性和排他性，种质资源所有权就是所有人对资源的占有、使用、收益、处分的权利。

资源不论是属于公有还是属于企业所有，对于特定的财产主体来说，在法律上都是一种私权。国家对种质资源享有主权，实质是国家对种质资源的对外交流合作拥有管辖权，该管辖权通过行政管理的形式予以体现，即有关对外交流合作活动需经行政主管部门的批准方可实施，而不是国家对种质资源享有所有权。

公权以强制和服从为特征，公权用来维护私权，有时则允许对私权施以必要的限制。国家对种质资源依法行使管辖权，也是为了更好地保护权利人对种质资源的所有权。相对而言，资源的主权是一项公权力，资源的所有权是一项私权利。资源的主权和所有权两者不是一个层面的问题。

主权国家可以通过立法、司法、行政等手段对国家事务实施有效管理，不受任何外部力量的限制和干涉。在国际上，因育种水平发达程度的不同和拥有种质资源的多寡，不同国家对种质资源的主权问题有不同的立场。一些发达国家认为，种质资源是世界共有财富，各国可自由使用；一些发展中国家认为，各国对其种质资源拥有主权，获得资源必须是有条件的。1999 年，联合国粮农组织粮食与农业遗传资源委员会第八届会议，就种质资源的主权问题达成共识，明确各缔约方承认各国对本国粮食和农业植物遗传资源拥有主权，但前提是资源拥有国的法律必须对此作出规定。《生物多样性公约》也确定了以资源提供国同意为条件，经双方商定后才能获得植物遗传资源的基本原则。当前，越来越多的国家将种质资源纳入国家主权范围，明确对本国种质资源享有主权，通过法律手段加大对本国特有种质资源的保护，禁止或限制提供独特的、具有潜在价值的未开发种质资源。

自 20 世纪 70 年代以来，我国就出现了种质资源流失到国外的现象。一些国家在我国境内组织搜集珍贵种质资源运出境，一些种子企业在外贸活动中带出境，也有一些国内科研人员或国外学者在科研活动、学术交流中泄露或携带出境。当前，由于缺乏保护意识以及相关保护措施力度不够，原产于我国的一些特种小麦资源已流失到国外，一些国内花费巨资和人才技术力量筛选出的优异杂交稻种质资源也已流失到东南亚一些国家。我国野生大豆种质资源被国外公司获取后，通过分子标记等手段申请多项专利，中国农民种植中国大豆还要交纳专利费，这是对我国种质资源主权的侵害。优异种质资源流失，已引起国家的高度重视。2011 年，国务院《关于加快推进现代农作物种业发展的意见》明确提出，“规范外资在我国从事种质资源搜集、品种研发、种子生产、经营和贸易等行为”。为进一步规范种质资源的国家交流，防止国内种质资源流失，种子法第十一条第一款规定：“国家对种质资源享有主权。任何单位和个人向境外提供种质资源，或者与境外机构、个人开展合作研究利用种质资源的，应当报国务院农业农村、林业草原主管部门批准，并同时提交国家共享惠益的方案。国务院农业农村、林业草原主管部门可以委托省、自治区、直辖市人民政府农业农村、林业草原主管部门接收申请材料。国务院农业农村、林业草原主管部门应当将批准情况通报国务院生态环境主管部门。”

（一）向境外提供种质资源应严格依法审批

近年来，我国已向 51 个国家和地区输出水稻、小麦等农作物种质资源 8387 份，向境外输出八角、桉树、杨梅等林木种质资源。我国科学技术进步法规定，国家依法实行重要的生物种质资源出境管理制度。目前，国务院农业农村主管部门实行种质资源分类管理制度，对一些稀有珍贵的种质资源，禁止或限制向国外输出。按照分类管理目录，属于不能对外交换或未列入目录的种质资源，不准对外交流；属于有条件对外交换或可以对外交换的种质资源，报国务院农业农村主管部门审批，审批通过的，开具对外提供农作物种质资源准许证，再到检疫机关办理检疫审批后，向海关部门办理出口通关手续。为此，种子法第十一条第一款规定，任何单位和个人向境外提供种质资源，或者与境外机构、个人开展合作研究利用种质资源的，应当报国务院农业农村、林业草原主管部门批准。在强化严格依法审批的基础上，为便利正常的种质资源国际交流，2021 年修改种子法将原法规定的省级农林主管部门审核职责调整为受委托接收申请材料，在第十一条第一款中规定，国务院农业农村、林业草原主管部门可以委托省、自治区、直辖市人民政府农业农村、林业草原主管部门接收申请材料。

（二）从境外引进种质资源应严格依照有关规定办理

种子法第十一条第二款规定："从境外引进种质资源的，依照国务院农业农村、林业草原主管部门的有关规定办理。"种子法这样规定主要有两方面考虑：一方面，2019 年国务院办公厅《关于加强农业种质资源保护与利用的意见》提出，"加强农业种质资源国际交流，推动与农业种质资源富集的国家和地区合作"，对从境外引进种质资源，坚持鼓励单位和个人依法从境外获得种质资源的原则；另一方面，由于从境外引进新物种可能对国内的生态系统和环境安全造成一定危害，需要依法规范从境外引进外来物种的行为。

据统计，目前我国的入侵物种有 660 多种，我国曾在 2003 年、2010 年、2014 年和 2016 年分四批发布了 71 个危害较大的入侵物种名单。为避免外来物种危害生态安全，依据我国有关法律法规的规定，任何单位和个人从境外引进种质资源，需经国务院农业农村、林业草原主管部门批准；从境外引进种质资源，应当依照有关植物检疫法律、行政法规的规定，办理植物检疫手续；引进农作物种质资源应当隔离试种，隔离种植一个以上生育周期，经植物检疫机构检疫证明确实安全，经评估证明确实有利用价值的，才能分散种植；引种单位和个人应当在种质资源入境之日起一年之内，向国家农作物种质资源委员会办公室申报备案，并附适量种质材料保存于国家种质库。

（三）依法严格规范合作研究利用种质资源行为

当前，外资进入我国种业呈现出加速趋势，国外种子企业通过并购国内种子企业，独资或合资开展种子经营，独资、合资设立研发机构或通过品种授权使用等方式进入我国种业领域，并且由园艺作物向粮食作物拓展，由生产经营向科研育种延伸。种业的开放虽然带来了产业发展需要的资金和技术，但也存在外国企业通过各种渠道获得我国种质资源的情况，特别是一些境外机构以与国内机构开展合作研究的名义，收集、整理、获取并利用我国种质资源，造成不少珍稀种质资源流失到国外。2012 年，国务院办公厅《全国现代农作物种业发展规划（2012—2020 年）》提出，“制定和完善外资进入农作物种业开展资源研究及种子研发、生产、经营等领域相关管理办法，规范国内种子企业、科研机构与国外种子企业技术合作”。为此，种子法第十一条第一款规定，合作研究利用种质资源在依法审批的基础上，需“同时提交国家共享惠益的方案”。同时，按照《关于加强对外合作与交流中生物遗传资源利用与惠益分享管理的通知》要求，为进一步加强对外合作与交流中生物遗传资源管理，2021 年修改种子法在第十一条第一款增加规定，即国务院农业农村、林业草原主管部门应当将批准情况通报国务院生态环境主管部门。

共享惠益是指生物遗传资源被他人获取、使用并受益后，应当将其获益与该遗传资源的原拥有者进行分享。共享惠益是国际上生物遗传资源保护与利用的一项基本制度和行为规则，《生物多样性公约》第八条规定，每一缔约国应尽可能并酌情依照国家立法，尊重、保存和维持土著和地方社区体现传统生活方式而与生物多样性的保护和持久使用相关的知识、创新和做法并促进其广泛应用，由此等知识、创新和做法的拥有者认可和参与其事并鼓励公平地分享利用此等知识、创新和做法而获得的惠益。共享惠益制度有助于推动解决发达国家和发展中国家之间存在的生物遗传资源丰度差异与生物技术发展不平衡问题。共享惠益可以表现为直接的经济利益共享，如遗传资源获得费用、使用费用、许可费用、保护基金、合作资金等的共享，但更为重要的表现为参与研究过程的共享、技术资料的共享、研究成果的共享。共享这些不能用物质直接衡量的惠益成果，对于发展中国家学习借鉴发达国家的先进生物技术，实现技术的共同进步与发展，乃至对于推动全球生物资源的充分利用，预防潜在的生物安全风险都有着重要意义。

近年来，国务院和国务院办公厅先后制定的《国家知识产权战略纲要》《促进生物产业加快发展的若干政策》都提出，要建立健全生物遗传资源保护法律法规体系，建立和完善生物遗传资源获取与共享惠益制度。在国内立法方面，对于畜禽遗传资源的共享惠益，畜牧法明确规定，向境外输出或者在境内与境外机构、个人合作研究利用列入保护名录的畜禽遗传资源的，应当向省级人民政府畜牧兽医主管部门提出申请，同时提出国家共享惠益的方案。在农业、林业种质资源方面，国务院有关部门制定的《关于进一步加强农业知识产权工作的意见》《2014 年林业实施知识产权战略推进计划》也提出，要“健全惠益分享机制，促进遗传资源合理流动和充分利用”。种子法将“共享惠益”方案明确纳入法律规定，符合国际通行做法并顺应了实践发展需求，既有效维护了我国作为种质资源大国享有的国家主权，又有利于借助种业发达国家的资金和技术，提升国内种质资源保护、开发和利用水平。

第三章

品种选育、审定与登记

一、品种选育

品种选育是指在品种内部通过选种选配、品系繁育，改善培养条件等措施，以提高品种性能的一种方法。品种的选育主要有系统选育、杂交育种、人工诱变育种、航天育种、生物技术育种等方法。

农作物育种方面。长期以来，我国农作物种业科技创新体系以科研院校为主。近年来，种子企业育种创新能力快速提升，但尚未形成商业化育种创新体系。我国育种机构数量和种业科技研发队伍居世界首位，全国现有各级农业科研机构 974 家，专门从事育种科研的研究所近 450 家，从事农作物育种的专家和科技人员近 5 万人，其中与育种有关的两院院士有 49 名。我国 80% 以上的农作物种质资源和育种人员集中在科研和教学单位。

林木育种方面。中华人民共和国成立以来，我国林木种苗建设从无到有、从简单生产到全面建设，不断向前发展，为林业发展奠定了坚实的基础。充分利用林木育种的科研成果和先进的基础设施，建立了一批林木良种基地和现代化苗圃。开展了 100 多个主要造林树种和部分珍稀濒危树种良种选育工作，利用基因工程育种技术，开展了杨树、落叶松、木麻黄等树种的研究，许多先进育种技术和科研成果在林木良种推广中得到广泛应用。全国主要造林树种良种使用率由 1999 年的 20% 提高到 65%，部分商品林和经济林树种良种使用率更高。

但是，我国在农作物育种方面的投入、育种技术水平，特别是在育种管理机制等方面，与发达国家相比还存在较大差距。例如，农业科研投入不足，科研投资规模不能适应新时期科技创新任务的需要，农业科研以项目形式支持或资助为主，缺乏长期稳定的支持机制，育种科研投入结构不合理，部分育种科研项目与生产实际需要相脱节，种子企业自主研发能力不高。

林木育种方面，林木良种选育与现代林业建设和林业产业发展的要求依然有较大差距。一是林木育种投入少，林木良种选育水平低。选育一个林木品种需要十几年、几十年，甚至几代人共同努力完成，但是目前科研课题的立项、绩效考核等指标的设立，没有充分考虑到林木育种的周期长、见效慢、经济效益低、社会效益显著等公益性特点，缺少长期育种计划和稳定的支持机制，导致从事林木育种的研究力量不足，研究人员流失，人才越来越少的困境。同时，科研与生产结合不够紧密，生产部门难以参与到科研课题的立项或研究中。二是良种结构不合理。目前的良种产能主要集中在杉木、马尾松、油松等针叶树种，而阔叶树种、灌木树种良种产量难以满足生产的需要，特别是耐干旱、耐盐碱、抗病虫害等抗逆性强的主要造林树种和重要乡土树种的良种更为短缺。三是地区发展不平衡，东部、中部地区林木良种基础较好，发展较快，良种生产体系基本形成，品种结构逐步趋于合理，而西部地区林木良种发展进程缓慢，林木良种产量低、供应不足，品种结构矛盾尤为突出。

根据正确处理好政府与市场关系的原则，改革和完善我国种业科技创新体系，种子法建立和完善基础性、前沿性和公益性育种与商业性育种有序分工、优势互补、密切配合的种业科技创新体系。

第一，加大国家对基础性、前沿性和公益性育种的投入力度，建立长期稳定的财政支持保障机制。种子法第十二条第一款规定："国家支持科研院所及高等院校重点开展育种的基础性、前沿性和应用技术研究以及生物育种技术研究，支持常规作物、主要造林树种育种和无性繁殖材料选育等公益性研究。"基础性、前沿性和公益性育种，一方面主要是为商业性育种提供基础创新和服务，重点开展种质资源收集、保护、鉴定、育种材料的改良和创制，开展育种理论方法和技术、分子生物技术、品种测试、试验和种子检验技术等基础性、前沿性研究和应用技术研究。另一方面主要是对种子企业不愿或无力从事的常规育种、无性繁殖材料选育、小品种或特色作物品种育种，以及用于生态建设的林木品种选育等公益性育种开展研究，以弥补商业性育种的不足和市场失灵。国家应重点支持市场不能有效配置资源的基础性、前沿性和公益性育种研究，应从科研定位、科研项目设置上，引导和促进科研院所和高等院校重点开展基础性、前沿性和公益性育种研究。国家应逐步减少、直至取消对一般的商业性育种科研项目的设置和资金支持，不应继续拿出大量的财政资金设立一般性的商业性育种项目，也不应将由原来面向科研机构设置的商业性育种项目转为只面向种子企业。商业性育种项目的设置应充分发挥市场的作用，形成主要由市场决定育种创新项目和由企业主导育种创新项目实施的机制。由企业先行投入和组织研发，政府采用“后补助”“后奖励”，以及减免所得税等措施给予扶持和鼓励。

2020 年党的十九届五中全会提出，瞄准生物育种等八个前沿领域，实施一批具有前瞻性、战略性的国家重大科技项目。2021 年，农业农村部瞄准草地贪夜蛾虫害和草害等重大问题，组织开展了转基因大豆和玉米的产业化试点工作，并取得了重要进展。2021 年修改种子法，增加了“生物育种技术研究”的内容，主要考虑是按照中央推进生物育种的要求，从法律层面明确要加强生物育种等前沿性、应用性技术研究，夯实生物育种的技术支撑。

第二，完善育种科技成果的转化机制。种子法第十二条第二款和第三款规定：“国家鼓励种子企业充分利用公益性研究成果，培育具有自主知识产权的优良品种；鼓励种子企业与科研院所及高等院校构建技术研发平台，开展主要粮食作物、重要经济作物育种攻关，建立以市场为导向、利益共享、风险共担的产学研相结合的种业技术创新体系。国家加强种业科技创新能力建设，促进种业科技成果转化，维护种业科技人员的合法权益。”鼓励基础性、前沿性和公益性育种与商业性育种之间的联合和合作，鼓励建立种业技术合作联盟，建立共享平台和利益分享机制，促进科研院所和高等院校的育种科技成果向优势种子企业转移，鼓励种子企业充分利用基础性、公益性研究成果。农业农村部从 2014 年开始，组织全国优势种业科研教学单位、种业企业，陆续启动玉米、大豆、水稻、小麦 4 种主要农作物，马铃薯、油菜等 11 种特色农作物良种，以及种业理论创新联合攻关，整合各方资源、人才和力量，坚持有为政府和有效市场相结合，通过在基础研究上大联合、在资源材料上大整合、在育种技术上大集成、在产业链条上大贯通，选育了一批突破性新品种，建立了促进种业科技创新的攻关机制。为落实中央关于推进种业振兴，保障粮食和重要农产品有效供给的决策部署，全面启动并有序推进主要粮食作物和重要经济作物种业创新攻关，在总结经验做法的基础上，2021 年修改种子法增加了“开展主要粮食作物、重要经济作物育种攻关”的内容。

第三，鼓励种子企业逐步成为商业性育种的主体。加强财政、税收、信贷和人才政策扶持，引导企业加大科研投入，支持种子企业建立和完善商业性育种体系，提升育种创新能力。鼓励种子企业之间的联合与合作，支持大型企业或投资公司通过并购、参股等进入种业，加速我国种子企业的资源整合和并购重组。

第四，规范公共育种成果的管理。种子法第十三条规定：“由财政资金支持形成的育种发明专利权和植物新品种权，除涉及国家安全、国家利益和重大社会公共利益的外，授权项目承担者依法取得。由财政资金支持为主形成的育种成果的转让、许可等应当依法公开进行，禁止私自交易。”建立健全公共财政资金支持形成育种成果的归属和利益分享制度。建立育种科技成果转化的公共交易平台，加速科研机构育种成果的商业化。利用国家拨款发明的育种材料、新品种和技术成果，可以申请新品种权、专利等知识产权，可以作价到企业投资入股，也可以上市转让交易。法律明确规定由财政资金支持为主形成的育种成果应当属公共成果，其转让、许可等应当依法公开进行，禁止私自交易，从而规范公共育种成果的管理。

二、品种审定

品种审定是指品种审定委员会对新育成或新引进申请审定的品种，根据审定标准和规定程序，对该品种的品种试验结果进行审核鉴定，决定该品种能否推广，以及确定其适宜种植区域范围，并由国家机关予以公告的行为。

20 世纪 50 年代初，我国对部分农作物品种陆续开展区域试验，60 年代中期，部分省开始省级品种审定工作。1981 年，农业部成立全国农作物品种审定委员会，按作物划分了水稻、小麦、玉米、蔬菜等 10 个专业审定小组，各省区市也陆续成立品种审定委员会。1989 年国务院颁布种子管理条例，规定经营和推广农作物和林木新品种应当经过审定。明确品种审定的法律地位，建立以审定农作物品种和林木品种为核心的品种管理制度。2000 年种子法颁布，对农作物和林木区分为主要和非主要两类，规定主要农作物品种和主要林木品种在推广前应当通过国家级或者省级审定。对非主要农作物品种和非主要林木品种，既不要求审定，也不要求登记，可以直接推广。

2001 年，农业部发布《主要农作物品种审定办法》，原法规定的稻、小麦、玉米、棉花、大豆，以及原农业部确定的油菜、马铃薯等7种主要农作物实行国家和省两级审定，省级农业主管部门确定的西瓜、花生、向日葵等21种农作物分别由确定省实行省级审定，共有28种农作物作为主要农作物需要通过品种审定才能推广。2001年至2014年，国家和省两级审定通过的主要农作物品种21678个，其中国家级审定2244个，占10.35%。一批综合水平高、适应范围广的优良品种得到大面积推广，农作物良种覆盖率达到96%以上，推进品种结构不断优化，促进农业产业结构调整，为保障国家粮食安全和重要农产品有效供给提供了有力支撑。

2003年，国家林业局发布《主要林木品种审定办法》，规定由国家林业局确定的主要林木实行国家和省两级审定。省级林业主管部门可以确定其他8种以下的主要林木，实行省级审定。2017年，国家林业局根据2015年修订的种子法对该办法进行了修订，增加了引种备案及撤销审定等规定。截至2020年，全国共审（认）定林木品种9151个，其中，国家级林木品种审定委员会审（认）定品种511个，占5.6%。

种子法第十五条第一款规定：“国家对主要农作物和主要林木实行品种审定制度。主要农作物品种和主要林木品种在推广前应当通过国家级或者省级审定。由省、自治区、直辖市人民政府林业草原主管部门确定的主要林木品种实行省级审定。”种子法第二十三条第一款规定：“应当审定的农作物品种未经审定的，不得发布广告、推广、销售。”

法律规定主要农作物品种和主要林木品种在推广前应当通过审定，未经审定或审定未通过的品种不得推广、销售。其含义是准备推广的品种，必须通过品种的审定。所谓的推广，是指将培育或引进的品种，依法进行繁殖或生产出合格的种子后，将其推荐、供应给用种者或农民用于种植目的的行为。也就是某一品种，当准备将该品种的种子在市场上向用种者或农民推广或销售时，必须先通过品种审定。如果育种者培育出，或引进一个新品种不准备向用种者或农民推广或销售，而是作为品种向其他育种者进行转让、交换或销售的，则可以不申请审定。

国务院和省级农业农村、林业草原主管部门分别设立由专业人员组成的农作物品种和林木品种审定委员会，承担主要农作物品种和主要林木品种的审定工作。审定委员会由科研、教学、生产、推广、管理和使用等方面的专业人员组成，国家级和省级品种审定委员会各自独立开展工作，品种审定是一项行政许可行为。完成品种试验程序的品种，品种审定委员会组织召开品种初审会议，以品种试验的结果为主要依据，根据审定标准和规定程序进行审核鉴定，初审通过的品种经公示无异议后，由同级农业农村、林业草原主管部门公告。品种试验包括生产试验和区域试验，也称栽培和使用价值试验，国际上通称 VCU 试验，主要是对品种的丰产性、稳产性、适应性、抗逆性和品质等农艺性状进行鉴定。试验点一般根据不同植物种类及其生物学特性按生态区来安排，一般植物需要安排 10～15 个试验点，有的植物需要的点多达 40～50 个。试验一般需要 2～3 年，试验用来判断品种的经济性和使用价值。所以，一般说通过品种审定，也就是指 VCU 试验的结果符合审定标准的要求。

申请审定的农作物品种由品种审定委员会办公室统一组织实施品种试验后，报经审定委员会决定是否通过审定。与农作物不同的是，申请审定的林木品种的品种试验，一般只进行区域试验，区域试验由选育单位或者选育人根据品种的适生区域，选取有代表性的试验点自行组织开展试验并观测结果，报经审定委员会，审定委员会通过材料审核和现场核验，决定是否通过审定。种子法第十八条规定："审定未通过的农作物品种和林木品种，申请人有异议的，可以向原审定委员会或者国家级审定委员会申请复审。"复审是指审定委员会根据申请人的请求，对审定未通过的品种进行再次审查的制度。设立品种审定复审制度有利于纠正品种审定工作中可能出现的错误，更好地保护申请人的权益。我国的品种审定实行国家级和省级两级审定制度，如果选择省级审定，申请人对审定未通过的品种有异议的，可以向原审定委员会申请复审，也可以向国家级品种审定委员会申请复审；如果选择国家级审定，申请人则只能向国家级品种审定委员会申请复审。当事人如有异议可以依照行政复议法等有关法律和审定办法的规定申请复审。

2015 年修改种子法时，对农作物品种审定制度主要有两种截然不同的意见。一种意见认为，应当保留农作物品种审定制度，同时也不应减少审定农作物种类的数量，另一种意见则主张应取消农作物品种审定制度，认为审定制度是计划经济的管理方式，实践中存在审定时间过长、试验数据造假等许多问题，建议改为登记制或者备案制。客观地说，以品种审定为核心的品种管理是我国种子管理中的一项重要制度，已实行多年，对良种推广发挥了积极作用，继续实行主要农作物的品种审定制度是必要的。一是有利于保障国家粮食安全。主要农作物中的稻、小麦、玉米是我国的主粮。通过审定，可以引领育种方向，提升品种水平，筛选出满足生产实际需要的高产优质新品种，为我国粮食持续稳定增长提供强有力的技术支撑。二是有利于保障农业生产用种安全。我国农业生态类型复杂，耕作制度多样，水稻、玉米等主要农作物种植面积大、分布区域广，对品种的适应性要求高，特别是近年来自然灾害、生物灾害呈多发频发态势，对品种的安全性提出更高要求，通过审定可以淘汰大批有种植风险的品种。三是有利于保障国家种业安全。

对品种审定制度的执行中存在的问题，应修改和完善现行的品种审定制度，而不应采取取消审定制度这一简单的做法。如果取消审定制度，新的品种登记制度又尚未建立，将导致我国品种管理出现空白和缺失。另外，我国的种业发展仍处于初级阶段，全面实行品种登记制度，完全由市场调节关系国计民生的主要农作物的条件尚不成熟。所以，种子法采取渐进、稳妥的改革方式，减少审定的农作物种类，同时建立非主要农作物品种登记制度，确保我国的品种管理由以品种审定为核心顺畅平稳地过渡到以品种登记为核心，保证了种业安全底线的制度安排。

2015 年修改种子法，围绕品种审定制度，主要在主要农作物种类、品种审定机制、品种审定绿色通道等方面作了修改和完善。

（一）法定主要农作物

针对各地审定的农作物种类不统一，一些农作物在部分省份是主要农作物，而在其他省份则属于非主要农作物，造成国家和省之间、省际间农作物品种管理、市场监管等工作无法统一协调的混乱现象。种子法第九十条第三项规定：“主要农作物是指稻、小麦、玉米、棉花、大豆。”大幅减少主要农作物品种审定的作物范围，取消原法关于国务院农业主管部门和省、自治区、直辖市人民政府农业主管部门可以各自再确定一至二种主要农作物的规定。在保障国家粮食安全和重要农产品有效供给的前提下，由过去涉及全国30多个省确定的需要审定的28种主要农作物，减少为国家和省两级审定的主要农作物的种类均为稻、小麦、玉米、棉花、大豆5种法定作物，大大减少了需要审定的作物种类。

“十三五”期间，全国审定稻、玉米、小麦、棉花、大豆等5种主要农作物品种1.68万个，比“十二五”增加9063个，增加了117%；绿色优质专用品种3220个、占比19%，比“十二五”提高5个百分点。抗水稻稻瘟病、玉米大斑病和穗腐病、小麦赤霉病品种，节水抗旱小麦、机收籽粒玉米品种逐年增加，水稻优质2级以上品种占比从不足40%上升到46%以上。一批高产、优质、多抗、广适的优良品种得到大面积推广，主要农作物良种基本实现全覆盖，自主选育品种面积占比达95%以上，为保障国家粮食安全和重要农产品有效供给提供了有力支撑。

（二）完善品种审定机制

一是申请审定的品种必须是真实的。长期以来，我国对主要农作物品种和主要林木品种在审定时只要求符合VCU试验的标准要求，对申请审定的品种没有规定其应符合特异性、一致性和稳定性（DUS）要求，也就是对申请审定的品种没有规定作品种真实性鉴定的要求。导致有的育种者为了多报育种科研成果，或者为了假冒他人成果，将同一品种改变名称后在多地申请审定，出现一品多名，侵犯育种者合法权益的现象。为此，种子法第十五条第二款规定："申请审定的品种应当符合特异性、一致性、稳定性要求。"也就是规定申请品种必须符合 DUS 测试要求。目的就是杜绝一品多名等现象的发生，规范育种者的行为，保护育种者的合法权益。种子法对特异性、一致性和稳定性的定义作了明确规定。种子法第九十条第七至九项规定："（七）特异性是指一个植物品种有一个以上性状明显区别于已知品种。（八）一致性是指一个植物品种的特性除可预期的自然变异外，群体内个体间相关的特征或者特性表现一致。（九）稳定性是指一个植物品种经过反复繁殖后或者在特定繁殖周期结束时，其主要性状保持不变。"同时种子法第九十条第十一项规定："已知品种是指已受理申请或者已通过品种审定、品种登记、新品种保护，或者已经销售、推广的植物品种。"对什么是已知品种作了明确规定。

二是对审定标准和审定办法的制定提出要求。在品种审定工作中，各地存在审定标准不统一，审定标准与市场需求脱节，审定的公平性、透明性与合理性等方面不够规范、个别试验数据不真实、未建立审定档案等问题。为此种子法第十五条第三款规定：“主要农作物品种和主要林木品种的审定办法由国务院农业农村、林业草原主管部门规定。审定办法应当体现公正、公开、科学、效率的原则，有利于产量、品质、抗性等的提高与协调，有利于适应市场和生活消费需要的品种的推广。在制定、修改审定办法时，应当充分听取育种者、种子使用者、生产经营者和相关行业代表意见。”

三是建立品种审定档案。针对品种审定中存在不保留审定品种种子样品、个别试验数据不真实、未建立审定档案等问题。种子法第十六条第一款规定：“国务院和省、自治区、直辖市人民政府的农业农村、林业草原主管部门分别设立由专业人员组成的农作物品种和林木品种审定委员会。品种审定委员会承担主要农作物品种和主要林木品种的审定工作，建立包括申请文件、品种审定试验数据、种子样品、审定意见和审定结论等内容的审定档案，保证可追溯。在审定通过的品种依法公布的相关信息中应当包括审定意见情况，接受监督。”

四是品种审定实行回避制度。种子法第十六条第二款规定：“品种审定实行回避制度。品种审定委员会委员、工作人员及相关测试、试验人员应当忠于职守，公正廉洁。对单位和个人举报或者监督检查发现的上述人员的违法行为，省级以上人民政府农业农村、林业草原主管部门和有关机关应当及时依法处理。”对审定委员会审定委员、工作人员及相关人员提出明确的约束性规定要求。

品种审定实行回避制度是强化品种审定工作管理，保证审定结果客观、公正的重要措施。对于品种审定委员会委员，一是要严格落实审定回避制度，倡导和弘扬忠于职守、公正廉洁的良好风气，切实增强审定工作的严肃性和权威性，不断提高品种审定委员会的公信力。二是要建立任职、兼职、持股情况主动申报制度，凡是申请审定品种与其本人或者家属有关联、可能影响审定工作公正开展的，品种审定委员会委员应自行回避，不参与讨论、不参与投票。三是要建立个人承诺制度，参加初审会和主任委员会会议人员均要签订承诺书，从廉洁自律、严格保密和主动回避等三个方面做出承诺，加强作风建设，确保审定工作严肃性。四是要对审定工作中未落实回避制度的人员，依法进行处理，并向业内公开通报，督促全体委员以案为鉴，时刻自省自律。

（三）设立品种审定绿色通道

长期以来，申请审定的农作物品种的品种试验一直由国家级和省级品种审定委员会统一组织开展。由于育种主体迅速增加，企业的育种能力快速上升，申请审定参加品种试验的农作物品种数量呈爆发式增长，国家和省两级品种试验渠道已难以满足企业快速增加的品种试验需求。为保证相对公平，国家级、省级审定委员会均采取分配名额的做法，获得品种试验名额成为一种稀缺资源。从而引发了品种试验过程中出现弄虚作假，甚至徇私舞弊、滥用职权等违法违规行为，影响了主要农作物品种审定工作的正常开展，损害了政府公信力。允许符合条件的种子企业自行开展品种试验是解决上述问题的重要途径。种子法第十七条规定："实行选育生产经营相结合，符合国务院农业农村、林业草原主管部门规定条件的种子企业，对其自主研发的主要农作物品种、主要林木品种可以按照审定办法自行完成试验，达到审定标准的，品种审定委员会应当颁发审定证书。种子企业对试验数据的真实性负责，保证可追溯，接受省级以上人民政府农业农村、林业草原主管部门和社会的监督。"设立品种审定绿色通道，对于建立以企业为主体的商业性育种新机制，加快品种的推广进程具有重要意义。一是有利于提高种子企业育种创新能力。允许符合条件的企业自行开展品种试验，有利于企业尽快选育推出优良品种，加快提高自主创新能力，促进企业做大做强。二是有利于缓解两级品种试验能力严重不足问题。符合条件的企业自行开展品种试验，将其品种从国家级、省级品种试验中分流出来，可有效缓解两级品种试验容量不足的矛盾。同时也为科研院所与其他企业的品种参加国家级、省级品种试验腾出空间和机会。三是有利于推动品种审定的改革完善。允许具备条件的种子企业对自有品种开展品种试验，引入竞争机制，有利于强化品种试验责任，加快推动品种审定改革进程。

（四）维持林木品种的审定、认定

1. 林木品种审定。种子法第十五条规定，国家对主要林木实行品种审定制度，主要林木品种在推广前应当通过国家级或者省级审定。由省、自治区、直辖市人民政府林业草原主管部门确定的主要林木品种实行省级审定。种子法第九十条第四项规定："主要林木由国务院林业草原主管部门确定并公布；省、自治区、直辖市人民政府林业草原主管部门可以在国务院林业草原主管部门确定的主要林木之外确定其他八种以下的主要林木。"根据种子法规定，应当审定的林木品种指的是主要林木品种，也就是国家林草局确定的两批共 365 个树种和省、自治区、直辖市林业草原主管部门依法确定的树种。主要林木品种经林木品种审定委员会审定通过后，可以作为林木良种在适宜的生态区域推广。种子法第九十条第五项规定："林木良种是指通过审定的主要林木品种，在一定的区域内，其产量、适应性、抗性等方面明显优于当前主栽材料的繁殖材料和种植材料。"种子法第二十三条第二款规定："应当审定的林木品种未经审定通过的，不得作为良种推广、销售，但生产确需使用的，应当经林木品种审定委员会认定。”这里的“应当审定的林木品种未经审定通过的”情形主要包括：一是从未提出过审定申请的；二是虽提出过审定申请，但没有通过国家级或者省级审定的；三是虽经审定通过但在审定公告的适宜生态区域外以林木良种进行推广的。应当审定的林木品种未经审定通过的，虽不得作为林木良种推广、销售，但法律并不禁止作为一般的林木品种进行推广和销售。这一规定符合我国现行林业生产发展状况和生态文明建设发展的需要，因为目前还不能做到所有的主要林木品种都通过审定，也不能在所有的造林项目中都做到要求使用林木良种，尤其是农民个人的造林行为更是这样。而且生态文明建设还需要生物多样性，也不应完全禁止使用非林木良种。

2. 林木品种认定。林木品种认定是主要林木品种审定制度的重要内容，也是区别于农作物审定制度的重要方面。根据种子法规定，应当审定的林木品种未经审定通过的，不得作为良种推广、销售，但生产确需使用的，应当经林木品种审定委员会认定。林木品种认定制度是符合我国现阶段林业生产发展状况和生态文明建设发展需要的一项重要制度。在还不能全面完成主要林木品种审定的情况下，对那些虽未达到审定条件，但生产确需使用并有一定推广价值的林木品种依法予以认定，以满足林业生产发展的需要。根据国家林业局发布的《主要林木品种审定办法》规定，审定的林木品种经审定未通过、申请人同时申请认定的，林木品种审定委员会可以予以认定。同一林木品种只能认定一次。林木品种审定委员会应当对审（认）定通过的林木良种统一命名、编号，颁发林木良种证书，并报同级林业行政主管部门公告。公告的主要内容包括：名称、树种、学名、类别、林木良种编号、品种特性、适宜推广生态区域、栽培技术要点和主要用途等；认定通过的林木良种还应当公告林木良种有效期限。省级林木品种审定委员会认定通过的林木良种，应当在公告后30日内报国家林木品种审定委员会备案。认定通过的林木良种在使用过程中发现已经不具备林木良种条件的，有关利害关系人或者县级以上人民政府林业草原主管部门林木种苗管理机构可以提出取消林木良种资格的建议，经原认定的林木品种审定委员会按照有关林木品种审定的规定办理。认定通过的林木品种，在林木良种有效期限届满后，林木良种资格自动失效，不得再作为林木良种进行推广、销售，但是可以申请审定。至于实践中那些符合“生产确需使用”条件的，则由林木品种审定委员会根据认定该主要林木品种的单位和个人的申请，结合造林用种量、本地种苗供应情况、有无其他替代品种等因素作出决定。

林木良种是发展林业的前提和基础，是实现林业高质、高效和高速发展的保证，对提高林地单位面积的产出率，缓解我国木材供需矛盾和加强生态建设，具有非常重要的战略意义。选育林木良种具有公共利益的属性，但公共利益的属性并不应当排除对受到损害的当事人利益的补偿。为此种子法第十四条规定："单位和个人因林业草原主管部门为选育林木良种建立测定林、试验林、优树收集区、基因库等而减少经济收入的，批准建立的林业草原主管部门应当按照国家有关规定给予经济补偿。"这是关于行政补偿的规定。所谓行政补偿，是指行政主体基于社会公共利益的需要，在管理国家和社会公共事务的过程中，合法行使公权力的行为以及该行为的附随效果使公民、法人或者其他社会组织的合法财产及合法权益遭受特别损害，以公平原则并通过正当程序对所遭受的损害给予补偿的法律制度。行政补偿制度的要件是：第一，补偿的主体是国家行政机关；第二，补偿的前提是公共利益的需要；第三，补偿的原则是公平补偿；第四，补偿的方式多种多样，除财产补偿外，还可以在生产、生活、就业等方面给予妥善的安置。

（五）开展品种引种

对通过省级审定品种的引种问题，种子法第十九条第一款规定："通过国家级审定的农作物品种和林木良种由国务院农业农村、林业草原主管部门公告，可以在全国适宜的生态区域推广。通过省级审定的农作物品种和林木良种由省、自治区、直辖市人民政府农业农村、林业草原主管部门公告，可以在本行政区域内适宜的生态区域推广；其他省、自治区、直辖市属于同一适宜生态区的地域引种农作物品种、林木良种的，引种者应当将引种的品种和区域报所在省、自治区、直辖市人民政府农业农村、林业草原主管部门备案。”按照这一规定，对通过省级审定的农作物品种和林木良种，不论是相邻省或不相邻的其他省，只要是在属于同一适宜生态区的地域范围内进行引种，则不需要经过所在省农业农村、林业草原主管部门同意，只需要向所在省农业农村、林业草原主管部门备案，放宽了品种引种的区域范围。不同作物，同一适宜生态区域可能不同。引种者应当在拟引进地区充分进行品种适应性试验，对引进品种的适应性负责。农业农村主管部门要加强农业区划跟踪研究，适时发布同一适宜生态区的指导性意见。

关于林木引种，种子法第十九条第二款规定：“引种本地区没有自然分布的林木品种，应当按照国家引种标准通过试验。”林木引种是指引进、驯化外来树种，选择优良者加以繁殖利用的工作。对于引入区来说，从外地或者外国引进本地区或者本国没有的树种，通过驯化培育使其成为本地或者本国的栽培树种。林木引种也是采用人为的手段，克服一些树种在新的环境条件下生长繁衍的障碍，扩大其栽培范围，目的是丰富当地物种资源、提高林业生产力。每个树种都有其一定的自然分布区，但并不等于就是它的全部适生区，因为树种自然分布区的形成常常受到其发展历史、传播条件和地理障碍等多种因素影响。如水杉的自然分布区仅限于湖北利川、四川石柱和湖南龙山相毗邻的一个极其狭小的范围。据史料记载，在第四纪冰川时期，绝大部分地区水杉灭绝。我国发现水杉以后，开始大规模引种试验，全国半数以上省区引种成功，成为当地主栽树种之一。据不完全统计，我国从国外引种桉树、湿地松、相思树、欧美杨等达 200 多种，很多树种已经成为我国造林的主要树种。原产澳大利亚的桉树被许多热带、亚热带国家大量种植，在我国已有 100 多年的历史。国内优良树种和稀有树种也在不同地区之间引种，如“杉木北引”“南竹北移”等。

由于不尊重科学，违背客观规律，有的地方盲目引种树种，造成严重损失。当前，林木引种出现的问题集中体现在以下几个方面：一是缺乏计划性，乱引乱繁现象时有发生；二是引种程序不规范，盲目引种现象严重；三是缺乏宏观管理，存在重复引种现象；四是引种风险分析滞后，极易导致有害生物入侵。在实践中，曾经发生很多由于盲目引种、急于求成、“拿来就用”、以少量植株的表现代表一个树种，盲目扩大种植，造成巨大损失，甚至导致有害生物入侵树种等问题。例如，在未经逐步试验的情况下，盲目在江南地区大面积推广种植新疆核桃，一旦失败，就会造成人力、物力、财力的巨大浪费。此外，由于引种不慎，也会造成有害生物入侵。如从北美随意引入我国的豚草，扩散到15个省区，每到花期都会导致花粉过敏症人群中流行枯草热病。一个外来树种的引入有可能因生态系统中没有相抗衡或制约它的树种而成为入侵者，大多会在新的环境中大肆繁殖、扩散并造成危害，改变或破坏原有生态系统的平衡和功能。林木引种应在树种选择上全面考虑整个植物生态环境，从生态条件相似的地区选择引种材料，综合分析地理生态因素与树种的生物学特性决定是否引种，然后进行区域试验，进一步了解引进树种的与当地环境的适应性，再扩大种植范围和面积，验证引种是否成功。国家标准《中国林木种子区》（GB/T 8822.1—8822.13—1988）对油松、杉木、红松、华山松、樟子松、马尾松、云南松、兴安落叶松、长白落叶松、华北落叶松、侧柏、云杉、白榆13个树种的适生区进行了划分，明确了用种的区域，要求用种单位只能使用带有产地标签的种子，明确种子区域调拨允许的范围，其他树种的区划标准也在逐步制定。国家标准《林木引种》（GB/T 14175—1993）明确了引种原则：一是坚持先试验后推广的原则，按照选择引种树种、初选试验、区域性试验、生产性试验、推广的程序进行。二是充分利用引种树种种内产地间与个体间的遗传差异选择优良种源和个体。三是充分利用引入地区多样的气候、地理条件和小气候环境，进行多种立地试验。四是根据引种树种的生物学特性采取不同措施，包括栽培的配套措施。五是防止外来树种可能产生的不良后果。

（六）品种选育、审定工作区域协作

为有利于开展区域间品种选育、品种审定工作的横向联合与合作，建立区域协作机制，加快推进品种选育与推广。种子法第二十条规定："省、自治区、直辖市人民政府农业农村、林业草原主管部门应当完善品种选育、审定工作的区域协作机制，促进优良品种的选育和推广。"

三、非主要农作物品种登记

近年来，我国蔬菜、果树和花卉等非主要农作物产业获得长足发展。其中，蔬菜播种面积占农作物总面积的10%以上，蔬菜产量、产值均已超过粮食，成为我国第一大农产品，创造产值占种植业总产值已超过30%，成为农民收入的主要来源之一，蔬菜产业已成为农业和农村经济发展的支柱产业之一。我国水果生产居世界第一，水果栽培面积大，总产量较高，多数果品总产量居世界前列，在种植业中排蔬菜、粮食之后，位列第三。蔬菜、水果、花卉等非主要农作物产业的发展，是实现农民增收的重要途径。

（一）为什么要加强对非主要农作物品种的管理

2015 年修改种子法前，对非主要农作物品种，既不要求审定，也不要求登记，其种子即可上市销售或推广，处于既无法律规范约束，也无品种管理的状态，在实践中引发了许多问题。

一是育种者的合法权益得不到有效保护，品种创新滞后。随着现代育种技术的发展，品种越来越容易被复制、模仿。由于没有品种登记制度，对育种者研发出的新品种，假冒侵权者将其假冒变换一个名称进行制种生产后不需要申请登记就可以直接在市场上进行销售，侵权成本极低，侵权行为不易被发现。现在种子市场上出现众多“一品多名”等“冒牌”“套牌”侵权的现象，损害了育种者的合法权益，挫伤了育种者的育种创新积极性。如“中甘 21”的甘蓝品种，仅兰州市场就有 30 多个不同名称的同一甘蓝品种种子在销售。育种者即使发现自己的品种被侵权，也存在取证难、维权周期长、成本高、赔偿低、维权效果差等许多问题。非主要农作物品种的假冒侵权已经成为种子领域中问题最严重、矛盾最集中的环节。

二是农民利益受损。蔬菜、花卉等品种种子不需要申请登记即可上市销售，育种者合法权益得不到有效保护，国内品种创新停滞。导致外资种子企业凭借其先进的科技、雄厚的资金培育出具有绝对品质优势的种子进入我国的种子市场，有些蔬菜进口品种种子形成价格垄断，如进口番茄种子卖出了“黄金价”。外商在国内以较低成本生产种子经过加工包装处理后，再通过代理商高价返销我国市场，不仅严重损害农民利益，还制约我国蔬菜、花卉等产业的发展。

三是影响产业健康发展。据农业部调查，由于品种不登记，缺乏必要和有效的品种管理，非主要农作物品种种子市场上以次充好、同种异名、假冒侵权的现象较为严重。江西南丰蜜桔多数已不是纯种，品质下降，失去了皮薄肉嫩、化渣少核的特点。20 世纪 90 年代，柑桔黄龙病仅在柑桔产区的局部地区零星发生，由于假冒侵权、私繁乱制，黄龙病已扩散到大部分柑桔产区，致使有“中国柑桔之乡”美称的广东四会，种植面积大幅萎缩，严重影响了柑桔产业的健康发展。

四是监管困难。由于非主要农作物品种不需登记，也没有相应的公告制度，农业主管部门无法收集种子样品、不掌握品种的特征特性，无法判定市场上销售种子品种的唯一性和真实性，监管工作既缺乏法律依据，也缺乏基本的数据作比对，难以进行有效监管。用种者、媒体以及全社会难以得到权威、准确、真实的信息，真假品种难以辨别。

（二）品种登记制度

2015 年修改种子法，对非主要农作物品种实行登记制度，是对过去仅对主要农作物品种实行审定制度，而对非主要农作物的品种管理处于空白状态的纠正和弥补，是完善我国农作物品种管理的重大举措。所谓品种登记，是指国家设立的品种登记机构依当事人申请，对具备特异性、一致性、稳定性等要求的植物品种，将品种的特征特性等内容依法记载于品种登记机关并加以公告的行为。

2017 年 5 月 1 日，非主要农作物品种登记制度实施，截至 2021 年年底，全国共登记非主要农作物品种 24606 个，涉及粮、油、糖、果、菜、茶、热带作物等 29 种登记作物。其中，马铃薯 392 个，甘薯 283 个，谷子 543 个，高粱 649 个，大麦（青稞）192 个，蚕豆 108 个，豌豆 238 个，油菜 1368 个，花生 1018 个，亚麻（胡麻）60 个，向日葵 1741 个，甘蔗 105 个，甜菜 195 个，大白菜 2601 个，结球甘蓝 968 个，黄瓜 1575 个，番茄 2377 个，辣椒 4483 个，茎瘤芥 37 个，西瓜 2951 个，甜瓜 1947 个，苹果 200 个，柑橘 72 个，香蕉 26 个，梨 111 个，葡萄 109 个，桃 122 个，茶树 122 个，橡胶 13 个，这些品种为满足农业生产需要和人们多样化消费需求发挥了积极作用。

1. 登记的范围。种子法第二十二条第一、二款规定：“国家对部分非主要农作物实行品种登记制度。列入非主要农作物登记目录的品种在推广前应当登记。实行品种登记的农作物范围应当严格控制，并根据保护生物多样性、保证消费安全和用种安全的原则确定。登记目录由国务院农业农村主管部门制定和调整。”不是所有的农作物种类都需要登记，只有属于农作物登记目录范围内的品种，在推广前应当通过品种登记，其种子才能上市推广或销售。法律明确规定非主要农作物登记目录的范围应当根据保护生物多样性，保障消费安全和用种安全这三个原则来确定哪些作物应当进入登记或管理的目录，同时授权登记的目录由国务院农业农村主管部门制定和调整。

2. 登记的目的。种子法第二十三条第三款规定：“应当登记的农作物品种未经登记的，不得发布广告、推广，不得以登记品种的名义销售。”一是建立品种的市场准入管理机制，确保进入市场的任何品种的种子是合法的，杜绝假冒侵权等不合法品种的种子进入市场，同时也大幅度提高违法者的侵权成本。二是实现品种管理和新品种保护的一项基础性、前提性工作，这是建立种业诚信体系和可追溯管理体系的基本要求。有两点需要说明，一是对已知品种或已经在现实生产中存在的品种，即已受理申请或者已通过品种审定、品种登记、新品种保护，或者已经在销售、推广的植物品种，设定一定的过渡期，在过渡期内提交简化的申请材料和种子样品后进行登记。申请登记的品种与已知的品种一定是相区别的，必须是唯一的。二是一个品种，只要准备推广销售，必须通过品种的登记。也就是说只有当将该品种的种子在市场上准备向用种者或农民推广销售时，必须通过品种登记才是合法的行为。如果育种者培育出，或引进一个新品种不准备向用种者或农民推广销售，而是作为品种向其他育种者进行转让、交换或销售的，则可以不申请登记。

3. 登记的机关和内容。种子法第二十二条第三、四、七款规定："申请者申请品种登记应当向省、自治区、直辖市人民政府农业农村主管部门提交申请文件和种子样品，并对其真实性负责，保证可追溯，接受监督检查。申请文件包括品种的种类、名称、来源、特性、育种过程以及特异性、一致性、稳定性测试报告等。省、自治区、直辖市人民政府农业农村主管部门自受理品种登记申请之日起二十个工作日内，对申请者提交的申请文件进行书面审查，符合要求的，报国务院农业农村主管部门予以登记公告。非主要农作物品种登记办法由国务院农业农村主管部门规定。"法律明确由各省、自治区、直辖市农业农村主管部门受理品种申请登记，国务院农业农村主管部门负责制定非主要农作物品种登记办法，建立全国统一的登记平台，负责组织实施统一的品种登记工作。结合种子法第二十七条第二款规定要求，申请登记时提交的种子样品和名称与品种登记通过后销售和推广时的种子及其名称必须是一致的，并且品种的特异性、一致性、稳定性及重要性状等登记信息与品种实际表现也必须一致，证明该品种是真实的。如果出现不一致的现象，则该品种不是真实的。

（三）品种登记与品种审定的区别

1. 我国的品种登记制度与品种审定制度目的不同，内容也是有区别的。品种登记主要是解决品种的身份问题，即“是不是”品种的问题。登记后的品种获得的相当于是“身份证”，或者说实行品种的实名制。申请登记的品种应当符合特异性、一致性和稳定性，这是对品种的最低或基本要求。

品种审定主要解决品种的“好不好”或者适宜不适宜的问题。根据种子法规定，申请审定的品种既要符合特异性、一致性和稳定性的要求，同时也要求符合品种审定的标准，这两个要求必须同时符合或具备。对一个品种，符不符合品种审定标准，需要对申请审定的品种进行品种试验。因此，审定通过后的品种，可以说得到的是“身份证”和“工作证”合一的“审定证”。

在欧盟等许多国家，申请品种登记注册的品种，要求申请登记的所有品种必须符合 DUS 测试要求，其中对大田作物品种和部分林木品种还需同时符合 VCU 试验要求，才能予以登记注册。这是我国品种登记制度与欧盟等国的品种登记制度不同的地方。

2. 登记只进行书面审查，即形式审查。受理品种登记部门的职责是对申请文件和申请品种种子样品的真实性进行合规性的形式审查，受理品种登记部门接到申请文件以后，在20个工作日内应对申请文件进行书面审查，对申请品种的种子样品是否符合要求则由品种测试机构或符合规定条件的机构或企业来判断，并出具测试报告。如申请的品种符合要求，国务院农业农村主管部门应当予以登记公告，公告登记品种及其所有人真实、完整、准确的信息。符合要求主要是指申请登记的品种应当符合特异性、一致性和稳定性及品种命名规定等要求。只有符合DUS测试要求的品种，才是真实和唯一的品种。按照行政许可法规定，设定行政许可应当明确行政许可的实施机关、条件、程序、期限。品种审定是实质性审查，品种审定委员会对申请审定的农作物品种要统一组织进行品种试验，按照审定标准和规定程序，经品种审定委员会审定。

3. 品种登记的要求是固定的，品种审定的标准是变化的。符合品种登记的条件或要求，至少在目前和可预见的未来是不变的，就是申请登记的品种要符合DUS测试的要求，即可通过品种登记，类似于注册制。而品种审定对品种利用价值和使用范围评价的试验和鉴定由审定机关组织进行，审定标准随着经济社会的发展，在不断地调整、修改和完善，审定则类似审批制。审批制是指政府机关或授权单位，根据法律、法规、行政规章及有关文件，对相对人从事某种行为、申请某种权利或资格等进行具有限制性管理的行为。

（四）品种登记的必要性

1. 有利于规范育种者行为，保护育种者合法权益。品种登记就是对具备特异性、一致性和稳定性要求的植物品种，进行登记并予以公告的制度。通过品种的统一登记，保证市场上销售的每一个品种种子的特征特性等信息得到全面完整、真实统一和准确权威的披露，以国家品种登记较强的公示力和公信力为基础，从源头上杜绝“一品多名”等假冒侵权品种种子进入市场，或者说避免“劣币驱逐良币”现象的蔓延，有效保护育种者的合法权益。

2. 有利于维护品种市场公平竞争的秩序。实行品种登记制度将大大降低品种信息的不对称性，让合法合格的品种得到有效保护，并提高侵权难度和违法成本，降低新品种权人的维权成本，进而促使我国品种市场走向公开、公正和透明，保障品种市场竞争有序、持续健康发展。

3. 有利于提高监管效率和水平，加强市场监管。实行品种统一登记并公告，让全社会获得销售、推广品种的公开、准确、权威的信息，有利于用种者、媒体等全社会的监督。同时法律要求销售的种子与申请登记时的品种名称及其种子样品应相一致，为实现全程监管提供法律依据，降低监管成本，有利于提高监管效率和水平，加强市场监管，保障种业市场平稳有序发展。另外，实行品种登记是实现品种管理和新品种权保护的一项基础性、前提性工作，是建立种业信用体系和可追溯管理体系的必然要求。

4. 有利于推动种业持续健康发展。实行品种登记，建立准确、完善、公开、透明的品种数据，为政府部门、企业和用种者决策提供科学依据。特别是对政府部门正确判断品种发展趋势，及时做出预警和宏观决策，维护种业安全，制定种业发展政策等具有重要作用。实行品种登记，公开登记品种的有关数据，对杜绝个别种子管理部门滥用职权甚至以权谋私，遏制腐败现象，净化种子市场环境也会有较大的推动和促进作用。

5. 有利于维护我国种业安全、食品安全和生物安全。品种是食品的源头，品种安全直接关系到食品的安全，种业安全是农业产业安全的基础。实行品种登记，通过判定品种的特异性，同时可以判断品种是否含有危害人体健康等违规的成分，这对保障食品安全，防止外来物种入侵，以及维护我国种业安全和生物安全都是必要的措施。《国务院关于严格控制新设行政许可的通知》（国发〔2013〕39 号）明确提出，对产品实施行政许可的，除涉及人身健康、生命财产安全的外，不得对生产该产品的企业设定行政许可。品种登记问题不仅涉及食品安全，还涉及我国的种业安全和生物安全，实行品种登记制度与有关规定的要求是一致的。

建立品种登记制度也是可行的，一是工作有基础。DUS 测试方面，1997 年我国颁布植物新品种保护条例，农业农村部先后在全国建立了 1 个 DUS 测试总中心、27 个分中心和 6 个专业测试站，发布了 232 植物品种 DUS 测试指南（国家标准或农业行业标准），具备了测试能力。DNA 分子鉴定方面，一些作物 DNA 分子指纹检测技术标准相继出台，向日葵等作物 DNA 分子指纹数据库已构建完成，为鉴定品种特异性提供了快速通道。二是有国外成熟经验可供参考。全球除美国以外的所有参加国际植物新品种保护联盟公约的成员国或组织都对植物品种实行强制登记制度，规定只有经过登记注册的植物品种的种子才允许在市场上销售或推广。美国联邦种子法虽然未规定强制实行品种登记制度，但在州一级，美国有一半的州种子法规定植物品种必须通过登记注册后才允许其种子在市场上销售或推广。三是品种在推广使用前应当进行测试、试验和检验，已被实践证明是农业技术推广的成功经验和普遍规律。

四、撤销品种审定与品种登记

2006 年以来，国家和省级农作物品种审定委员会陆续开展了已审定品种退出工作，截至 2013 年年底，国家和省两级退出主要农作物审定品种 9614 个，占 2001 年以来审定品种总量的48%；初步实现了审定与退出品种的动态平衡，对加强市场监管，保障农业生产用种安全发挥了重要作用。但在执行中，由于缺乏明确的退出机制，对销售应退出品种的行为缺乏相应的处罚规定，导致部分已通过审定的品种在使用过程中出现不可克服的严重缺陷或者出现种性严重退化已不适宜推广的品种，或者一些品种一直未按要求提供种子样品，仍在以套牌的形式大量销售，种子监管部门查处无法律依据，严重影响了种子市场秩序。种子法第二十一条规定："审定通过的农作物品种和林木良种出现不可克服的严重缺陷等情形不宜继续推广、销售的，经原审定委员会审核确认后，撤销审定，由原公告部门发布公告，停止推广、销售。"审定通过的农作物品种出现不可克服的严重缺陷等情形，如果继续推广、销售，在生产上使用将给农业生产带来危害，给农民造成损失。出现以下几种情形的审定品种应撤销审定：一是在使用过程中出现不可克服严重缺陷的；二是品种种性严重退化或失去生产利用价值的；三是未按要求提供品种标准样品或者标准样品不真实的；四是以欺骗、伪造试验数据等不正当方式通过审定的。出现以上情形的审定品种，经原审定委员会审核确认后，撤销审定，由原公告部门发布公告，停止推广、销售。建立与品种审定相衔接的品种退出制度，完善品种管理制度，并对种子生产经营中继续销售应退出品种种子的行为做出相应处罚措施，有利于保障农业生产用种，打击制售假冒种子、套牌种子等违法违规行为，营造良好的种业市场环境，保护和激发种业科技创新活力。

另外，种子法第二十二条第五、六款规定："对已登记品种存在申请文件、种子样品不实的，由国务院农业农村主管部门撤销该品种登记，并将该申请者的违法信息记入社会诚信档案，向社会公布；给种子使用者和其他种子生产经营者造成损失的，依法承担赔偿责任。对已登记品种出现不可克服的严重缺陷等情形的，由国务院农业农村主管部门撤销登记，并发布公告，停止推广。"这里主要分两种情况，一是由于申请者自己提供的申请文件、种子样品不实或虚假的，由农业农村部撤销品种登记，并将违法信息记入社会诚信档案，向社会公布。二是由于登记品种种子随着使用年限的增加出现种性严重退化，或者出现不可克服的严重缺陷等情形，不符合登记时的要求，由农业农村部发布撤销品种登记，并发布公告，停止推广。2021 年，农业农村部加强对登记品种的事中事后监管，根据 DNA 指纹检测与田间鉴定结果，撤销重复登记向日葵品种 269 个，有效保护了育种者和农民合法权益，维护了种业市场秩序。

五、代理申请品种审定与品种登记

种子法第二十四条规定："在中国境内没有经常居所

或者营业场所的境外机构、个人在境内申请品种审定或者登记的，应当委托具有法人资格的境内种子企业代理。”按照法律规定，在中国境内没有经常居所或者营业场所的境外机构、个人，不能直接申请办理品种审定或者登记，应当委托具有法人资格的境内种子企业为其代理，而不能委托其他单位和个人代理。

第四章

新品种保护

一、我国植物新品种保护情况

植物新品种权或者育种家权利简称品种权，它是知识产权的一种，如同用专利保护工业领域的发明创造一样，植物新品种保护是用专门的法律制度保护农业领域的育种创新成果。党中央、国务院高度重视种业知识产权保护工作。2020 年 5 月 28 日，十三届全国人大三次会议表决通过《中华人民共和国民法典》，规定民事主体依法就植物新品种享有知识产权。近年来，中央经济工作会议、中央农村工作会议都强调要大力推动自主创新，保护知识产权，打好种业翻身仗。

1961 年国际植物新品种保护联盟（UPOV）成立，1997 年 3 月 20 日国务院颁布了《中华人民共和国植物新品种保护条例》（以下简称《条例》），我国正式建立起植物新品种保护制度。1999 年 4 月 23 日我国加入国际植物新品种保护联盟（UPOV）公约 1978 年文本（UPOV 公约

1978 年文本），成为 UPOV 第 39 个成员。2000 年种子法颁布施行，2015 年种子法全面修订，增加新品种保护专章，完善了种业知识产权保护法律制度，促进了种业健康发展。

回顾我国植物新品种保护事业的发展历程，植物新品种保护法律规范从无到有，受保护植物种类不断扩大，保护品种数量迅速增加，组织管理体系和技术支撑体系日趋完善，为保障国家粮食安全和重要农产品有效供给发挥了重要作用。

一是制定了一系列配套法规和规章。除国务院颁布的《条例》外，农业农村部和国家林草局专门制定了植物新品种保护条例实施细则，最高人民法院先后制定《关于审理侵犯植物新品种权纠纷案件具体应用法律问题的若干规定》《关于审理植物新品种纠纷案件若干问题的解释》和《关于审理侵害植物新品种权纠纷案件具体应用法律问题的若干规定（二）》等司法解释，农业农村部先后制定《植物新品种复审委员会审理规定》《农业植物新品种权侵权案件处理规定》《农业植物品种命名规定》等规章制度，国家林草局先后制定《林业植物新品种保护行政执法办法》《林业植物新品种测试管理规定》等规范性文件。

二是保护名录不断扩大。从 1999 年 4 月开始，农业农村部先后发布了 11 批植物品种保护名录，受保护的农业植物种类达到 191 个属或种。国家林草局先后发布了 8 批植物新品种保护名录，受保护的林木植物达到293个属或种。

三是保护工作技术条件不断完善。农业农村部在全国建立了1个测试中心、27个测试分中心和6个专业测试站的测试体系，建立了植物新品种保藏中心。开发了植物品种MNP标记鉴定技术，建立了水稻、玉米、小麦等作物1万多个品种的DNA指纹数据库，发布了35种作物的分子鉴定技术标准。农业农村部还完成了232植物品种DUS的测试指南（国家标准或农业行业标准）和23种农作物新品种DNA指纹图谱鉴定技术标准。国家林草局成立了植物新品种测试中心和5个分中心，研制林草植物新品种测试指南和数据库149项。目前，农业农村部、国家林草局两个部门的技术水平和检测能力基本能够满足农作物和林木育种对于申请植物新品种保护的需求。

四是品种权申请的积极性不断增长。我国自1999年4月23日面向国内外接受植物新品种权申请。截至2020年年底，农业农村部共受理农业植物新品种保护申请41716件，授权16508件，年度申请量连续四年位居世界第一。截至2021年年底，国家林草局累计受理植物新品种保护申请7008件，授予植物新品种权3404件。2019年UPOV成员受理申请约22000件，其中我国申请7032件，约占32%。

植物新品种保护是维护植物新品种权人合法权益、促进育种创新、提高创新能力的根本保障。2015 年种子法修订前，我国新品种保护的主要法律依据是 1997 年颁布实施的《条例》，随着种业快速发展，仅靠《条例》进行保护已经难以满足现实需要，侵权套牌等违法现象日益增多，侵害了植物新品种权人的合法权益，挫伤了植物新品种权人的创新积极性，扰乱了公平竞争的市场秩序，阻碍了种业的健康发展。出现这些问题的原因，一是植物新品种保护的立法层级相对较低。在我国的知识产权法律体系中，专利权、商标权、著作权等均有相关的法律进行保护，唯有植物新品种权是通过法规来规范的。二是植物新品种保护水平偏低。保护的力度和强度、保护的范围和内容远不能适应当时推动现代种业持续健康发展的需要。三是鼓励品种创新不足，企业维权存在周期长、举证难、成本高、赔偿低、效果差，以及侵权现象严重等问题。党的十八大提出实施创新驱动发展战略，此后有关中央文件也多次要求完善知识产权保护制度。在尚未将植物新品种保护单独立法纳入立法计划或者规划的情况下，2015 年修改种子法时，根据实际需要，在种子法中增加新品种保护专章，对植物新品种保护与种业发展密切相关的关键性制度进行规范，对植物新品种的授权条件、授权原则、品种命名、保护范围及例外、强制许可等作出原则性规定。这样规定，节约了立法资源，提高了立法效率，既有利于衔接行政保护和民事保护手段，又为将来植物新品种保护单独立法留出了空间。2021 年修改种子法，扩大植物新品种权的保护范围、扩展保护环节、建立实质性派生品种制度、健全侵权损害赔偿制度、完善法律责任，进一步加大植物新品种的保护力度。

二、植物新品种权授权条件

种子法第二十五条规定：“国家实行植物新品种保护制度。对国家植物品种保护名录内经过人工选育或者发现的野生植物加以改良，具备新颖性、特异性、一致性、稳定性和适当命名的植物品种，由国务院农业农村、林业草原主管部门授予植物新品种权，保护植物新品种权所有人的合法权益。植物新品种权的内容和归属、授予条件、申请和受理、审查与批准，以及期限、终止和无效等依照本法、有关法律和行政法规规定执行。国家鼓励和支持种业科技创新、植物新品种培育及成果转化。取得植物新品种权的品种得到推广应用的，育种者依法获得相应的经济利益。”本条明确了可以授予植物新品种权的条件，对涉及植物新品种权的具体程序，与植物新品种保护条例等法律法规作出衔接，鼓励新品种成果转化，并对保护植物新品种育种者权益作出规范。

按照上述规定，申请植物新品种权的品种要在国家植物品种保护名录范围内，要经过人工选育或者对发现的野生植物加以改良，并且具备新颖性、特异性、一致性、稳定性和适当命名等必要条件，才能授予植物新品种权。

（一）经过人工选育或者改良

植物新品种是人们在一定自然生态和经济条件下，根据生产和生活需要培育创造出的某种植物的群体，即品种培育过程中一定要有创造性的智力劳动，不能把一个地方品种或在生产上用了多年且没有任何改良创新的公知公用品种或从野外获得的一个植物资源直接用于申请新品种保护。

（二）在国家植物品种保护名录范围内

目前我国的新品种保护制度是按照国际植物新品种保护联盟（UPOV）公约 1978 年文本框架设计的，只有列入保护名录的植物种类，育种者才能申请保护，保护名录一般是由成员国根据其种业的发展和育种的水平能力公布并逐步扩大的。我国农业农村部已公布了 191 个农业植物属或种，国家林草局公布了 293 个植物属或种，只有列入名录的植物种类才能申请保护。要申请品种保护，首先要确认育成品种在国家植物新品种保护名录范围内，否则审批机关不予受理。

（三）具有新颖性

这里的“新颖性”，是为了满足品种的“新”而在法律上规定的一个品种没有进入商业化销售或推广应用的期限。我国规定的期限与国际植物新品种保护联盟公约中的规定是一致的。种子法第九十条第六项规定，“新颖性是指申请植物新品种权的品种在申请日前，经申请权人自行或者同意销售、推广其种子，在中国境内未超过一年；在境外，木本或者藤本植物未超过六年，其他植物未超过四年”。考虑到受保护的植物是按照保护名录逐步增加的，法律设定了新颖性的宽限期，“本法施行后新列入国家植物品种保护名录的植物的属或者种，从名录公布之日起一年内提出植物新品种权申请的，在境内销售、推广该品种种子未超过四年的，具备新颖性”。对种子法施行后列入国家植物品种保护名录的植物种类，申请植物新品种权时对新颖性的要求，应当按照宽限期的规定执行。但是，对于适用宽限期的情形也有前提条件，即名录公布之日起一年内提交申请，所以申请品种权还是越早越好。

种子法还规定了视同丧失新颖性的情形：“除销售、推广行为丧失新颖性外，下列情形视为已丧失新颖性：1. 品种经省、自治区、直辖市人民政府农业农村、林业草原主管部门依据播种面积确认已经形成事实扩散的；2. 农作物品种已审定或者登记两年以上未申请植物新品种权的。”这是根据我国品种管理和植物新品种保护的实践，对品种的新颖性作出的完善性规定。如果一个品种的繁殖材料已经形成事实扩散，即使能够被授予植物新品种权，品种权人以授权品种未经许可为由诉讼他人，实际上也难以维权，难以得到保护。从另一个角度看，育种者应当提高知识产权保护意识，一方面要保存好育种材料，防止形成事实扩散；另一方面要及时申请品种权保护，要注意申请保护的时机，一旦育成品种在性状一致和稳定后，应当立即申请植物新品种保护。这将有利于维护品种权人或利害关系人的合法权益，延长品种的商业寿命。依照种子法规定，申请审定的品种应当符合特异性、一致性、稳定性（DUS）要求，登记品种的申请文件中包括该品种的特异性、一致性、稳定性报告。按照品种审定办法，区试的第二年开始做品种特异性、一致性和稳定性测试。也就是说，申请植物新品种保护和申请品种审定或者登记，可以同步进行，如果品种已有 DUS 测试数据也可直接用于申请品种权，提高效率。

在受理品种权的申请工作中，如果对不符合新颖性要求的申请品种授予了品种权，自审批机关公告授予品种权之日起，植物新品种复审委员会可以主动依据职权宣告该品种权无效；也可以由公众特别是利害关系人按照规定程序书面请求植物新品种复审委员会宣告该品种权无效。

（四）具有特异性

种子法第九十条第七项规定：“特异性是指一个植物

品种有一个以上性状明显区别于已知品种。”UPOV 公约 1991 年文本规定：一个品种是已知最低一级植物分类单元中的一个植物群体，无论是否充分满足植物新品种权的授权条件，该群体应该是“可以通过特定的基因型或基因型组合决定的性状表达特征来定义”，而且“至少在一个性状表达状态上能够明显区别于任何其他同类植物群体”。即特异性的明显区别是指申请品种至少应当有一个特征特别是外观形态特征明显区别于申请日前已知的所有其他相同植物种类里品种的特征。在品种测试中该植物品种应当明显区别于在申请日以前已知的植物品种。例如，一个玉米申请品种（自交系或杂交种）的第一叶鞘花青甙显色为黑紫色，而最近似品种的第一叶鞘花青甙显色为浅紫色，就该性状而言，申请品种具有特异性。这个最近似品种是已知品种中选出来的一个或一组品种，依照种子法规定，已知品种是指已受理申请或者已通过品种审定、品种登记、新品种保护，或者已经销售、推广的植物品种。

（五）具有一致性

一个植物新品种，不仅具有遗传上的特定形态特征、生物学特性和经济性状，而且在群体内个体间性状的表达状态都应是相对稳定一致的，这样才能对不同品种加以区分。种子法第九十条第八项规定：“一致性是指一个植物品种的特性除可预期的自然变异外，群体内个体间相关的特征或者特性表现一致。”按照上述规定，植物品种经过繁殖，除可以预见的变异外，其相关特性应一致。在品种测试中，可通过判断该品种的非典型植株即异型株的允许数量，或比较该品种与近似品种的平均方差来判定申请品种的一致性。判定申请品种一致性还需要考虑下列因素：一是繁殖方式，该品种是有性繁殖还是无性繁殖，有性繁殖还要考虑该品种是自花授粉还是异花授粉；二是育种方式，该品种是通过何种育种方法选育而成，是通过有性杂交、亲本亲缘关系远近、因偶然混杂、突变或者其他原因所产生的变异等。

（六）具有稳定性

种子法第九十条第九项规定：“稳定性是指一个植物品种经过反复繁殖后或者在特定繁殖周期结束时，其主要性状保持不变。”如果一个植物品种经过 2 ~ 3 个繁殖周期，表现出了很好的一致性，即相关性状的表达状态保持相对不变，这时可以认定它具有稳定性。

除了上述要求外，还应当注意，植物新品种权是依申请授予。只有提出申请植物新品种保护才有可能被国务院农业农村、林业草原主管部门授予新品种权，不是培育出一个新品种就自然地具有了新品种权。因此，不能理解为育种者新培育出一个品种通过了审定或登记就自然具有了新品种权，品种审定和登记是新的品种种子准备大面积生产推广进入市场前的准入审查，并不是授予新品种权。

种子法第二十五条还规定，植物新品种权的内容和归属、授予条件、申请和受理、审查与批准，以及期限、终止和无效等依照本法、有关法律和行政法规规定执行。即除依照本法规定的内容执行外，还应当遵守其他与本法规定不冲突的有关法律和行政法规的规定。

三、植物新品种权授权原则

种子法第二十六条规定：“一个植物新品种只能授予一项植物新品种权。两个以上的申请人分别就同一个品种申请植物新品种权的，植物新品种权授予最先申请的人；同时申请的，植物新品种权授予最先完成该品种育种的人。对违反法律，危害社会公共利益、生态环境的植物新品种，不授予植物新品种权。”

一个植物新品种只能被授予一次植物新品种权，而且品种权有期限，保护期满后品种权自然终止，该品种成为社会公知公用品种。对同一个品种，品种权不存在续展，不能再次授予。国际植物新品种保护联盟（UPOV）公约中对品种权保护期有一个基本要求，各成员在这个基础上确定自己的品种权保护期限。UPOV 公约 1978 年文本规定，一般植物的保护期限为 15 年，木本和藤本植物的保护期限为 18 年。UPOV 公约 1991 年文本规定，将木本和藤本植物的保护期限延至25年以上，其他植物的保护期限延至20年以上。我国《条例》对木本和藤本植物的保护期限是20年，对其他植物的保护期限是15年。品种权人可以尽可能用足保护期，当然也要看品种的商业寿命长短，品种权人出于多种原因，如对品种开发前景和效益的综合分析评估后，认为没有必要再继续保护，愿意放弃品种权的，可主动向审批机关提交书面声明放弃品种权，经公告后生效，品种可为社会公用。

一个植物新品种由两个以上申请人分别申请植物新品种权的，在满足其他实质性条件和法定程序的情况下，如果申请人提出申请的时间不同，则植物新品种权授予最先提出申请的人。如果申请人是在同一日内提出品种权申请的，则由申请人自行协商确定申请权的归属，协商不能达成一致意见的，植物新品种保护办公室可以要求申请人在指定期限内提供证据，证明自己是最先完成该新品种育种的人。逾期未提供证据的，视为撤回申请；所提供证据不足以作为判定依据的，植物新品种保护办公室驳回申请。

法律为维护社会公共利益，保障法律的严肃性和正确的价值导向，对于植物新品种权授予，作出了禁止性规定，即对于违反法律，危害社会公共利益、生态环境的植物新品种，即使符合申请植物新品种权的实质性条件，并按法定程序申请，仍不授予植物新品种权。

四、植物新品种命名

种子法第二十七条规定："授予植物新品种权的植物新品种名称，应当与相同或者相近的植物属或者种中已知品种的名称相区别。该名称经授权后即为该植物新品种的通用名称。下列名称不得用于授权品种的命名：（一）仅以数字表示的；（二）违反社会公德的；（三）对植物新品种的特征、特性或者育种者身份等容易引起误解的。同一植物品种在申请新品种保护、品种审定、品种登记、推广、销售时只能使用同一个名称。生产推广、销售的种子应当与申请植物新品种保护、品种审定、品种登记时提供的样品相符。"

近年来，种子市场"一品多名、一名多品"现象已成为假冒侵权套牌等品种权侵权行为泛滥的直接根源，在明确植物新品种命名原则的同时，统一规范同一植物品种在品种审定、品种登记、植物新品种保护、推广、销售等不同阶段的名称使用原则，对净化种子市场同样有利。

为规范农业植物品种命名，农业农村部公布了《农业植物品种命名规定》，并建立了品种名称检索查询系统，为保证一个品种只能使用一个品种名称提供了技术支撑。育种者在品种定型以后就要对所培育的品种选取一个合适的名称，品种名称应当使用规范的汉字、英文字母、阿拉伯数字、罗马数字或其组合。名称不能超过15个字符，在相同或者相近的农业植物属内的品种名称不得相同。

在品种的名称审查时，品种命名不得存在下列情形：（1）仅以数字或者英文字母组成的；（2）仅以一个汉字组成的；（3）含有国家名称的全称、简称或者缩写的，但存在其他含义且不易误导公众的除外；（4）含有县级以上行政区划的地名或者公众知晓的其他国内外地名的，但地名简称、地名具有其他含义的除外；（5）与政府间国际组织或者其他国际国内知名组织名称相同或者近似的，但经该组织同意或者不易误导公众的除外；（6）容易对植物品种的特征、特性或者育种者身份等引起误解的，但惯用的杂交水稻品种命名除外；（7）夸大宣传的；（8）与他人驰名商标、同类注册商标的名称相同或者近似，未经商标权人书面同意的；（9）含有杂交、回交、突变、芽变、花培等植物遗传育种术语的；（10）含有植物分类学种属名称的，但简称的除外；（11）违反国家法律法规、社会公德或者带有歧视性的；（12）不适宜作为品种名称的或者容易引起误解的其他情形。

育种者在对自己育成的品种命名时，还应避免使用容易对植物新品种的特征、特性或者育种者身份等引起误解的名称。容易对植物品种的特征、特性引起误解的情形包括：一是易使公众误认为该品种具有某种特性或特征，但该品种并不具备该特性或特征的；二是易使公众误认为只有该品种具有某种特性或特征，但同属或者同种内的其他品种同样具有该特性或特征的；三是易使公众误认为该品种来源于另一品种或者与另一品种有关，实际并不具有联系的；四是品种名称中含有知名人物名称的，但经该知名人物同意的除外；五是其他容易对植物品种的特征、特性引起误解的情形。容易对育种者身份等引起误解的情形包括：一是品种名称中含有另一知名育种者名称的，但经该知名育种者同意的除外；二是品种名称与另一已经使用的知名系列品种名称近似的；三是其他容易对育种者身份引起误解的情形。

品种命名在不同品种间强调唯一性，而对于同一植物品种而言，强调同一性，即同一植物品种在申请新品种保护、品种审定、品种登记、推广、销售时，只能使用同一个名称，在不同阶段用不同名称的属于违法行为，依法承担相应责任。

同时，为维护种子使用者的合法权益，维护种子市场的繁荣稳定和健康发展，法律明确种子生产经营者负有保证种子产品与种子样品一致的义务，即保证生产推广、销售的种子应当与申请植物新品种保护、品种审定、品种登记时提供的样品相符。

五、植物新品种权的实施

种子法第二十八条第一款规定：“植物新品种权所有人对其授权品种享有排他的独占权。植物新品种权所有人可以将植物新品种权许可他人实施，并按照合同约定收取许可使用费；许可使用费可以采取固定价款、从推广收益中提成等方式收取。”培育新品种的目的是服务于农业生产，关键还在于实施，实施才会出效益。只有品种权人积极实施品种权，才能收回培育新品种的投入，才有资金继续育种。植物新品种权的实施有多种形式，可以由品种权人自己实施，可以转让，也可以许可他人使用。

品种权转让。按照植物新品种保护条例规定，植物新品种的申请权和品种权可以依法转让。这就是说，转让品种权，可以在获得授权后转让，也可以在申请时转让，按照品种权依申请授予的原则，在申请时转让的受让人就成为品种权人。转让申请权或者品种权的，由农业农村部公告，并自公告之日起生效。品种权转让给他人，就像不动产过户一样，自己不再拥有权利。转让品种权时应注意以下几点：一是品种权转让可以是当事人之间的自愿转让与受让，也可以是依法在当事人之间的转移。品种权在有效期限内，如果品种权人是自然人，则该品种权按照继承法由继承人继承。如果品种权人是一个公司，公司在合并重组时，就自然由合并后的公司取得。二是转让的品种权必须是受让一方驻在国颁发的品种权。例如，一个德国的公司购买一个中国政府授予的品种权在德国实施是无意义的。想在什么地方实施，就必须拥有这个国家授予的品种权。三是应当以书面合同方式实现品种权转让。四是应当依法履行相应的品种权变更登记手续，把双方签署的转让协议提交原品种权的授权机关进行变更，公告后生效，避免发生纠纷时无据可查。

品种权许可使用。是指品种权人允许他人在一定的时间、空间条件下使用其品种权，实际上就是对品种权的客体即繁殖材料的利用，这种方式主要是通过签署许可使用合同，允许他人有条件地为商业目的开展包括种子生产、销售和重复使用其授权品种的繁殖材料进行制种。许可他人实施其授权品种，只是使用权的有偿出让，而不是所有权的转让，所有权仍归品种权人，而被许可人只能在合同约定的范围内（时间和空间）利用其授权品种的繁殖材料（生产或销售），并应按合同约定履行相应义务（支付使用费、保密）。支付品种权人使用费的方式可以有多种，可一次性支付，也可先支付一定额度的入门费，再按每年销售额提一定比例，具体由双方协商。使用权的许可不是所有权的转让，合同到期自动终止。

同专利等知识产权的许可一样，品种权许可有三种形式：一是独占许可，即许可一家独占使用，在合同约定期内，即使是品种权人自己也无权实施；二是排他许可，即只能许可一家，品种权人自己可以实施，但不能再许可第二家；三是普通许可，即许可二家或二家以上的多家。至于一个品种权以何种形式许可，可以根据品种的市场潜力和当事人的开发能力由双方商定。

六、植物新品种权的保护环节

种子法第二十八条第二款规定："任何单位或者个人未经植物新品种权所有人许可，不得生产、繁殖和为繁殖而进行处理、许诺销售、销售、进口、出口以及为实施上述行为储存该授权品种的繁殖材料，不得为商业目的将该授权品种的繁殖材料重复使用于生产另一品种的繁殖材料。本法、有关法律、行政法规另有规定的除外。"

保护环节是指品种权人行使独占权利涉及的各项活动，包括生产、繁殖和为繁殖而进行处理、许诺销售、销售、进口、出口以及为实施上述行为储存的活动。这些活动不仅涉及繁殖材料，也会涉及收获材料。植物新品种保护制度在遵循发明创新类知识产权（如专利和著作权）保护一般规则的同时，根据植物品种创新活动的特殊性，为有生命的植物品种提供了专门法律保护。只有获得该品种的繁殖材料活体，其他人才能真正生产、繁殖，并且这些繁殖材料在生产流通过程中，如果保护不力容易转化为收获材料。因此，植物新品种权在权利结构上比其他知识产权更为复杂。

按照原法规定，任何单位或者个人未经植物新品种权所有人许可，生产、繁殖或者销售该授权品种的繁殖材料，或者为商业目的将该授权品种的繁殖材料重复使用于生产另一品种的繁殖材料，就是侵权。品种权人可以在生产、繁殖或者销售环节，针对授权品种的繁殖材料主张权利，而不能在生产、繁殖或者销售的环节之外主张权利。应注意的是，上述所指的生产，并不是单纯指田间的商品种子生产，扩繁授权亲本材料也是侵权。2021 年修改种子法，增加了“为繁殖而进行处理、许诺销售、进口、出口、储存”五个环节。

关于为繁殖而进行处理环节。为繁殖而进行处理是指种子从收获后到播种前所进行的处理全过程。包括干燥、预加工、清选、分级、选后处理、定量包装、贮存等。种子法规定品种权人可以在种子处理环节主张权利，为品种权人提供关键环节的权利行使机会。

关于许诺销售环节。许诺销售是指在非法销售行为实施前的特定阶段的特定行为，包括发布广告、展览、公开演示、寄送价目表、拍卖公告、招标公告以及达成销售协议等表明销售专利产品的行为。《最高人民法院关于审理专利纠纷案件适用法律问题的若干规定》中规定："许诺销售，是指以做广告、在商店橱窗中陈列或者在展销会上展出等方式作出销售商品的意思表示。"专利法赋予专利权人对许诺销售行为的制止权，实际上增加了专利权人制止侵权行为的机会，扩充了其权利范围。种子法规定品种权人可以在种子许诺销售环节主张权利，参照了专利法对许诺销售的规定，将繁殖材料从广告、材料准备、展示到实际销售整个环节都纳入品种权的控制范围，便于品种权人及时维护自身合法权益，提高品种权人制止侵权效率，降低制止侵权成本。

关于进口和出口环节。种子法将保护环节延伸至进口、出口环节，可以有效遏制出入境环节侵权行为发生，既避免境内授权品种出口后导致科研成果流失，又避免了境外品种、侵权产品进口后扰乱国内市场。以我国具有研发优势的杂交水稻品种为例，如果该品种在国内已经授权保护，未经品种权人许可，其繁殖材料非法出境到一些没有保护制度的国家，在当地大量制种繁种、大规模销售生产，将严重损害我国品种权人的合法权益。我国是全球第二大种子市场，种子进出口贸易日益频繁，增加海关环节对品种权的监管，将有效加大保护力度，更有利于保护杂交水稻、中草药、特色果树等国内优势作物种业。本次修法赋予品种权人控制授权品种繁殖材料的出口权利，主要目的是通过海关管控，防止授权品种繁殖材料境外流失，打击侵权人境外大规模低成本生产行为，维护国家利益。

关于为实施上述行为储存环节。相较于其他知识产权而言，繁殖材料与收获材料的存储，要求较高的存储条件，技术性和专业性更强，在种业产业链条中具有重要位置。品种权人拥有对储存环节主张权利的机会，可以强化被控侵权物的举证。储存是种子加工、许诺销售、销售、进口与出口等环节的重要连接点。种子法将保护环节延伸到为实施上述行为储存环节，品种权人可以通过行政执法途径较便捷维护自身权利，同时还规定了储存人应当给予的适当注意义务。

将上述环节纳入品种权保护环节，是 UPOV 公约 1991 年文本规定的基本内容，这些规定促进了全产业链和全球化保护，可更有效激励育种创新，已被 60 多个 UPOV 公约成员接受。扩大保护环节是落实习近平总书记全面加强知识产权保护重要指示精神的具体体现。一是为品种权人提供更多主张权利的机会，保障品种权有效行使；二是减少品种权人维权举证的难度，赋予商业主体保护品种权的注意义务；三是激励育种者从事育种创新活动，培育更多更有价值的新品种；四是有利于引入境外优异育种资源和创新要素，助推国内品种研发。

七、植物新品种权的保护范围

种子法第二十八条第三款规定："实施前款规定的行为，涉及由未经许可使用授权品种的繁殖材料而获得的收获材料的，应当得到植物新品种权所有人的许可；但是，植物新品种权所有人对繁殖材料已有合理机会行使其权利的除外。"这是2021年修改种子法的重要内容。

品种权保护范围，是指品种权人行使权利的对象，包括繁殖材料、收获材料及其直接制成品，2021年修改种子法不涉及直接制成品。在实践中，保护范围的界定因植物种类和用途会有所不同。例如，对大田作物常规水稻品种来说，留种的稻谷是繁殖材料，用于加工的稻谷和稻草是收获材料，加工后的大米或草帘等是直接制成品。对杂交水稻品种来说，杂交种子是繁殖材料，生产出的稻谷和稻草是收获材料，加工后的大米或草帘等是直接制成品。对园艺作物品种来说，种苗或枝条是繁殖材料，果实是收获材料，鲜榨果汁是直接制成品。

2015年修改的种子法，我国品种权保护范围没有延伸到收获材料，存在权利缺失，特别是无性繁殖作物、常规作物品种维权难度增加。将保护范围由繁殖材料延伸到收获材料，事关品种权权利内容，不仅是举证责任分配问题，更重要的是解决权利人对收获材料主张权利的问题。只有赋予权利人对收获材料可以主张权利，才有可能使收获材料成为被控侵权行为的载体，促使其经营主体承担举证责任，查明侵权来源。从维权实践看，我国植物新品种权侵权假冒交织，侵权方式和形态多样，侵权对象难以界定。如花卉和观赏植物等无性繁殖作物，其本身既是繁殖材料，也是收获材料，很难区分。侵权人多利用其植株部分进行快速扩繁，成本低、获利高，对品种权人权益损害极大。将收获材料纳入保护范围，可有效解决侵权责任难追溯、受损赔偿证明难等突出问题，极大减少举证成本，提高维权效率，增强相关主体的知识产权保护意识和责任。从国际经验看，目前国际植物新品种保护联盟（UPOV）78 个成员中，有 71 个由繁殖材料延伸到了收获材料。扩大保护范围，有利于促进我国优势农作物出口，维护权利人利益，保护国内优势产业。在具体实施上，可以通过合法来源抗辩，适时转移举证责任，侵权赔偿责任最终由生产侵权繁殖材料的主体承担，遵循权利一次用尽原则，不存在层层付费、层层加码问题。

八、实质性派生品种制度（EDV）

种子法第九十条第十项规定：“实质性派生品种是指由原始品种实质性派生，或者由该原始品种的实质性派生品种派生出来的品种，与原始品种有明显区别，并且除派生引起的性状差异外，在表达由原始品种基因型或者基因型组合产生的基本性状方面与原始品种相同。”种子法第二十八条第四款、第五款规定：“对实质性派生品种实施第二款、第三款规定行为的，应当征得原始品种的植物新品种权所有人的同意。实质性派生品种制度的实施步骤和办法由国务院规定。”

种子法建立实质性派生品种制度，明确实质性派生品种可以申请植物新品种权，并可以获得授权，但对其以商业为目的利用时，应当征得原始品种的植物新品种权所有人的同意。鉴于实施这一制度是循序渐进的过程，种子法作出授权性规定，实质性派生品种制度的实施步骤和办法由国务院规定。

实质性派生品种这一概念起源于国外20世纪80年代，我国种业界90年代开始引用。1991年，国际植物新品种保护联盟（UPOV）针对利用生物技术改造他人授权品种的情况，建立了实质性派生品种制度，目的是建立原始品种权人与派生品种权人的利益分享机制，鼓励育种原始创新，减少修饰育种。派生品种可以申请并获得品种权，但在生产销售时应征得原始品种权人同意，并按合同约定给予商业回报。在国际植物新品种保护联盟78个成员中，绝大多数已经实行了这一制度。UPOV从遗传相似度、育种方法、外观性状及其重要程度等角度，规定了EDV基本判定原则，但具体操作中的技术判定标准比较复杂，发生争议或纠纷多是通过利益双方协商解决，协商不成的，由法院判决。从国外实践看，这一制度更多是起到警示震慑作用，纠纷案例较少，主要是因为有一套严格的知识产权保护制度和成熟的诚信体系，育种者对材料权属及边界的要求清晰，不愿意因此被诉诸法庭，付出高昂代价。

2015 年修改种子法时，曾考虑纳入实质性派生品种制度，但因未达成共识而搁置。2021 年修改种子法，将实质性派生品种制度入法，是基于当前国内外形势和我国种业发展实际作出的重大制度改革，时机成熟，条件具备，意义重大。一是夯实国家粮食安全种业根基的制度安排。当前，我国粮食供需仍处于紧平衡状态，保障种源自主可控比过去任何时候都更加紧迫，粮食安全这根弦比过去任何时候都要绷得更紧。关键的一条就是要加快推进种业原始创新，激发育种创新动力，促进品种更新换代，迫切需要从战略上对种业知识产权保护做出制度性安排，建立 EDV 制度，用法律制度保障国家粮食安全。二是推动建立种业科技自立自强核心动力机制的需要。当前我国种业科技取得很大进步，但种业创新发展的基础仍不牢固，创新水平不高，关键核心技术创新不足，种业企业的竞争力不强。业界强烈呼吁建立 EDV 制度，大幅提高保护水平，有效激发原始创新活力，为种业持续健康发展提供源头活水和不竭动力。2019 年农业农村部科技发展中心对企业、科研机构、管理部门等近千人开展问卷调查，93% 赞成建立 EDV 制度，54% 认为建立 EDV 制度迫在眉睫，应立即实施。三是严厉打击侵权套牌等违法行为的迫切需要。近年来，种业侵权纠纷案件占比明显增多，业界对假冒套牌、仿冒仿制等现象反映强烈。据统计，从 2016 年到 2020 年，全国法院审结涉植物新品种纠纷案件从 66 件增加到 252 件，其中侵权纠纷案件占比超过 80%。建立 EDV 制度，将从体制机制上增强保护手段，加大警示、震慑和惩治力度。四是实施 EDV 制度的基础条件已经具备。

实施 EDV 制度将有力促进种业原始创新、优势企业做强做大、产业格局盘整优化，从整体上提升我国种业发展质量和水平。2020 年 12 月，农业农村部组织水稻良种联合攻关组内 36 家单位开始试点 EDV 制度，约定遗传相似度阈值为 92%（大于 92% 即为实质性派生品种，如有争议，农业农村部科技发展中心将采用分子鉴定专项技术判定）。考虑到实施这一制度是循序渐进的过程，在具体推进实施上，按照“积极稳妥、有利有序”的原则，科学设置缓冲期，分类别、分作物、分步实施，先从有育种优势的作物品种探索建立适合我国国情的 EDV 制度模式及实现途径。对于 EDV 实施前申请的新品种，不溯及既往，不在调整范围，对于以实质性派生品种为基础再次派生的品种，仅与原始品种权人有权益关系，不存在层层付费、层层加码问题。

九、植物新品种权的强制例外

植物新品种权不是绝对意义上的“排他性独占权”，而是一种法定权利，具有法定的保护范围，还有明确的权利例外。为维护社会公共利益，保障社会多方面利益的有效实现，对于植物新品种权人独占权的行使，种子法也明确作出了例外规定。种子法第二十九条规定：“在下列情况下使用授权品种的，可以不经植物新品种权所有人许可，不向其支付使用费，但不得侵犯植物新品种权所有人依照本法、有关法律、行政法规享有的其他权利：（一）利用授权品种进行育种及其他科研活动；（二）农民自繁自用授权品种的繁殖材料。”这是关于品种权权利例外的规定。

品种权人的权利不是无限的而是有限制的，法律规定利用授权品种进行育种及其他科研活动和农民自繁自用授权品种的繁殖材料的行为不需要品种权人的许可，也称科研豁免、农民权利。这是为了避免保护育种创新的法律制度限制利用授权品种进行育种创新而设计的，是一种强制性的品种权行使的例外。但应注意的是，虽然利用授权品种进行育种及其他科研活动不属于侵权，但对授权品种的繁殖材料特别是杂交亲本材料应是合理的取得，不能采取不正当手段获取，否则可能涉嫌侵犯商业秘密而被诉讼。农民自繁自用授权品种的繁殖材料不属于侵权，仅限于自用，不得进行销售。农业遗传资源是植物育种产业不可或缺的材料和赖以存在的物质基础，农民留种、选种和用种的传统种子系统无论过去、现在和将来，在保存、改良和提供农业遗传资源、保持世界生物多样性方面，具有不可替代的功能。实施上，现代商业化育种、供种系统也离不开农民传统的种子系统。因此，在通过知识产权制度保护商品种子合理交易的同时，保留农民传统种子系统的存续空间，成为国际国内规则制定中重点考量的焦点。我国作为传统农业大国和生物多样性最为丰富的国家之一，拥有世界上最多的农民，农业生产主要以小规模家庭经营为主，耕地面积相对较少。尤其在现阶段，仍然要根据国情，继续执行 UPOV 公约 1978 年文本对农民留种权利的强制性例外规定。当然这里的农民应是实行家庭承包经营的农户，对通过土地流转进行大面积土地承包经营的种田大户等不应属此列。

十、植物新品种权的强制许可实施

种子法第三十条规定："为了国家利益或者社会公共利益，国务院农业农村、林业草原主管部门可以作出实施植物新品种权强制许可的决定，并予以登记和公告。取得实施强制许可的单位或者个人不享有独占的实施权，并且无权允许他人实施。”

品种权的强制许可是指国务院农业农村、林业草原主管部门为了国家利益或公众利益，针对品种权人在规定的期限内未实施或者未充分实施其品种权时所作出的许可他人实施其品种的强制性决定。根据新品种保护的实践要求，国务院农业农村、林业草原主管部门可以依据职权或者应有关当事人的请求，对下列情形作出强制许可的决定：一是为了国家利益或者公共利益的需要；二是品种权人无正当理由自己不实施，又不许可他人以合理条件实施的；三是对重要农作物品种，品种权人虽已实施，但明显不能满足国内市场需求，又不许可他人以合理条件实施的。

国务院农业农村、林业草原主管部门作出强制许可的决定后，取得实施强制许可的单位和个人，应该按照相关部门的要求，生产、销售该授权品种的繁殖材料，满足国内生产需要，维护国家利益和公众利益。该强制许可的实施权不具有独占性，也不能再授权他人实施。

第五章

种子生产经营

一、种子生产经营许可

（一）实行“两证”合一

2015 年修改种子法，将第四章种子生产和第五章种子经营以及第六章种子使用合并为第五章种子生产经营，实行种子生产经营许可“两证”合一，明确不再按生产、经营分别发放许可证。

过去，种子生产经营许可管理按照生产许可和经营许可分别发放许可证，既从事种子生产又从事种子经营的种子企业，要同时办理生产许可证和经营许可证，方可进行种子生产、经营。按照规定，生产许可证需要到生产所在地办理，如果一个企业有多个生产基地，就必须办理多个生产许可证，增加了企业负担，也不利于大型种子企业整合生产和经营环节，真正打造育繁推一体化的种子企业。

无论种子生产许可，还是种子经营许可，实质上都是对企业的市场准入进行资格认定。实行种子生产经营许可制度的目的，一是确保进入市场销售推广的生产经营者是合法的，二是确保生产经营的种子是合法合格的，能够满足农业林业生产发展的需要。实行“两证”合一具有重要意义，一是有利于引导种子企业整合生产和经营环节，合理配置相关资源，引导企业向“育繁推一体化”方向发展，符合现代种业发展的要求和目标。二是有利于减少和方便种子企业办证。截至2015年年底，全国持有农作物种子生产许可证的企业2953家，持有种子经营许可证的企业4660家，其中2080家同时具有生产、经营许可证。全国持有林木种子生产许可证的企业97214家，持有经营许可证的企业97702家，95%林木种子企业既生产又经营。“两证”合一后，只需办一个许可证即可，大大减轻了企业的办证负担。三是有利于简化行政审批，强化事中事后监管。“两证”合一后，将以具有种子生产经营许可证的企业为主体，向前延伸至种子生产，向后延伸至种子销售，有利于主管部门掌握企业生产、加工、包装、销售全过程信息，加强许可事后监管，实现可追溯管理。

因此，法律明确国家对种子生产经营实行许可制度，种子生产经营者必须先取得种子生产经营许可证后，方可从事种子生产经营活动。也就是说，取得种子生产经营许可证是从事种子生产经营活动的前提和法律依据。2015年修改种子法，删除了关于“种子经营者必须先取得种子经营许可证后，方可凭种子经营许可证向工商行政管理机关申请办理或者变更营业执照”的要求，实行先照后证、证照分离的行政管理体制，不再将种子生产经营许可作为办理营业执照的前提条件，这既是落实国务院关于行政审批改革的重要措施，也是方便种子企业设立、优化行业管理的制度创新。

国家对种子生产经营许可证实行分级审批发放制度。种子法第三十一条第一至三款规定：“从事种子进出口业务的种子生产经营许可证，由国务院农业农村、林业草原主管部门核发。国务院农业农村、林业草原主管部门可以委托省、自治区、直辖市人民政府农业农村、林业草原主管部门接收申请材料。从事主要农作物杂交种子及其亲本种子、林木良种繁殖材料生产经营的，以及符合国务院农业农村主管部门规定条件的实行选育生产经营相结合的农作物种子企业的种子生产经营许可证，由省、自治区、直辖市人民政府农业农村、林业草原主管部门核发。前两款规定以外的其他种子的生产经营许可证，由生产经营者所在地县级以上地方人民政府农业农村、林业草原主管部门核发。”

按照上述规定，从事种子进出口业务的种子企业的种子生产经营许可证，由国务院农业农村、林业草原主管部门核发。按照国务院放管服改革要求，2021 年修改种子法取消了从事进出口业务的种子生产经营许可的省级初审环节。同时，规定国务院农业农村、林业草原主管部门可以委托省、自治区、直辖市人民政府农业农村、林业草原主管部门接收申请材料，更好地为申请人提供便利。由省、自治区、直辖市人民政府农业农村、林业草原主管部门核发的种子生产经营许可证，包括从事主要农作物杂交种子及其亲本种子、林木良种繁殖材料生产经营的，以及符合国务院农业农村主管部门规定条件的育繁推一体化的农作物种子企业。取消了由生产经营者所在地县级人民政府农业农村、林业草原主管部门审核的要求。对由生产经营者所在地县级以上地方人民政府农业农村、林业草原主管部门核发的，地方性法规或者地方政府规章可以规定由设区的市、自治州或者省级农业农村、林业草原主管部门核发种子生产经营许可证。

（二）申请种子生产经营许可证应具备的条件

种子法第三十二条规定："申请取得种子生产经营许可证的，应当具有与种子生产经营相适应的生产经营设施、设备及专业技术人员，以及法规和国务院农业农村、林业草原主管部门规定的其他条件。从事种子生产的，还应当同时具有繁殖种子的隔离和培育条件，具有无检疫性有害生物的种子生产地点或者县级以上人民政府林业草原主管部门确定的采种林。申请领取具有植物新品种权的种子生产经营许可证的，应当征得植物新品种权所有人的书面同意。”

具有与种子生产经营相适应的生产经营设施、设备，主要指为从事种子生产经营必备的生产、加工、检验、贮藏等设施和必要的种子检验仪器和加工设备等。种子生产经营是一项技术性很强的工作，缺少专业技术人员无法保证种子的质量。因此，具有相应的专业技术人员是从事种子生产必须具备的条件之一。法规规定的其他条件，是指行政法规和地方性法规规定的其他条件。行政法规规定的其他条件在全国都适用；地方性法规规定的其他条件只适用于本行政区域。同时法律授权国务院农业农村、林业草原主管部门，可以根据不同类型植物或不同生态区域等，提出相应的要求和条件。

对从事种子生产的，法律还规定两项条件。一是具有繁殖种子的隔离和培育条件。种子生产必须具备一定的条件，并不是所有的地方都适宜种子的生产。为了保证生产种子的纯度，种子的生产区域必须具备相应的隔离条件，以防止出现与生产种子的目的不一致的杂交或者其他影响种子纯度的现象出现。另外，生产种子的区域还要具备相应的温度、湿度等培育条件，否则，因积温、湿度不够或者无霜期过短等情况，都会影响种子的质量，这也是申请领取种子生产经营许可证的单位和个人应当具备的条件。二是具有无检疫性有害生物的种子生产地点或者县级以上人民政府林业草原主管部门确定的采种林。病虫害是农业、林业发展的大敌，被称为“不冒烟的火灾”，也是影响植物正常生长的重要因素。因此，为了防止种子携带检疫性有害生物而造成病虫害传播，从事种子生产的，必须具备无检疫性有害生物的种子生产地点这一条件，即按照有关标准、规定建立的种子生产基地，也就是通常所说的“无检疫性有害生物的种子生产地点”。如果从事林木种子生产的单位或者个人不具备无检疫性有害生物的种子生产地点这一条件，则必须具备县级以上人民政府林业草原主管部门确定的采种林这一条件。因为县级以上人民政府林业草原主管部门在确定采种林的时候，已经按照有关规定将具有检疫性有害生物的林木排除在外，可以保证生产的林木种子的质量，不会造成森林病虫害的传播。这里所说的“采种林”包括种子园、母树林、采穗圃、一般采种林和临时采种林、群体和散生的优良母树。根据《林木种子采收管理规定》（林场发〔2007〕142 号）规定，林木种子的采集应当在确定的采种林和采种期内进行。种子园、母树林由省级人民政府林业草原主管部门确定，一般采种林、临时采种林、群体和散生的优良母树由市、县级人民政府林业草原主管部门确定，并向社会公告。县级以上人民政府林业草原主管部门确定的采种林应当报上一级人民政府林业草原主管部门备案。采种期由县级以上人民政府林业草原主管部门确定，并在采种期起始日一个月前向社会公布。

申请领取具有植物新品种权品种的种子生产经营许可证的，除了应当同时具备上述规定的条件以外，还应当征得品种权人的书面同意并提供相应的证明文件。反之，则不具备核发具有植物新品种权品种的种子生产经营许可证的条件。因为是否同意生产经营具有植物新品种权品种的种子是品种权人的独有权利，其他人不能行使，但取得植物新品种权审批机关作出实施植物新品种强制许可决定的除外。取得实施强制许可决定的单位或者个人仍应当付给品种权人合理的使用费，其数额由双方商定。双方不能达成协议的，由植物新品种权审批机关裁决。

另外，申请取得种子生产经营许可证的，除了应当同时具备上述规定的条件以外，生产经营种子的品种是主要农作物品种和主要林木品种的，还应当通过国家级或者省级审定；生产经营种子的品种是非主要农作物品种的，还应当通过品种登记。

（三）种子生产经营许可证载明的事项

种子法第三十三条第一款、第二款规定：“种子生产经营许可证应当载明生产经营者名称、地址、法定代表人、生产种子的品种、地点和种子经营的范围、有效期限、有效区域等事项。前款事项发生变更的，应当自变更之日起三十日内，向原核发许可证机关申请变更登记。”

根据规定，种子生产经营许可证应当载明的事项包括：生产经营者名称、地址、法定代表人、种子品种名称、生产地点、经营范围、有效期限、有效区域等事项。种子生产经营许可证的有效区域由发证机关在其管辖范围内确定。种子生产经营许可证的有效期限由国务院农业农村、林业草原主管部门制定的种子生产经营许可证管理办法规定。

法律要求应当载明的事项，如有发生变更的，应当自变更之日起30日内，向原核发许可证机关申请变更登记。鉴于我国种子生产的实际，尤其是对于杂交种子普遍存在异地制种的情况，企业组织生产的品种也会逐年更新，致使生产种子的品种、地点极易频繁变更，如果按照原有许可程序予以变更登记，不仅会给种子企业大幅增加负担，也会消耗许可审批机关大量行政资源。因此，《农作物种子生产经营许可管理办法》规定，对于在有效期内变更生产种子的品种、地点等事项的，应当在播种30日前向原发证机关审请变更并提交相应材料，提交的申请材料齐全且符合法定形式的，原发证机关应当当场予以变更登记。此外，对于种子经营范围、有效期至、有效区域等事项变更的，应当向原发证机关审请变更并提交相应材料，原发证机关应当依法进行审查，办理变更手续。对于种子生产经营许可证期满后继续从事种子生产经营的，农作物种子企业应当在期满6个月前重新提出申请，林木种子企业应当在期满30日前提出延续的书面申请。

（四）禁止从事种子生产经营的情形

种子法第三十三条第三款规定："除本法另有规定外，禁止任何单位和个人无种子生产经营许可证或者违反种子生产经营许可证的规定生产、经营种子。禁止伪造、变造、买卖、租借种子生产经营许可证。"

1. 无证生产经营。所谓无证生产经营即未经依法许可并领取种子生产经营许可证而擅自从事种子生产经营活动的行为（法律有特别规定的除外）。国家对部分产品的经营实行行政许可证制度，从市场准入的角度加强管理，以规范市场秩序，确保产品真实、合法。种子法规定种子生产经营者必须首先取得生产经营许可证，获得市场准入的资格，才能从事种子生产经营活动。未取得种子生产经营许可证而从事种子生产经营活动的，将承担相应的法律责任。

2. 未按照许可证的规定生产经营种子。这是指种子生产经营者虽然领取了种子生产经营许可证，但是却未按许可证规定的品种、有效区域、有效期限等进行种子生产经营活动等，也将承担相应的法律责任。

3. 禁止伪造、变造、买卖、租借种子生产经营许可证。伪造种子生产经营许可证是指仿照生产经营许可证的形状、特征、色彩、样式，非法制造假的生产经营许可证的行为。变造种子生产经营许可证是指在生产经营许可证的基础上加以改造，从而改变其内容的行为。买卖种子生产经营许可证是指通过出售等方式有偿地将生产经营许可证让与其他单位或个人的行为。租借种子生产经营许可证是将生产经营许可证有偿、无偿地交与其他单位或个人使用的行为。伪造、变造、买卖、租借种子生产经营许可证属扰乱种子市场秩序的行为，不利于种子生产经营者之间的公平竞争，为法律所禁止。

二、种子生产经营档案

种子法第三十六条规定："种子生产经营者应当建立和保存包括种子来源、产地、数量、质量、销售去向、销售日期和有关责任人员等内容的生产经营档案，保证可追溯。种子生产经营档案的具体载明事项，种子生产经营档案及种子样品的保存期限由国务院农业农村、林业草原主管部门规定。"

种子生产经营档案是种子生产经营者从事种子生产经营活动全过程的客观记录。规范种子生产经营档案管理，有利于实现种子可追溯管理，有利于加强许可的事后监管，是解决种子纠纷的重要证据。建立种子生产经营档案不仅是种子生产经营者的基本权利，更是法定义务。不依法建立种子生产经营档案的种子生产经营者将依法承担相应的法律责任。

根据法律规定，种子生产经营档案需记载以下内容：（1）种子基本情况：种子来源、品种、产地、数量、质量；购入的种子，还需保存种子质量检验证书和检疫证书、购销合同、购入日期等。（2）种子销售情况：品种、数量、质量、单价、销售去向、销售日期、销售合同等。

种子生产经营档案记载信息应当连续、完整、真实。档案保存的期限，一般情况下，一年生农作物种子的生产经营档案应当按批次保存所生产经营的种子样品至种子销售后两个生产周期；多年生农作物和林木种子生产经营档案的保存期限为该批种子生产经营活动结束 5 年以上；籽粒、果实等有性繁殖材料的种子生产经营档案应当长期保存；林木种子和种苗档案保存 10 年以上。法律授权国务院农业农村、林业草原主管部门规定种子生产经营档案的具体载明事项、档案及种子样品的保存期限。

三、种子生产经营的有效区域及不需办理种子生产经营许可证的情形

种子法第三十八条规定：“种子生产经营许可证的有

效区域由发证机关在其管辖范围内确定。种子生产经营者在种子生产经营许可证载明的有效区域设立分支机构的，专门经营不再分装的包装种子的，或者受具有种子生产经营许可证的种子生产经营者以书面委托生产、代销其种子的，不需要办理种子生产经营许可证，但应当向当地农业农村、林业草原主管部门备案。实行选育生产经营相结合，符合国务院农业农村、林业草原主管部门规定条件的种子企业的生产经营许可证的有效区域为全国。”

（一）有效区域

法律规定种子生产经营许可证的有效区域由核发该证的农业农村、林业草原主管部门在其管辖范围内确定。所以种子生产经营许可证的有效区域是指种子生产经营者持农业农村、林业草原主管部门核发的种子生产经营许可证从事种子生产经营行为的有效区域范围。有效区域范围决定种子生产经营者的生产经营行为是否合法和种子生产经营者在设立分支机构时是否需要重新办理种子生产经营许可证等重要内容。

根据法律规定，国务院农业农村、林业草原主管部门核发的种子生产经营许可证有效区域为全国，县级以上地方农业农村、林业草原主管部门核发的种子生产经营许可证的有效区域为其管辖的行政区域。种子生产经营许可证的有效区域不是该证持有者种子的最终使用区域，而是该证持有者生产经营其种子行为的发生区域。种子生产经营许可证持有者可以在有效区域内自行销售或由其分支机构销售，也可以在有效区域内书面委托其他种子生产经营者生产或者代销其种子。

在2015年修改种子法的过程中，有的地方提出，应取消种子生产经营许可的区域限制。对主要农作物品种和主要林木品种种子的经营区域，应当由审定的区域范围来确定其经营区域，而不是由种子生产经营许可证划定其种子经营区域，企业只要取得种子生产经营许可证，就应当可以在全国开展种子生产经营活动。种子生产经营不应受种子生产经营许可证载明的有效区域限制。所销售推广的种子属于应当审定的品种，应当在品种审定的适宜区域内进行，其他的品种适合销售推广的区域应由品种特性决定，或根据品种特性由种子企业自行决定，企业对种植农民应承担该品种是否符合该区域生态和气候种植的风险与责任。但也有建议维持法律原有的规定不变，法律最终选择维持原有的规定未作修改。

关于实行选育生产经营相结合，符合国务院农业农村、林业草原主管部门规定条件的种子企业的生产经营许可证的有效区域，法律明确规定为全国。这类企业在全国各地设立分支机构不需要办理种子生产经营许可证。如果委托其他种子生产经营者生产其种子或者代销其种子，被委托方也不需要办理种子生产经营许可证。但是都需要到当地农业农村、林业草原主管部门备案。通过完善种业信息网络和大数据平台，构建统一的监管平台，建立种子生产经营许可证的申请、受理、审核、核发与种子生产经营备案相衔接的管理机制，做到许可证发放地和委托生产地、委托代销地同步共享许可、备案等信息，实现种子生产经营全程可追溯管理。

（二）不需要办理种子生产经营许可证的情形

取得种子生产经营许可证是从事种子生产经营活动的法定依据和前提。为了简化和减少行政审批事项，降低企业成本，并加强有序管理，以下情形依法可以不办理种子生产经营许可证。

1. 种子生产经营者在有效区域内设立分支机构。种子生产经营者在种子生产经营许可证规定的有效区域内依法设立的分支机构，经营范围和经营方式与其所属企业法人的权限相同的，可以不再办理种子生产经营许可证，但应当在办理或者变更营业执照后，向当地农业农村、林业草原主管部门备案。在有效区域外设立分支机构的，应当重新申领种子生产经营许可证；种子生产经营者在种子生产经营许可证有效区域外设立分支机构从事种子生产经营活动而未办理种子生产经营许可证的，应按无证生产经营处理。

2. 种子经营者专门经营不再分装的包装种子。原种子生产经营者已经对种子进行了包装，且包装上已经具有为了追究种子责任而标注的各项内容，因此，种子经营者专门经营不再分装的包装种子的，可以不再办理种子经营许可证。对于这项内容，2015 年修改种子法时，有的地方建议删除“专门经营不再分装的包装种子的”情形可以不办理种子生产经营许可证的规定。理由主要是有些企业借专门经营不再分装的包装种子可以不办理种子生产经营许可证的规定进行违法行为，且为多发类型，大部分为跨区销售，不易监管，发生纠纷后难以处理。如果推行销售主体由种子企业直销或推行委托销售承担法律责任，便于管理和减少纠纷；同时也有利于销售商的诚信经营，有效减少造假、虚假宣传等非法经营现象。因此，对这类经营不再分装的包装种子的，建议推行书面委托销售方式。种子生产经营者委托其他单位或者个人代销其种子的，委托方应当按照种子生产经营许可证确定的品种、经营范围、有效区域等与受委托方签订委托代销协议。受委托方应当按照委托代销协议确定的品种、数量从事代销活动。是否可以分装销售，受委托方是否可以再委托他人代销，可由双方协商确定。

3. 受具有种子生产经营许可证的种子生产经营者书面委托生产其种子或者代销其种子。根据民法委托原理，种子出现问题应当由委托方承担民事责任。因此，受托方可以不办理种子生产经营许可证，应当向当地农业农村、林业草原主管部门备案。应当注意的是，委托方与受托方之间必须签订书面的委托合同。

对只从事种子生产的，一种情况是接受具有种子生产经营许可证的种子生产经营者的委托生产种子的，不需要办理种子生产经营许可证，但需要办理备案手续。另一种情况是从事种子生产是用于自用而不是以销售为目的的种子生产，不需要申请领取种子生产经营许可证。因此种子法第三十一条第四款规定："只从事非主要农作物种子和非主要林木种子生产的，不需要办理种子生产经营许可证。"实际上对只从事种子生产的，无论是接受委托生产的，还是用于自用的，都不需要办理种子生产经营许可证。

4. 农民出售、串换常规种子。种子法第三十七条规定："农民个人自繁自用的常规种子有剩余的，可以在当地集贸市场上出售、串换，不需要办理种子生产经营许可证。"在2015年修改种子法过程中，对这一条是取消还是保留，分歧意见一直比较大。主张保留的意见认为，保留此条，为农民在当地集贸市场自由出售或串换自繁自用剩余的少量常规种子而无须办理种子生产经营许可证提供法律依据。一方面，可以使剩余种子得到有效利用而不至于浪费，并为农民带来部分经济收益；另一方面，对于有价值的传统农作物品种，可使传统品种得到传播、种植和选育，有利于传统品种的培育和多样化，这对保持种质资源的多样性以及农业可持续发展都具有积极意义。如果删除该条，农民在没有办理种子生产经营许可证的情况下于集市上出售或串换剩余的种子，可能会受到限制甚至禁止。这不但会损害到农民的经济利益，从长远来看，也不利于传统农作物品种和林木品种的传播、选育以及种质资源的多样性。

主张取消的意见认为，随着农村土地流转的规模和面积不断扩大，会出现大量承包的种植大户和农场主，为了保护品种权人和种子生产经营者以及农民的合法权益，维护种子市场的经营秩序，农民自繁自用种子有剩余的，不能在集贸市场上串换。如允许在集贸市场上销售、串换，可能扰乱市场秩序，影响市场公平竞争，且不利于追究种子质量责任，不利于保护农民利益。从实践中看，确实有一些违法者以农民自繁自用有剩余的常规种子为名到集贸市场上销售，严重扰乱了正常的种子市场秩序。

针对这一条，许多从事种业的人建议，一是对“农民个人”应理解为限于自己承包的责任田，对流转耕地的大户、家庭农场和种子生产经营者应当予以禁止。二是应限于“有剩余的”，即剩余的量不应超过自用的种子，否则就不是剩余的。三是应限于“在当地集贸市场上出售、串换”，也就是不应超出本村或本乡镇的范围。四是对接受委托从事杂交种等授权品种制种的农民的自留种，仅限自用，不得销售、串换或变相销售。因此，对已申请过新品种保护，但新品种权保护期限已届满或已终止或宣告新品种权无效的种子，或者是公共的常规种子，或者是从未申请过新品种保护的传统种子，农民个人在自己承包的土地上，有少量剩余的，可以在当地集贸市场出售、串换。总之，在种子法的实施过程中，对本条的贯彻执行不应与本法其他相关条文的规定构成冲突或矛盾，农民销售剩余的种子不应损害或侵犯其他人的合法权益。对于故意或者恶意钻法律空子，或者变相从事种子生产经营影响正常种子市场秩序的，应当予以坚决取缔和打击，依法予以处理。

四、生产经营的种子应当符合有关规定

（一）能加工的应当加工

种子法第三十九条规定：“销售的种子应当加工、分级、包装。但是不能加工、包装的除外。大包装或者进口种子可以分装；实行分装的，应当标注分装单位，并对种子质量负责。”种子加工、分级和包装是种子生产经营应当完成的必要环节，也是保证种子质量的重要措施。种子是有生命的，没有正确的加工、分级和包装就无法分辨种子的质量，也难以正确地使用种子，所以，本法明确规定

除不能加工、包装的种子以外，销售的种子应当加工、分级和包装。

种子加工是指按照国家标准对种子进行的脱粒、干燥、包衣以及对种苗进行的嫁接、封蜡等处理；种子的分级是指按照种子的质量标准对每一批种子进行的质量定级；种子的包装是指按照种子的特征采取的保护措施，以保证种子的繁殖能力。种子的加工和分级必须按照国家有关标准进行；种子的包装材料应当适宜种子的生理特性，坚固、耐用、清洁，无病虫害，且包装要便于储藏、搬运、堆放、清点以及取样。

大包装或者进口种子可以实行分装，对于分装的种子，必须标注分装单位和分装日期，并由分装单位对种子质量负责。实行分装的种子只适用于大包装和进口的种子，不符合上述条件的，不适用分装。

（二）应当符合标准，附有标签和使用说明

种子法第四十条第一款至第五款规定："销售的种子应当符合国家或者行业标准，附有标签和使用说明。标签和使用说明标注的内容应当与销售的种子相符。种子生产经营者对标注内容的真实性和种子质量负责。标签应当标注种子类别、品种名称、品种审定或者登记编号、品种适宜种植区域及季节、生产经营者及注册地、质量指标、检疫证明编号、种子生产经营许可证编号和信息代码，以及国务院农业农村、林业草原主管部门规定的其他事项。销售授权品种种子的，应当标注品种权号。销售进口种子的，应当附有进口审批文号和中文标签。销售转基因植物品种种子的，必须用明显的文字标注，并应当提示使用时的安全控制措施。”

种子法第九十条第十二项规定：“标签是指印制、粘贴、固定或者附着在种子、种子包装物表面的特定图案及文字说明。”设立种子标签制度的目的是保证销售种子的质量和妥善保管、使用种子，也是为了方便种子生产经营进行管理。根据本法规定，销售的种子应当附有标签和使用说明，标签和使用说明标注的内容应当与销售的种子相符。标签标注的内容与销售的种子不符，或者销售的种子没有任何标签的，则要承担销售假种子的法律责任。

国务院农业农村、林业草原主管部门为了贯彻本法专门制定发布了种子包装和标签管理办法，对标签的种类和内容作出了详细的规定。如林木种子标签的种类分绿色、白色两种；林木良种种子使用绿色标签，普通林木种子使用白色标签。种子标签的主要内容包括：（1）种子的类别。（2）品种名称。同一植物品种在申请新品种保护、品种审定、品种登记，或者是在销售推广时只能使用同一个名称。（3）品种审定或者登记编号。（4）品种适宜种植区域及季节。为用种者科学选种提供必要依据，避免越区种植等可能造成的损失。对于主要农作物和主要林木的种子，标注适宜种植区域应当与审定公告一致；对于实行登记的非主要农作物种子，适宜区域是通过自行试验确定的种植区域范围。（5）生产经营者及注册地。生产经营者名称及种子的繁殖或者培育注册地。（6）质量指标。种子质量指标按净度、发芽率（或生活力、优良度）、含水量、质量等级等标注；种苗质量指标按苗龄、苗高、地径、主根长、根幅、质量等级等标注。销售的种子应当符合国家或者行业标准，或者种子生产经营者承诺的质量指标应当与销售的种子实际质量相符。（7）检疫证明编号。种子的植物检疫证书编号。（8）种子生产经营许可证编号和信息代码，以及国务院农业、林业主管部门规定的其他事项。信息代码应当包含品种审定、品种登记、新品种保护、种子生产经营许可、追溯检索代码等信息；已经具有品种 DNA 鉴定标准的，信息代码还应当标注 DNA 指纹信息。种子生产经营者应当按照国家规定的信息代码规则，将有关信息转换为二维码在标签上标注。通过规范标签信息代码，可以帮助企业提升管理水平，实现从品种管理、新品种保护、种子生产经营到终端销售的全程可追溯，建立种子全程可追溯管理体系，有利于实现种子生产经营的全程监管，规范种子生产经营者行为，保护农民利益。

除此之外，销售授予植物新品种权品种种子的，应当标注品种权号。销售进口种子的，应当附有进口审批文号和中文标签。销售转基因植物品种种子的，必须用明显文字标注“转基因”字样，并有提示使用时的安全控制措施的文字说明。分装的种子应当标注分装单位。

（三）应当符合有关质量、技术要求

种子法第三十四条规定：“种子生产应当执行种子生产技术规程和种子检验、检疫规程，保证种子符合净度、纯度、发芽率等质量要求和检疫要求。县级以上人民政府农业农村、林业草原主管部门应当指导、支持种子生产经营者采用先进的种子生产技术，改进生产工艺，提高种子质量。”明确生产种子应当符合有关质量、技术性要求。种业振兴是系统工程，种子生产过程是种子质量控制的源头，是确保种子质量合格和生产高质量种子的关键环节和根本保障，应加大支持力度，强化过程管控，严格监督管理。2021 年种子法修改，增加了保证种子符合净度、纯度、发芽率等质量要求和检疫要求的相关内容，目的是强化种子生产环节管控，严把种子生产关，切实提高种子质量水平。同时，对各级人民政府农业农村、林业草原部门在种子质量管理方面提出了要求，应指导、支持种子生产经营者采取有效方法，提高种子质量。

（四）应当符合有关法律的规定

种子法第四十条第六款、第七款规定：“种子生产经营者应当遵守有关法律、法规的规定，诚实守信，向种子使用者提供种子生产者信息、种子的主要性状、主要栽培措施、适应性等使用条件的说明、风险提示与有关咨询服务，不得作虚假或者引人误解的宣传。任何单位和个人不得非法干预种子生产经营者的生产经营自主权。”消费者权益保护法第八条规定：“消费者享有知悉其购买、使用的商品或者接受的服务的真实情况的权利。消费者有权根据商品或者服务的不同情况，要求经营者提供商品的价格、产地、生产者、用途、性能、规格、等级、主要成份、生产日期、有效期限、检验合格证明、使用方法说明书、售后服务，或者服务的内容、规格、费用等有关情况。”根据种子法和消费者权益保护法的有关规定，种子生产经营者出售种子时，应当向种子使用者提供种子生产者信息，种子的主要性状、主要栽培措施、适应性等使用条件的说明。如对适宜的种植范围、种植季节、对土质的要求、对温湿度的要求、管护措施、水肥的使用等情况说明。告知种子使用者主要病虫害、高低温、倒伏等风险提示信息，在种植前需要进行特别处理的种子应当予以说明，并向种子使用者在种植过程中提供有关咨询服务。

同时，种子生产经营者有权按照自己的意愿生产经营种子，任何单位和个人不得干预种子生产经营者的生产经营自主权，政府及其有关部门有责任保护种子生产经营者的合法权益不受侵犯和损害。但种子生产经营者必须依法从事种子生产经营活动，严禁生产经营假、劣种子。

种子法第四十一条规定："种子广告的内容应当符合本法和有关广告的法律、法规的规定，主要性状描述等应当与审定、登记公告一致。"种子广告是指种子生产经营者承担费用，通过一定媒介和形式直接或者间接地介绍自己所推销种子的商业广告。根据广告法和本法的有关规定，种子广告不得作虚假或者引人误解的宣传，不得欺骗购买者。

为加强对林木种子广告的管理，2003 年国家工商行政管理总局发布了《关于加强林木种子广告管理的通知》，对林木种子广告的内容作了以下规定：（1）广告主、广告经营者、广告发布者发布林木种子广告在林木种子生长量、产量、品质、抗逆性、特殊使用价值、经济价值、适宜种植范围等方面应当真实，不得含有分析、预测内容，以及涉及效益的承诺。（2）普通林木种子不得作为良种进行宣传，广告中不得出现优良、优质、优越、速生、高产、高抗病虫、抗虫、抗逆性强等表述；不得含有在特殊使用价值、经济价值、生长量、产量、适应性、抗性等方面优于其他品种的内容。（3）普通林木品种和主要林木品种广告应当标明树种的适宜种植区域或者适生范围。（4）林木良种广告的内容应当与林业草原主管部门的良种审（认）定公告相一致，不得夸大；林木良种广告中使用的名称，必须使用国家或省级林木品种审定委员会确定的法定名称，需要使用其他商品名称的，必须同时注明法定名称；林木良种广告必须注明良种编号、良种审（认）定时间、学名、品种特性、栽培技术要点、适宜种植范围等内容。

种子法第四十二条规定："运输或者邮寄种子应当依照有关法律、行政法规的规定进行检疫。"根据进出境动植物检疫法、《植物检疫条例》和《植物检疫条例实施细则》的规定，调运或者邮寄种子和其他繁殖材料必须经过植物检疫机构检疫，经检疫未发现植物检疫对象的，发给《植物检疫证书》，《植物检疫证书》按同一运输工具一证核发。发现有植物检疫性有害生物、但未能彻底消毒处理的，托运人应按检疫机构的要求，在指定地点作消毒处理，经检查合格后发给《植物检疫证书》。无法消毒处理的，应停止调运。交通运输部门和邮政部门一律凭《植物检疫证书》承运或收寄。《植物检疫证书》应随货运寄。《植物检疫证书》由省、自治区、直辖市有关植物检疫机构按规定格式统一印制。

五、林木种子的规定

（一）林木种子的采集和禁止

种子法第三十五条规定："在林木种子生产基地内采集种子的，由种子生产基地的经营者组织进行，采集种子应当按照国家有关标准进行。禁止抢采掠青、损坏母树，禁止在劣质林内、劣质母树上采集种子。”

1. 采集林木种子生产基地内的种子，由林木种子生产基地的经营者组织进行。林木种子生产基地是指按照林业发展规划、由各级人民政府投资建立的林木良种基地、采种基地和苗圃等，承担着林业建设用种用苗生产任务。随着林业投资体制的改革和经营模式的变化，一些民营等社会企业开始涉足造林事业，根据当地林业发展需要，按照有关规定建立了相应的林木种子生产基地。但是长期以来，确有不顾林木种子生产基地经营者的反对和制止，随意进入林木种子生产基地任意采集其生产的林木种子等现象发生，严重地干扰了林木种子生产的秩序，侵犯了林木种子生产基地经营者的合法权益，也影响了国家林业生产的正常用种需要。为了保证林业建设用种用苗和维护林木种子生产基地经营者的合法权益，本法明确在林木种子生产基地内采集种子的，由种子生产基地的经营者组织进行，其他人不得随意干涉或者随意采集林木种子。

2. 采集林木种子应当遵守国家有关标准。林木种子的采集时间和采集技术是保证林木种子质量的重要因素。当前，少数人为了片面追求经济利益，不顾林木种子是否成熟，漫山遍野采集林木种子，造成林木种子质量下降，为此，本法明确规定采集种子应当按照国家有关标准进行。

国家有关标准是指国家标准、行业标准和地方标准。凡采集林木种子的，必须按照《林木采种技术》等标准进行，以保证林木种子的质量。

3. 采集林木种子的禁止性规定。禁止抢采掠青、损坏母树和禁止采集劣质的林木种子。鉴于林木种子的成熟期不同，采集的时间也不相同。因此应当根据不同树种种子成熟期进行采集，过早采摘（即通常所称“抢采掠青”）必将造成林木种子质量下降。母树是生产优良种子的基础，损坏母树必将影响林木种子的产量和质量。为此本法明确规定禁止抢采掠青、损坏母树，即禁止在林木种子不成熟季节、不成熟林分抢采掠青以及损坏母树的树皮、树干、枝条和幼果等。劣质林和劣质母树的遗传品质和播种品质低，不能生产出优良的林木种子。一旦在劣质林和劣质母树上采集的林木种子用于造林，对林木的生长、林分的质量影响不是一年几年，而是十几年甚至是几十年，造成的损失将难以弥补。因此，本法进一步明确规定禁止在劣质林内、劣质母树上采集林木种子，以保证林木种子的质量。

（二）关于收购珍贵树木种子和限制收购林木种子批准

原法第三十九条规定：“未经省、自治区、直辖市人民政府林业主管部门批准，不得收购珍贵树木种子和本级人民政府规定限制收购的林木种子。”原法的规定主要考虑到珍贵树木种子的稀缺性，除严格规范采集行为外，在收购环节进行限制，多重保护林木种质资源，限制珍贵树木种子流通，避免珍贵树木种质资源非法流失。

但是，随着我国林业的不断发展，这项审批的必要性逐渐丧失：一是红豆杉、珙桐等不少珍贵树木经过人工繁殖数量倍增，已成为主要造林树种，结实量也得到了迅速提升，不再具备稀缺性，此项审批反而制约了珍贵树木种子生产流通以及造林；二是在种质资源保护方面，种子法已有“采集采伐国家重点保护的种质资源”“向境外提供或者与境外开展合作研究利用种质资源”两项审批，可以达到保护种质资源的目的；三是主管部门可以通过加强采种管理、完善采收标准、加大处罚力度等方式防止珍贵树木及其种子在采收环节被破坏，无须另设审批；四是多年来本项审批在实践中未实际实施。因此，2021 年修改种子法，删除了原法第三十九条及对应的罚则第八十四条。

（三）林木良种造林和扶持

种子法第四十四条规定：“国家对推广使用林木良种造林给予扶持。国家投资或者国家投资为主的造林项目和国有林业单位造林，应当根据林业草原主管部门制定的计划使用林木良种。”

我国林地资源有限，木材供需矛盾突出，保护生态环境任务繁重，提高林地生产力是一项紧迫的任务。为了提高林地产出率，推广使用林木良种非常重要。大量事实证明，使用林木良种的增益一般在10～30%，所以推广使用林木良种，对提高林木单位面积的产出率，缓解木材供需矛盾，保护生态环境等具有非常重要的意义。目前我国造林良种化程度还比较低。主要有以下原因，一是部分群众和单位对使用林木良种的重要性认识不足；二是林木良种的价格相对于一般林木种子的价格稍高，部分群众和单位受经济能力的影响而不愿使用林木良种；三是个别地方林木良种的数量有限，还不能完全满足造林用种需要。鉴于以上情况，在全国所有造林都必须使用林木良种还不具备条件。因此，本法对使用林木良种分别作出了不同的规定。

为了推广使用林木良种，提高国有造林资金的使用效益，本法对国家投资或者国家投资为主的造林项目和国有林业单位造林提出明确要求，具有两方面的含义。一方面，林业草原主管部门应当根据本地的林木良种的种类、数量等实际情况制定林木良种使用计划，原则上除了用于繁殖需要的林木良种以外，所有的林木良种都应纳入林木良种使用计划；另一方面，国家投资或者国家投资为主的造林项目和国有林业单位造林应当按照林业草原主管部门制定的计划使用林木良种。

六、用种者权益保护

（一）自主选择种子的权利

种子法第四十三条规定：“种子使用者有权按照自己

的意愿购买种子，任何单位和个人不得非法干预。”自主选择权是种子使用者的一项基本权利。根据消费者权益保护法第九条和本法规定，种子使用者的自主选择权主要包括以下几个方面：（1）有权自主选择销售种子的经营者；（2）有权自主选择种子品种；（3）有权自主决定购买或者不购买种子；（4）在自主选择种子时，有权进行比较、鉴别和挑选。但是，种子使用者自主选择行为必须是合法行为，必须依照法律，遵守社会公德，不得侵害国家、集体和他人的合法权益，以拿回扣、抢购等不正当竞争手段购买种子的，有关单位和个人有权进行干预。

（二）赔偿和追偿的权利

种子法第四十五条规定：“种子使用者因种子质量问题或者因种子的标签和使用说明标注的内容不真实，遭受损失的，种子使用者可以向出售种子的经营者要求赔偿，也可以向种子生产者或者其他经营者要求赔偿。赔偿额包括购种价款、可得利益损失和其他损失。属于种子生产者或者其他经营者责任的，出售种子的经营者赔偿后，有权向种子生产者或者其他经营者追偿；属于出售种子的经营者责任的，种子生产者或者其他经营者赔偿后，有权向出售种子的经营者追偿。”

1. 损害赔偿和追偿。损害赔偿是指当事人一方因侵权行为而对他方造成损害应承担补偿对方损失的民事责任。

对于权利人来说，损害赔偿是一种重要的保护民事权利的手段；对于义务人来说，损害赔偿是一种重要的承担民事责任的方式。本条关于种子赔偿的规定，即种子的生产经营者因其经营的种子的质量问题或者因种子的标签和使用说明标注的内容不真实，给种子的使用者造成了损失，应当依法对种子使用者遭受的损失给予赔偿。需要说明的是，这里的损失必须是因种子的质量或者因标签和使用说明标注不真实等问题所造成的，反之，因种子使用不当等原因造成的，不符合这种情况。追偿是指两个以上负有连带责任的侵权人因其中一人承担了侵权责任而产生的对其他侵权人要求其应当承担的责任份额的追索权。追偿权亦称求偿权或者追索权。本条“属于种子生产者或者其他经营者责任的，出售种子的经营者赔偿后，有权向种子生产者或者其他经营者追偿”的规定，实质就是关于追偿的规定，即种子经营者和种子生产者或者其他经营者均对种子质量负有责任的情况下，种子经营者赔偿后有权向种子的生产者或者其他经营者追偿。损害赔偿法律规定是种子使用者要求种子生产经营者承担赔偿责任的法律依据。

2. 因种子质量造成损失的具体情形。因种子质量问题造成损失的主要有两种情形：一是绝产，即种子使用者使用了种子经营者出售的种子，按照种子标签标注的内容，选择了适宜的环境条件播种，采取了正常的栽培措施进行培育管理的情况下，因种子质量本身的问题导致不能出苗或者栽种的种子死亡；二是减产，即种子使用者使用了种子经营者出售的种子，按照种子标签标注的内容，选择了适宜的环境条件播种，采取了正常的栽培措施进行培育管理的情况下，因种子质量本身的问题导致缺苗断垄、非培育目的植物混生、个体间生长不一致以及不能正常生长等。

3. 因种子质量造成损失的举证责任。根据民法的一般原理，关于种子质量问题导致的绝产或者减产的举证责任在种子使用者，即种子使用者要提供证据表明，该绝产或者减产是由于购买和使用了种子经营者出售的种子所造成的。实践中可以采取保存购买发票、种子标签和种子使用记录（档案）或者进行种子“封样”的方法，即封存适当数量种子样本（一般情况下适用于购买较大数量种子的单位，原则上不适用于种苗），并保存在适当的条件下，待纠纷发生时，作为判断种子使用者所购买或使用的种子质量的证据。

4. 因种子质量造成损失的赔偿范围。根据本条规定，种子使用者因种子质量问题或者因种子的标签和使用说明标注的内容不真实，遭受损失的，出售种子的经营者应当予以赔偿，赔偿额（即赔偿范围）包括购种价款、可得利益损失和其他损失。（1）购种价款是指种子使用者购买种子实际支付的价款金额，以购种票据记载的购种金额为准，实践中也是确定的。(2)可得利益损失即产值损失，是指正常种植没有质量问题的种子预计可以获得的收入减去种植质量有问题的种子实际所获得的收入之差，即预期收益之损失部分。实际工作中，需要计算种子使用者的可得利益损失时，按照合同自治原则，如果当事人明确约定了因种子质量低于国家标准或者约定标准时的可得利益的计算方法，按照双方约定执行；没有合同明确约定，但在种子包装、种子标签或种子使用说明书上对种子的产量等主要性状作出说明的，一般按照种子经营者采用主要性状、主要栽培措施、使用条件的说明与有关咨询服务承诺的产量标准计算可得利益损失；当事人之间既没有合同约定，也没有在种子包装、种子标签或种子使用说明书上对种子的产量等主要性状作出说明的，则以当地同类正常种子的种植收入减去有问题种子的种植收入即为可得利益损失。为防止双方发生争议，久拖不决造成的损失进一步扩大，争议双方应当尽快申请当地农业农村、林业草原主管部门、种子质量检验部门等权威机构及时估计损失值，并出具有关证明。(3)其他损失是指在种子种植过程中必须付出的费用，即生产成本等支出，主要包括种子使用者付出的人工、肥料、农药、土地租金、生产用水用电等费用，还应当包括购买种子和索赔发生的费用，包括交通费、食宿费、误工费、鉴定费等支出。

5. 种子经营者的追偿权。实践中，种子的质量问题是多种原因造成的，可能是种子的经营者造成的，也可能是种子的生产者或者其他经营者造成的。只有在种子的经营者证明自己并无过错并在赔偿了种子使用者的损失后，才有权依据其与种子生产者或者其他种子经营者签订的合法有效合同，向种子生产者或者其他经营者追偿。种子经营者行使追偿权应当符合以下两个条件：一是种子生产者或者其他经营者提供的种子有质量问题（种子经营者负有举证责任）；二是种子经营者赔偿了种子使用者的损失。

第六章

种子监督管理

种子监督管理一章主要规定了种子质量、种子市场监管、种子行业协会与种子质量认证等内容。

一、种子质量

（一）监督检查

种子法第四十六条第一款规定：“农业农村、林业草原主管部门应当加强对种子质量的监督检查。种子质量管理办法、行业标准和检验方法，由国务院农业农村、林业草原主管部门制定。”产品质量法对产品质量的监督部门明确规定，法律对产品质量监督部门另有规定的，依照有关法律的规定执行。本法明确农业农村、林业草原主管部门负责对农业、林木种子质量的监督检查工作，即将种子质量的监督检查权授予农业农村、林业草原主管部门，农业农村、林业草原主管部门是种子质量的监督主体。各级农业农村、林业草原主管部门在实施种子质量监督管理职能时，不仅要行使本法赋予的各项职权，还应当依法执行产品质量法赋予的各项职权。

种子质量的监管既涉及行政管理规范，也涉及技术管理规范，这两方面都是保证种子质量的重要规定。为此，本法明确种子质量管理办法、行业标准和检验方法，由国务院农业农村、林业草原主管部门制定。农业农村部和国家林草局先后出台了《农作物种子质量监督抽查管理办法》《林木种子质量管理办法》《农作物种子质量检验机构考核管理办法》等部门规章、规范性文件和有关的技术标准，进一步细化了有关规定，增强了本法的可操作性。同时，地方农业农村、林业草原主管部门按照有关法律法规的规定可以制定地方种子质量管理的办法和有关地方标准，以适应各地种子质量管理的需要。

（二）委托检验

种子法第四十七条第一款规定："农业农村、林业草原主管部门可以委托种子质量检验机构对种子质量进行检验。"明确县级以上人民政府农业农村、林业草原主管部门可以委托种子质量检验机构对种子质量进行检验。根据行政执法改革的有关要求，作出行政决定的主管部门与有关技术质量检验的机构应适当分离，因此，种子质量的检验工作原则上由农业农村、林业草原主管部门委托种子质量检验机构负责。委托应当采取书面形式，订立授权委托书。如全国林业系统已建立9个国家级、30个省级、1000多个地、县级林木种苗质量检验机构，承担林木种苗质量的委托检验任务（以下简称承检单位）。承检单位执行林木种苗质量检验抽查任务时，应当向被抽查单位出具林木种苗质量检验抽查委托书，并在检验结束后一个月内，将《林木种苗质量监督抽查结果通知书》反馈被抽查单位或个人，并抄送下达任务单位。被抽查的单位和个人对林木种苗质量监督抽查结果有异议的，应当在接到《林木种苗质量监督抽查结果通知书》之日起15日内，向承检单位提出书面意见，逾期未提出异议的，视为承认抽查结果。承检单位收到被抽查单位和个人的书面意见后，应当在10日内作出书面答复，并抄送下达任务单位，必要时可以复检1次。

（三）检验机构的条件

种子法第四十七条第二款规定："承担种子质量检验的机构应当具备相应的检测条件、能力，并经省级以上人民政府有关主管部门考核合格。"承担种子质量检验的机构应当具备经省级以上人民政府有关主管部门考核合格的检测条件与能力。这里的"有关主管部门"既包括农业农村、林业草原主管部门，也包括计量等主管部门。在考核问题上，一方面，种子质量检验机构在人员、基础设施、工作制度、检测能力及设备要求上应当具备农业农村、林业草原主管部门规定的条件，并经省级以上人民政府农业农村、林业草原主管部门考核合格；另一方面，种子质量检验机构的计量器具应当经过计量主管部门的核校。经过省级以上农业农村、林业草原主管部门考核合格后，种子质量检验机构可以接受委托对外开展种子质量检验工作，并对社会出具合法有效的检验数据。

根据有关规定，国家林业和草原局负责国家级种子质量检验机构考核，省、自治区、直辖市人民政府林业主管部门负责本行政区域内省、地（市）、县级种子质量检验机构考核，考核程序执行国家有关规定。根据《国务院关于取消和调整一批行政审批项目等事项的决定》（国发〔2014〕50号），农作物种子质量检验机构资格认定下放至省级人民政府农业主管部门 。农业农村部2019年8月修订发布的《农作物种子质量检验机构考核管理办法》规定，省级人民政府农业农村主管部门负责本行政区域内种子检验机构（以下简称检验机构）的考核、监管和技术指导等工作。

国家种子质量检验机构资质考核按照国家行政许可事项公示内容进行；地方种子质量检验机构资质考核按照本地方的有关规定执行。根据计量法规定，为社会提供公证数据的产品质量检验机构，必须经省级以上人民政府计量主管部门对其计量检定、测试的能力和可靠性考核合格。

考核程序执行《计量标准考核规范》的有关规定。

（四）种子检验员的条件

种子法第四十七条第三款规定："种子质量检验机构应当配备种子检验员。种子检验员应当具有中专以上有关专业学历，具备相应的种子检验技术能力和水平。"种子质量检验工作是一项技术性、专业性、业务性较强的工作，因此，种子质量检验机构必须配备了解、掌握有关检验政策、法规和标准，有较强的专业技术水平，熟练掌握各种检验技术，并具备一定工作能力和素质的专业技术人员，才能做好种子质量检验工作，才能保证种子质量检验结果的客观、公正、科学和准确。种子质量检验机构未配备种子检验员，或配备的种子检验员不符合本法规定要求的，不得从事种子质量检验工作。本法规定种子检验员应当具有中专以上有关专业学历，具备相应的种子检验技术能力和水平，只是提出原则性的要求。因各地各级种子质量检验机构检验的种子不同，农业农村、林业草原主管部门对各地种子检验员的具体要求也应不同。如国家林草局对不同级别的林木种苗质量检验机构的林木种子检验员作出了不同的规定。其中，国家级林木种苗质量检验机构检验人员应当具备相关专业大学本科以上学历，技术负责人应有从事林木种苗检验工作 3 年以上经历，并具有高级以上职称资格；省级林木种苗质量检验机构检验人员应具备相关专业大专以上学历，技术负责人应有从事林木种苗检验工作3年以上经历，并具有高级职称资格；地（市）、县级林木种苗质量检验机构检验人员应具备相关专业中专以上学历，技术负责人应具备从事林木种苗检验工作3年以上经历，并具有中级以上职称资格。

种子检验机构依法履行种子检验工作，为农业农村、林业草原主管部门开展监督检查，依法查处品种套牌侵权、制售假劣种子等违法行为，提供了强有力技术支撑。种子检验员作为检验机构开展检验工作的具体执行者，其业务能力和技术水平直接影响检验结果的科学性和准确性。

近年来，国务院推动取消了一批职业资格行政许可和认定事项，要求各地区、各主管部门要转变管理理念和方式，建立事中事后监管机制。为进一步推进简政放权，减少职业资格准入类的行政审批，更好激励和发挥种子检验员的积极性、主动性，2015年修改种子法，对种子检验员考核作出如下调整：一是取消了主管部门对种子检验员资格的考核制度。今后检验员从事检验工作，不再需要通过主管部门组织的考核取得资格证书，各级农业、林业主管部门不得再组织开展种子检验员的资格考核。但是各有关检验机构或其行业协会组织开展社会性或行业性检验员的考核或相关职称评定等工作不应受到限制或禁止，主管部门的职责是规范有关行业行为，并予以监督检查，营造公开、公正、公平的社会环境。二是法律对种子检验员只是提出原则性要求，并不否定和限制各有关部门和机构对种子检验员应具备的条件提出具体明确的要求。三是取消政府主管部门对种子检验员的考核并不意味着降低了对检验员水平的要求。为了确保种子检验质量和结果准确性，法律规定种子检验员应当具备相应的种子检验技术能力和水平，对检验机构进行考核，并强化检验机构伪造检验数据、出具虚假证明的法律责任。这就要求检验机构必须对种子检验员的技术能力和水平严格把关，经常性开展技术培训，确保种子检验员操作科学、结果准确。

二、种子市场监管

种子监督管理，涉及用种农民、种子企业和育种者各方切身利益，是保障国家粮食安全和生态安全的必要手段，是社会关注的焦点，是种子管理的重点。近年来，我国种子市场监管力度不断加大，种子生产经营秩序持续好转。但是也应当看到种子市场监管的深层次问题尚未得到根本解决。为此，2015 年修改种子法，围绕完善行政执法，加强行政监管方面作了较大的修改。

（一）强化农业农村、林业草原主管部门的监管职责

种子法第四十八条第一款规定："禁止生产经营假、劣种子。农业农村、林业草原主管部门和有关部门依法打

击生产经营假、劣种子的违法行为，保护农民合法权益，维护公平竞争的市场秩序。”种子法第四十九条第一款、第三款规定：“农业农村、林业草原主管部门是种子行政执法机关。种子执法人员依法执行公务时应当出示行政执法证件。农业农村、林业草原主管部门依法履行种子监督检查职责时，有权采取下列措施：（一）进入生产经营场所进行现场检查；（二）对种子进行取样测试、试验或者检验；（三）查阅、复制有关合同、票据、账簿、生产经营档案及其他有关资料；（四）查封、扣押有证据证明违法生产经营的种子，以及用于违法生产经营的工具、设备及运输工具等；（五）查封违法从事种子生产经营活动的场所。”“农业农村、林业草原主管部门所属的综合执法机构或者受其委托的种子管理机构，可以开展种子执法相关工作。”

明确种子行政执法机关，即种子行政执法主体，为县级以上人民政府农业农村、林业草原主管部门，有利于统筹政府其他有关部门形成合力，加大行政监管力度，有效打击违法行为。县级以上人民政府农业农村、林业草原主管部门所属的综合执法机构或者受其委托的种子管理机构依据职责分工和有关法律法规的规定，承担具体的种子行政执法工作。如农业农村部内设种业管理司，属行政机关，负责种子管理和市场监管等工作。主要负责种质资源收集保护、农作物品种审定等品种管理、品种创新、种子生产经营监管、农业植物新品种的授权、审查及品种权保护等方面的监管等工作。国家林草局设国有林场和种苗管理司，属行政机关，是具有行政管理职能的参公事业单位，主要负责全国林木种苗品种审定等品种管理、林木种苗生产经营监管、组织开展打击制售假冒伪劣林木种苗等工作。

种子行政执法人员依法履行职责时，与行政管理相对人的关系，是监督者与被监督者之间的行政管理关系，不是平等的民事主体之间的关系。因此，种子行政执法人员执行公务时，如要求被检查单位提供有关文件、证照、资料，需要进入被检查单位和个人的生产、经营场所进行检查的，应当出示《行政执法证》。《行政执法证》作为种子行政执法人员履行执法工作的凭证，具有法律效力，不是任何人都可以持有使用的，只有依法经过考核，符合法定条件的人员才可以依法取得种子行政执法人员资格，授予《行政执法证》，持证上岗。种子行政执法人员在履行执法职责时，向被检查单位或者个人出示《行政执法证》是本法对种子行政执法人员所作的义务性规定。如果种子行政执法人员执行公务时不出示《行政执法证》，被监督检查的单位和个人可以依法予以拒绝。种子行政执法人员的《行政执法证》，根据有关规定，由国家有关部门组织统一制发，这样，一方面可以表明执法的合法性、严肃性；另一方面也可防止他人假冒执法人员侵犯被检查单位或者个人的合法权益。

根据本法和有关法律规定，作为种子行政执法机关的农业农村、林业草原主管部门，或者其所属的综合执法机构或者受其委托的种子管理机构，查处种子违法行为时，可以行使下列职权：

1. 现场检查。县级以上人民政府农业农村、林业草原主管部门有权直接进入当事人涉嫌从事违法生产经营种子活动的场所进行现场检查。但应当向当事人出示执法证件，并且执法人员不能少于两人。

2. 向有关人员调查、了解有关情况。县级以上人民政府农业农村、林业草原主管部门在检查过程中，有权向当事人的法定代表人、主要负责人和其他有关人员调查、了解涉嫌从事违法生产经营种子活动有关的情况。调查了解情况一般应在检查现场进行，必要时，主管部门也可以要求有关人员到主管部门接受调查，但不得限制被调查人员的人身自由。

3. 对种子进行取样，查阅、复制有关资料。县级以上人民政府农业农村、林业草原主管部门在进行现场检查、调查时，可以对种子进行取样测试、试验或者检验；可以查阅、复制当事人有关的合同、票据、账簿、生产经营档案及其他有关资料。主管部门对查阅、复制的资料应当依法为当事人保密。

4. 查封或者扣押。县级以上人民政府农业农村、林业草原主管部门有权对有证据证明违法生产经营的种子，用于违法生产经营的工具、设备及运输工具，以及违法从事种子生产经营活动的场所，予以查封或者扣押。这里所说的“查封”，是指县级以上人民政府农业农村、林业草原主管部门采取张贴封条或其他必要措施，将有关物品封存起来，未经查封部门许可，任何单位和个人不得启封、动用。这里所说的“扣押”，是指县级以上人民政府农业农村、林业草原主管部门将违法生产经营的种子以及有关物品等运到另外的场所予以扣留。赋予农业农村、林业草原主管部门查封、扣押违法生产经营种子的权力，一是可以防止这些违法种子流入市场，给使用者造成损害；二是可以为进一步查处违法生产经营种子活动保留证据。

种子法赋予农业农村、林业草原主管部门在依法履行种子监督检查职责时，查封扣押种子及相关工具、查封违法场所等行政强制权，能够有效破解种子执法手段缺乏、力度偏软、震慑力不足等问题。查封一般适用于固定场所、不宜移动或不需要移动的物品，扣押一般适用于可以移动，且行政相对人可能会转移的财产或物品。但是，查封、扣押涉及行政相对人的财产权利，作为重要的行政强制措施，必须依法规范实施。从实施主体看，行政强制法第二十二条规定："查封、扣押应当由法律、法规规定的行政机关实施，其他任何行政机关或者组织不得实施。"按照种子法规定，主管部门有权在种子执法工作中采取查封、扣押措施。从实施范围看，行政强制法第二十三条规定："查封、扣押限于涉案的场所、设施或者财物，不得查封、扣押与违法行为无关的场所、设施或者财物；不得查封、扣押公民个人及其所扶养家属的生活必需品。当事人的场所、设施或者财物已被其他国家机关依法查封的，不得重复查封。"明确规定查封、扣押的对象和范围。按照种子法规定，主管部门有权查封扣押的对象主要包括：一是涉案的违法物品，即违法生产经营的种子，也就是已经取得涉嫌违法的证据或者接到对违法种子行为的举报（包括电话、书面等形式）；二是作为违法行为工具的物品，即用于违法生产经营种子的工具、设备及运输工具等；三是违法从事种子生产经营活动的场所。按照行政强制法规定，不得重复查封，即在特定场所、设施或者财物上，在同一时间内只能排他性地存在一个查封措施；但是，如果查封措施已经解除，行政机关可以依据法定程序采取查封措施，此时，并不构成重复查封。从实施程序看，行政强制法第二十四条第一款规定："行政机关决定实施查封、扣押的，应当依照本法第十八条规定的程序，制作并当场交付查封、扣押决定书和清单。"农业农村、林业草原主管部门在依据种子法履行查封扣押程序时，应当履行行政强制法第十八条、第二十四条规定的程序。县级以上人民政府农业农村、林业草原主管部门在采取查封、扣押的强制措施时，必须遵守法定的程序，如通知被执行人到场，列出查封、扣押物品的清单，由被执行人签字等。此外，由于种子需要特殊的保存条件，农业农村、林业草原主管部门行使职权时尤其要注意合理行政，避免给当事人造成不必要的损失，引发行政纠纷。对查封、扣押的物品，经进一步确认属于假冒或假冒侵权的，应依法予以没收，并对违法的生产经营者予以处罚；构成犯罪的，应将查封、扣押的物品移送司法机关。对经确认不属于有问题的，应当立即解除查封、扣押。当事人如对农业农村、林业草原主管部门采取的查封、扣押的强制措施有异议的，可以依照行政复议法、行政诉讼法的规定提出行政复议、行政诉讼。

同时，种子法第四十九条第二款规定："农业农村、林业草原主管部门依照本法规定行使职权，当事人应当协助、配合，不得拒绝、阻挠。"对于拒绝、阻挠农业农村、林业草原主管部门依法实施监督检查的行为，农业农村、林业草原主管部门可以依据种子法规定，处以罚款、责令停产停业整顿；构成违反治安管理行为的，由公安机关依法给予治安管理处罚。

（二）禁止生产经营假、劣种子

1. 假种子。假种子是指种子生产经营者在生产或者经营种子过程中，采取虚假或者其他不正当手段欺骗、误导种子使用者，向种子使用者提供或者销售不具备真实性的种子。种子法第四十八条第二款规定：“下列种子为假种子：（一）以非种子冒充种子或者以此种品种种子冒充其他品种种子的；（二）种子种类、品种与标签标注的内容不符或者没有标签的。”以非种子冒充种子，是指以非繁殖材料冒充种子，如用粮食等冒充种子；以此种品种种子冒充其他品种种子，是指以甲种种子冒充乙种种子的行为，通常表现为以一般品种的种子冒充名牌品种的种子、用过去已经失去销路的老品种冒充市场上看好的新品种等一切“假冒名牌”“张冠李戴”的种子，如用华北落叶松冒充日本落叶松、黑松冒充黄山松等。种子种类、品种与标签标注的内容不符或者没有标签的种子也为假种子。按照刑法规定，生产经营假劣种子构成犯罪的，要追究刑事责任。种子法将无标签种子列为假种子范畴，否则，对于经营无标签种子的行为，只能按照标签不规范予以罚款。种子行政执法机关对这种违法行为缺乏强有力的执法依据，导致一些地区违法分子进村入户销售散装或白包种子的行为越来越猖獗。2015 年修改种子法，一是明确没有标签的种子为假种子。这一规定显著加大了对无标签种子的惩罚力度，处罚措施由按照违反标签标注规定行为，提高到认定为假种子行为，显著提高了违法成本，有利于震慑和惩治违法分子。二是取消了产地与标签标注内容不符列为假种子的规定。生产地点与品种真实性无关，标签标注产地变化不会导致品种真实性变化。三是明确要求同一植物品种无论是在申请新品种保护、品种审定、品种登记，还是在销售推广时，其名称只能使用一个，其种子样品也必须保持一致或相符。也就是说销售推广的种子样品及其名称必须与申请审定或登记或申请保护时一致，才能证明销售的种子是真实的。

2. 劣种子。劣种子是指种子质量低于国家标准或者承诺标准的种子。种子法第四十八条第三款规定："下列种子为劣种子：（一）质量低于国家规定标准的；（二）质量低于标签标注指标的；（三）带有国家规定的检疫性有害生物的。"劣种子包括以下几种情形：（1）质量低于国家规定标准的种子为劣种子。林木种苗质量分级依照国家质量技术监督局发布的《林木种子质量分级》（GB 7908—1999）和《主要造林树种苗木质量分级》（GB 6000—1999）进行，有些省（区、市）也颁布了有关林木种苗质量地方标准，质量低于上述标准的，即为劣种子。（2）生产、销售的种子质量指标低于标签标注指标的种子为劣种子。（3）带有国家规定的检疫性有害生物的种子，因其违反了有关植物检疫法律、行政法规的规定，可能造成植物危险性病、虫、杂草及其他有害生物的传播和蔓延，亦为劣种子。

另外，种子法对因特殊情况使用不符合标准的种子也作出规定。种子法第五十二条规定：“由于不可抗力原因，为生产需要必须使用低于国家或者地方规定标准的农作物种子的，应当经用种地县级以上地方人民政府批准。”为了保证种子质量，原则上禁止使用低于国家或者地方规定标准的种子。但是，由于我国地域辽阔，各地情况差异很大，在出现不可抗力导致种子供应出现短缺时，为了满足生产上的需要，必要时也可以使用低于国家或者地方规定标准的种子。但必须符合以下两个要件的要求：

1. 实质要件。实质要件有两层含义：一是必须是由于不可抗力引起的。所谓不可抗力是指“不能预见、不能避免和不能克服的客观情况”。不可抗力可以是自然原因酿成的，也可以是人为、社会因素引起的。前者如地震、旱灾、洪水、雪灾、火灾等，后者如战争、政府禁令等。本条的不可抗力主要侧重于自然原因。二是生产上必须使用，即不使用生产无法进行。至于如何判断“生产上必须使用”，由申请使用低于国家或者地方规定标准的种子的单位或个人进行举证，农作物种子由县级以上地方人民政府综合考虑当地实际情况后作出决定。

2. 程序要件。程序要件的含义是：由于不可抗力原因，为生产需要必须使用低于国家或者地方规定标准的种子的，农作物种子应当经用种地县级以上地方人民政府批准。之所以规定要由县级人民政府批准，目的就是从严控制此类情况的发生，以防止因情况掌握不准等特殊原因造成不必要的损失。

2021 年修改种子法，考虑到林木生长周期长，林木种子质量的影响长达几十年，所以必须严把林木种苗质量关，同时，我国林业快速发展，造林树种持续增加，如果确因不可抗力导致符合标准的林木种子数量不足，完全可以选择其他适生树种来替代，基本不存在“为生产需要必须使用”某一树种的情况。所以，删除了关于经用种地省、自治区、直辖市人民政府批准，可以为生产需要，使用低于国家或者地方规定标准的林木种子的规定。

（三）明确快速检测方法的法律地位

创新是推动种业发展的第一动力，创新需要良好的市场环境。但是，品种套牌侵权等违法行为，严重扰乱市场秩序，挫伤了创新者的积极性。打击套牌侵权行为，需要有高效、准确的检测技术手段作为支撑。判断是否存在品种套牌侵权违法行为，主要依靠传统的田间种植鉴定方法。田间种植鉴定至少要一个生产季节，等鉴定结果出来后，很多违法证据已经消失，无法有力打击违法行为。通过简单重复序列（Simple Sequence Repeats，SSR）、单核苷酸多态性（Single Nucleotide Polymorphism，SNP）等分子标记快速检测技术判断品种真实性，具有速度快、效率高、便于操作等优点。但是，由于快速检测方法没有明确的法律地位，一些地方法院在审理种子案件、农业部门在查处假冒侵权案件时，对快速检测方法不认可，对其检测结果不予采信，导致有些违法行为不能及时有效予以查处。为此，种子法第四十六条第二款规定："农业农村、林业草原主管部门可以采用国家规定的快速检测方法对生产经营的种子品种进行检测，检测结果可以作为行政处罚依据。被检查人对检测结果有异议的，可以申请复检，复检不得采用同一检测方法。因检测结果错误给当事人造成损失的，依法承担赔偿责任。"一是明确快速检测方法的法律地位，今后，农业农村、林业草原主管部门可以根据工作需要和技术发展情况，确定执法检查中可以采用的快速检测方法，检测结果也可以作为行政处罚依据。二是明确复检要求，被检查对象如果对检测结果有异议，可以向下达检测任务的农业农村、林业草原主管部门申请复检，复检不得采用同一检测方法。三是明确出具错误检测结果的法律责任，如果因人为原因造成检测结果错误，给当事人造成损失的，需要依法承担赔偿责任。需要特别明确的是，采用不同检测方法可能会得出不同结果，因技术差异造成的结果差异，并不是检测结果错误，检测机构和人员不需要承担法律责任。检测错误是指检验机构操作失误，或故意出具虚假数据等行为，对此应当承担法律责任。

（四）建立统一的种业信息发布平台

互联网、大数据等为种业监管提供了更加便捷、高效的信息化手段。种业方面涉及的许可监管等信息面广、量大，包括品种审定、引种备案、品种登记，种子生产经营许可、委托生产经营备案等，涉及中央、省、地市和县四级农业农村、林业草原主管部门。为了提高监管的信息化水平，方便企业申请、社会查询、政府监管，需要建立全国统一的种业信息平台，实现许可或备案等网上申请、网上查询、网上管理，做到品种管理、种子管理、市场监管等信息横向关联查询，中央、省、市、县四级种子管理信息纵向互联互通。同时，对于案件查处结果等行政处罚信息，缺少统一的公开平台，一些地方不愿意主动公开，难以震慑违法行为。种子法第五十四条规定："省级以上人民政府农业农村、林业草原主管部门应当在统一的政府信息发布平台上发布品种审定、品种登记、新品种保护、种子生产经营许可、监督管理等信息。国务院农业农村、林业草原主管部门建立植物品种标准样品库，为种子监督管理提供依据。"主要明确了以下内容：一是平台建设主体，要求省级以上农业农村、林业草原主管部门建立统一的种业信息发布平台；二是平台建设内容，要求信息发布平台应当涵盖并整合品种审定、保护、登记、种子生产经营许可和监管等信息；三是标准样品管理，要求建立品种标准样品库，包括品种审定、登记及新品种保护的标准样品，为建立种子全程可追溯管理体系，实现种子生产经营的全程监管，规范种子生产经营者行为，保护农民利益，打击品种假冒侵权行为提供比对数据依据。

（五）规范执法主体行为

在种子执法工作中，一些地区存在有案不查、以罚代管、有案不移、以罚代刑等问题，影响了案件查处效率，损害了农民利益，挫伤了育种者的创新积极性。为了确保种子执法的公正性，防止管理部门及工作人员不作为、乱作为、以权谋私、获取不正当利益等行为，从法律层面规范执法主体行为。种子法第五十五条规定："农业农村、林业草原主管部门及其工作人员，不得参与和从事种子生产经营活动。"农业农村、林业草原主管部门是国家行政机关的组成部分，农业农村、林业草原主管部门的工作人员是国家的公务员或者依照法律规定履行职务的人员。根据国家有关规定，行政机关和国家公职人员不得从事生产经营活动。因此，本法明确规定农业农村、林业草原主管部门及其工作人员不得参与和从事种子生产经营活动，目的是维护公平、公正、公开的种子生产经营市场秩序。政府机构及其工作人员参与市场生产经营活动，不仅影响正常的行政管理活动，也必然破坏市场正常的经营秩序。

各级农业农村、林业草原主管部门作为依法对种子实施行政管理的行政机关，应当依法公正地履行法律赋予的职责，对违法行为进行查处，做到有法必依，执法必严，违法必究。法律赋予农业农村、林业草原主管部门的职责要求其不得与种子的生产经营者存在任何特殊的利益关系。如果农业农村、林业草原主管部门与种子的生产经营者存在直接或间接的利益关系，或者在人员和财务上不能分开，势必使种子的行政管理与种子的生产经营活动无法分开，也必然涉及农业农村、林业草原主管部门与种子生产经营者存在利益上的联系，造成市场的不公平竞争。虽然2015年修改种子法删除了种子的行政主管部门与种子的生产经营机构在人员和财务上必须分开的规定。但是，种子行政主管部门和种子生产经营机构在人员和财务上仍然必须分开，也就是绝对不能搞“一套人马，两块牌子”，既当“运动员”又当“裁判员”。

另外，种子法对涉及品种选育和种子生产经营以及管理的单位和个人的防疫责任也作了衔接性规定。种子法第五十三条规定：“从事品种选育和种子生产经营以及管理的单位和个人应当遵守有关植物检疫法律、行政法规的规定，防止植物危险性病、虫、杂草及其他有害生物的传播和蔓延。禁止任何单位和个人在种子生产基地从事检疫性有害生物接种试验。”植物及其产品要依法实施检疫，是因为在自然界中植物病、虫、杂草以及其他有害生物的原生地有一定的地区性。它们中的许多种类，包括某些危险性病虫害可以随人、调运植物及其产品传播蔓延。这些病虫害传入新地区后能生存、繁衍，对人类和生态安全造成危害，甚至因新地区的气候环境条件适应而迅速蔓延，造成严重危害，给人类带来巨大损害。

目前，我国关于植物检疫的法律规定，主要是进出境动植物检疫法、《植物检疫条例》和《森林病虫害防治条例》以及《植物检疫条例实施细则》等。根据上述法规的有关规定，种子和其他繁殖材料的繁育单位，必须有计划地建立无植物检疫性有害生物的种子繁育基地；试验、推广的种子、苗木和其他繁殖材料，不得带有植物检疫性有害生物；生产经营应施以检疫的植物及其产品的单位和个人，应当在生产期间或者调运之前向当地植物检疫机构申请产地检疫，对检疫合格的，发给《检疫合格证》，对检疫不合格的，发给《检疫处理通知单》；禁止使用带有危险性病、虫等有害生物的种子和其他繁殖材料。从事品种选育和种子生产经营以及管理的单位和个人应当遵守有害生物防治的有关规定，防止植物危险性病、虫、杂草及其他有害生物的传播和蔓延，保护生产和生态安全。有害生物接种试验是研究防治病虫害的有效手段之一。但由于此项活动具有较大的危险性，一旦控制措施不到位，很容易造成病虫害的传播和蔓延。种子生产基地是种子较大的生产繁殖地，直接关系到全国的生物安全和生态建设。因此，本法明确规定禁止任何单位和个人在种子生产基地从事检疫性有害生物接种试验。目的就是确保种子生产基地不受任何病虫害的威胁。

三、种子行业协会与种子质量认证

（一）种子行业协会

党中央、国务院高度重视信用体系建设，强调要加强诚信建设，建立社会征信体系，褒扬诚信、惩戒失信。种子企业是质量责任的主体，也是种业诚信责任的主体。通过建立行业协会，有利于督促引导企业加强行业自律、提升质量控制能力，提高守法诚信经营意识。近年来，各地各级种子行业协会发展迅速，在为政府和主管部门提供咨询、服务企业发展、优化资源配置、加强行业自律、创新管理模式、履行社会责任方面发挥了积极作用；在推进种子产业提质增效升级方面，发挥了有力的引领推动作用。在种子法中明确种子行业协会的法律定位是十分必要的。

种子法第五十条规定：“种子生产经营者依法自愿成立种子行业协会，加强行业自律管理，维护成员合法权益，为成员和行业发展提供信息交流、技术培训、信用建设、市场营销和咨询等服务。”种子法对依法自愿成立种子协会作出明确规定，把协会工作以法律条文加以规范化，充分体现了政府改革和转变职能的决心。目前我国行业协会组建的直接依据是国务院颁布的《社会团体登记管理条例》，该条例规定社会团体是指中国公民自愿组成，为实现会员共同意愿，按照其章程开展活动的非营利性社会组织。种子法直接规范种子行业协会组建和运转，具有很强的针对性和可操作性，是种子行业协会法律地位确立的最主要、最直接的依据。种子行业协会具有以下特点：

1. 组织自治。种子行业协会是种子生产经营者为加强行业自律管理，维护成员合法权益，为成员和行业发展提供各种服务，依法自愿组建的介于政府和种子生产经营者之间的社会组织，是政府联系种子生产经营者的桥梁和纽带，为非营利法人。根据民法典关于法人的一般规定，种子行业协会作为社会团体法人，具有民事权利能力和民事行为能力，依法独立享有民事权利和承担民事义务的组织。换言之，享有依法组织自治权利。

2. 行业自律。行业自律是市场经济体制的必然产物，其最终目标是规范行业行为，协调同行利益关系，维护行业间的公平竞争和正当利益，促进行业持续健康发展。种子行业协会作为种子行业自律监管和执行机构之一，要结合种子生产经营现状，依据种子法制定并认真执行好行规行约，重点对种质资源保护和利用、植物新品种保护、育种成果的转让和许可、种子生产经营等方面的行为进行规范和约束；定期开展行业自律监管，构建种业诚信监督体系，努力为会员营造良好的市场环境。

3. 依法维权。种子行业协会作为行业代表，自然更熟悉种子行业的实际情况，一方面对违反协会章程和行规行约的行为，要制定行业惩戒和行业调解办法，协调解决会员与会员、会员和行业非会员、会员与其他种子生产经营者、种子使用者之间的矛盾和纠纷，尽量避免通过法律诉讼来解决行业内部问题；另一方面协会有权利和义务代表行业和会员向政府及有关部门反映本行业发展中存在的问题、意见和建议，参与政府政策制定和立法建议，为会员提供法律援助，共同维护种子生产经营者的合法权益。

4. 信息交流。打造信息交流平台是种子行业协会的重要职能，通过创办刊物、设立网站，为会员提供信息、开展咨询等服务。同时要与时俱进，根据种子行业的发展，不断更新信息内容、提高信息质量，充分发挥信息对促进种子产业发展的作用，使信息交流成为联系会员、服务会员的纽带和窗口。

5. 技术培训。组织会员参与种子繁育、生产加工、储藏、检验、检疫、管理等方面的技术培训；普及种质资源保护、新品种保护、种子生产经营档案、标签和使用说明等知识；总结推广新技术等。

6. 信用建设。行业信用建设是社会信用体系建设的重要组成部分，对于促进企业和个人自律，形成有效的市场约束具有重要作用。种子行业协会应根据种子法、《国务院关于印发社会信用体系建设规划纲要》（2014—2020 年）的通知》（国发〔2014〕21 号）、国务院办公厅印发《关于加快推进社会信用体系建设构建以信用为基础的新型监管机制的指导意见》（国办发〔2019〕35 号）、《国务院办公厅关于进一步完善失信约束制度构建诚信建设长效机制的指导意见》（国办发〔2020〕49 号）和国家有关规定，不断总结和创新行业信用评价模式，制定信用评价工作要求和流程，进一步做好种子行业信用评价工作。

7. 市场营销。种子作为商品，除了具有一般商品的共有属性使用价值外，作为重要的农业生产资料还具有本身的特殊性。种子行业协会应当在种子市场营销过程中帮助会员做好协调和规范工作，如统一印制种子生产经营档案和种子销售单、统一研发和采购防伪串货系统、统一规范种子标签和种子广告内容、统一规范种子生产或代销书面委托书等。

8. 试验示范。种子行业协会在完善内部治理结构、管理制度的基础上，可以牵头组织育繁推一体化农作物种子企业做好“绿色通道”试验；可以帮助会员或行业非会员做好主要农作物品种引种试验和非主要农作物品种的试验；

可以组织会员或行业非会员开展新品种集中展示与示范，并通过召开现场考察观摩会，加大新品种的宣传，扩大新品种的影响力。

（二）种子质量认证

种子质量认证是指认证机构按照有关标准或者技术规范要求，对种子及其生产过程进行合格评定的活动。主要通过三个方面来确认种子质量：一是通过对品种确认、种子来源、田间检验、小区验证等一系列过程控制，确认种子的遗传质量保持至育种家原先育出的状况和水平；二是监控种子扦样、标识和封缄行为符合认证要求；三是通过逐批检测，确认种子物理质量是否符合认证标准要求。

种子质量认证制度起源于19世纪下叶至20世纪初种子产业萌芽较早的欧洲国家，经过100多年的发展和实践，种子认证制度已成为国际种子质量管理和自由贸易的基本制度，在世界上100多个国家得到了普遍实施，是发达国家控制种子质量的主要途径。经合组织（OECD）实施种子认证制度已有50多年，统一了各成员国的种子认证制度，使种子认证实现了标准化。欧共体于1966年制定的《种子营销法令》对种子认证实行强制性管理，规定不经认证的种子一律不准在市场上销售。美国实行自愿种子认证制度。近年来种子认证制度在拉丁美洲及非洲开始实施，拉丁美洲大部分国家实行种子认证强制性管理。

种子质量认证属于市场评价性的制度，它克服了供种方和用种方评价的缺陷，通过引入第三方机构对种子企业的种子生产全过程进行监控，对种子质量做出客观、公正、全面的评价，既能提高种子企业质量控制水平，也能提升企业品牌效益，对促进我国现代种业发展具有重要意义。一是建设种业强国的需要。实现种业强国目标，必须实施“种子走出去战略”。开展种子质量认证是国际种子贸易中实行种子认证国家唯一能够接受的质量控制和评价标准。我国推行种子质量认证制度建立与国际接轨的种子质量管理制度，打破我国种子进入国际市场的技术壁垒，有利于我国种子进入国际市场，这是我国参与种子贸易全球化的必然选择，也是我国由种子生产大国走向种业强国的必由之路。二是提升种子质量的必然要求。经过上百年的发展和实践，种子质量认证已成为国际上种子质量保证的基本制度，这对我国种业建立完善的质量保证和控制制度具有非常重要的意义。

种子法第五十一条规定：“种子生产经营者可自愿向具有资质的认证机构申请种子质量认证；经认证合格的，可以在包装上使用认证标识。”一是确立了自愿原则。企业可以根据自身发展需要确定是否采用认证管理。二是明确认证机构应当具备资质。认证机构具体实施认证工作，依法为企业提供认证服务，需要通过国务院农业农村、林业草原主管部门的资质认可。三是规定了认证实施方式。以种子质量认证标识的形式来实施，经认证合格的，由认证机构发给种子质量认证标识，并可在包装上使用种子认证标识。

第七章

种子进出口和对外合作

一、种子进出口

（一）种子进出口检疫

种子法第五十六条规定："进口种子和出口种子必须实施检疫，防止植物危险性病、虫、杂草及其他有害生物传入境内和传出境外，具体检疫工作按照有关植物进出境检疫法律、行政法规的规定执行。"

种子的国际交流、调运，是实现一个国家或地区的植物及其遗传资源多样化的重要手段，是促进农业、林业生产发展的有效措施。引进种子历来被各国政府所重视。适当的引进可丰富和提升本地种质资源，加快资源优化，促进经济发展。

好的种子，不仅应当种性优良、品质好、健康，即本身不患病、不为虫害所寄居，而且不携带检疫性病菌、害虫、杂草及其他有害生物。为了防止检疫性病、虫、杂草随种子调运而传播蔓延，保护农业、林业生产安全，对种子的调运与贸易进行管理和控制，实施检验，就是所谓的“种子检疫”。

按照我国有关植物检疫法律的规定，检疫从狭义上说，是指病虫害的检验或检查；从广义上说，则包括检疫检验、疫情调查、消毒和除害处理、隔离检疫试种等。保持种子健康是种子检疫的目的，种子检疫是种子健康的保证，是防止植物疫情扩散传播的关键。在引种实践中，不健康的种子把检疫性病虫带到以前未曾发生的地区并蔓延的事例不胜枚举，造成的损失难以估量。1970 年，新西兰首次发生严重的扁豆常见疫病和暗褐疫病，原因是 1969 年从荷兰进口了一批扁豆种子。1949 年高粱轮纹叶斑病传入委内瑞拉，是由在美国种的高粱种子传播而来的，成为此病在南美的最早记录。

种子携带有害生物概率较大，风险较高，不慎传入对农林业生产、植物种苗环境和经济破坏的影响长久，导致良种产生不了应有的经济效益，引种也丧失了意义，反而给生产带来难以根治的祸患，被各国政府列入植物检疫控制的重点。从植物检疫的观点看，植物疫病、害虫、杂草及其他有害生物的远距离传播，几乎都与调运种子有关。在世界自然保护联盟（IUCN）公布的全球 100 种最具威胁的外来物种中，我国就有 50 多种。据调查，在入侵我国的外来物种中，有 39.6 %属于有意引进造成的，49.3 %属于无意引进造成的，自然扩散的仅占 1.3 %。在我国已知的 107 种外来杂草中，有 62 种是作为牧草、饲料、观赏植物、药用植物、绿化植物等有意引进的，占了杂草总数的 58 %。对进出口种子检疫的主要作用在于限制跨境人为的传播途径，保证种子健康，杜绝和肃清病虫杂草来源，从根本上防止病、虫、杂草及其他有害生物的传播，保证引种成功。

种子检疫有其科学依据。由于长期的自然选择，植物的病虫往往只适存于特定的环境条件中，从中得以繁衍，因而各自有其分布的区域。在自然界天然屏障的阻挡下，其分布及危害的区域一般较难扩展或扩展缓慢。有些病虫长期只在一定的范围内即原产地或多年发生的地区为害，并或多或少地受到天敌的抑制。然而，随着交通工具的改进、国际贸易的发展、科学技术的交流，特定病虫害借助人为的帮助，如通过农产品的流通、种苗的调运、良种的推广交换等途径，冲破了天然屏障，从一个地区转移到另一个地区。一旦当地的气候、食料及环境适宜，又缺乏适当的天敌抑制，经过一定的发展过程，植物病虫就酿成灾害。在种子调运过程中，植物病、虫、杂草及其他有害生物，无孔不入，它能随种子传播，能寄栖在种子包装物和铺垫材料里面传播，能附着在运输工具上传播。

依据我国进出境动植物检疫法及其实施条例的有关规定，进出境的动植物、动植物产品和其他检疫物，装载动植物、动植物产品和其他检疫物的装载容器、包装物，以及来自动植物疫区的运输工具，都必须依法实施检疫。海关统一负责全国进出境动植物检疫，承担出入境动植物及其产品的检验检疫、注册登记、审批、监督管理等工作。

实践中，进出境种子检疫处理主要有以下几种情况：（1）发现带有土壤等与进境植物检疫要求不相一致的，采取退货或销毁处理。货主同意退货的监督货主退货，给海关报关退运，并要求货主把退运报关单及货运单原件拿来查看，同时提供复印件存查；若货主愿销毁的则监督销毁，并取证存档结单。（2）发现进境植物种苗未办理检疫审批或与检疫审批单不相一致的，采取退货、销毁、罚款处理。旅客因特殊原因事先没有办理检疫审批手续携带种苗入境的，可在口岸补办审批手续并进行相应的检疫，若不同意补办审批手续则作退货或销毁处理。旅检中若携带人不如实申报被检验检疫人员查获的，还可作罚款处理。（3）检疫中发现检疫性有害生物或限定的非检疫性有害生物超过有关规定的，实施检疫除害处理。一般采用熏蒸、温烫、伴药等处理，若无法处理的，则退货或销毁。（4）对违规引进的植物种苗，除实施行政处罚外，根据实际情况进行控制、扑灭、销毁处理。特殊情况（如特殊渠道引进的名贵珍稀品种以及对当地经济作用大的种苗）采取加强隔离措施、严格检疫监管、实施疫情监测、加大风险防范、鉴定评估放行等举措。

（二）种子进出口许可

种子法第五十七条规定："从事种子进出口业务的，应当具备种子生产经营许可证；其中，从事农作物种子进出口业务的，还应当按照国家有关规定取得种子进出口许可。从境外引进农作物、林木种子的审定权限，农作物种子的进口审批办法，引进转基因植物品种的管理办法，由国务院规定。"

种子法颁布实施以来，国务院及农业农村、林业草原主管部门出台了农作物、林木种子的进口审批办法，引进转基因植物品种的管理办法等管理规定，规范了从境外引种、进口的程序，为种业国际贸易的顺利发展提供了良好的法律保障。

根据我国相关法律规定，从事农作物种子进出口业务实行许可制度，开展农作物种子进出口业务的生产经营者，应当同时具备种子生产经营许可证和获得种子进出口许可。种子进出口许可须依照本法、《农业转基因生物安全管理条例》《进出口农作物种子（苗）管理暂行办法》《种子生产经营许可管理办法》《种质资源管理办法》等有关法律法规和相关规定获得。

从事农作物种子出口业务，实行先审后批制。主要审查申请人是否具备从事种子进出口业务的资格，申请出口的种子是否列入国家允许出口的范围。申请的企业需取得企业注册所在地省级农业农村主管部门签署的审查意见，农业农村部核发的从事种子进出口业务的种子生产经营许可证和外经贸部门核发的种子进出口许可，同时须经品种权人或品种选育人（单位）同意并由农业农村部组织专家对品种资源进行评审后，方可开展相关业务。

进口大田用种子的，需审查是否具备与其种子类别相符的种子生产经营权和进口业务的资格，进口的种子是否适宜在申请种植区域种植。为境外制种进口种子的，需审查是否具备中国法人资格，是否有对外制种合同。已进行过对外制种的，应提供对外所制种子的出口审批证明文件。进口试验用种的，需审查种植试验安排是否符合要求。申请的企业需取得企业注册所在地省级主管部门签署审查意见，农作物种子生产经营许可证（经营方式为进出口），为境外制种进口种子和进口试验用种的，可以不受农作物种子生产经营许可证条件限制。申请进口种子，质量应达到国家标准或行业标准，没有国家标准或行业标准的，可以按合同约定的标准执行。属于主要农作物的，应当通过品种审定。

为了加强农业转基因生物安全管理，保障人体健康和动植物、微生物安全，保护生态环境，促进农业转基因生物技术研究，2001 年 5 月，国务院颁布实施了《农业转基因生物安全管理条例》，对转基因植物品种的进出口作出明确规定。从境外引进农业转基因生物用于研究、试验的，引进单位应当向国务院农业行政主管部门提出申请；符合条件的，国务院农业行政主管部门方可批准。具体条件包括：（1）具有国务院农业行政主管部门规定的申请资格；（2）引进的农业转基因生物在国（境）外已经进行了相应的研究、试验；（3）有相应的安全管理、防范措施。境外公司向我国出口转基因植物种子、种畜禽、水产苗种和利用农业转基因生物生产的或者含有农业转基因生物成分的植物种子、种畜禽、水产苗种、农药、兽药、肥料和添加剂的，应当向国务院农业行政主管部门提出申请；符合条件的，国务院农业行政主管部门方可批准试验材料入境并依照条例的规定进行中间试验、环境释放和生产性试验。具体条件包括：（1）输出国家或者地区已经允许作为相应用途并投放市场；（2）输出国家或者地区经过科学试验证明对人类、动植物、微生物和生态环境无害；（3）有相应的安全管理、防范措施。生产性试验结束后，经安全评价合格，并取得农业转基因生物安全证书后，方可依照有关法律、行政法规的规定办理审定、登记或者评价、审批手续。进口农业转基因生物，没有国务院农业农村主管部门颁发的农业转基因生物安全证书和相关批准文件的，或者与证书、批准文件不符的，作退货或者销毁处理。进口农业转基因生物不按照规定标识的，重新标识后方可入境。

关于林木种子进出口，2021 年修改种子法进行了调整，为适应国务院“放管服”改革的需要，结合近年来造林实际，删除了关于从事林木种子进出口业务的，应当依照国家有关规定取得种子进出口许可的规定。取消林木种子（苗木）进出口许可，是持续推进简政放权、放管结合、优化服务，不断提高政府效能的具体举措。此次修改后，从事林木种子进出口业务只要具备种子生产经营许可证即可，不再设立其他资质性条件。从事林木种子进出口业务的法人和其他组织应当具备国家林草局核发的林木种子生产经营，许可证未取得国家林草局核发的林木种子生产经营许可证的，不得从事林木种子的进出口业务。

关于从境外引进林木种子。主要是指从境外引进林木种子的审定、林木种子的引进审批和引进转基因林业植物品种的管理。（1）境外引进林木种子的审定。目前，境外引进的林木种子直接提出审定的数量不多，有关部门正在探讨具体管理办法，在国家没有出台正式规定之前，各级林木品种审定委员会也不受理境外引进的林木种子的审定申请。只有经几个生长周期完成以后并经区域试验证实，在一定区域内生产上有较高使用价值、性状优良的或者经引种驯化成功的树种，符合审定条件的方可申请审定。

（2）引进林木种子的审批。从国外引进林木种子、苗木及其他繁殖材料（包括果木、花卉、中药材、绿化水土保持用途草籽），均实行国家林草局和各省、自治区、直辖市人民政府林业草原主管部门两级审批制度。引种单位（或个人）应当有国家林草局认定的，具备《普及型国外引种试种苗圃》资格的种苗繁育基地；不具有上述条件的，引种单位（或个人）引进的林木种子、苗木及其他繁殖材料必须种植在省级以上林业草原主管部门指定的森林植物检疫隔离试种苗圃中。国务院有关部门所属的在京单位及驻京部队、外国驻京机构等，应向国家林草局提出引种申请；其他单位向所在地省级林业草原主管部门提出申请。委托代理引种的，向代理人所在地的省级林业草原主管部门提出申请。申请引种时，由引种单位或个人（或代理人）填写《引进林木种子、苗木及其他繁殖材料检疫审批申请表》。属于政府、团体、科研、教学部门交流、交换、科研用途引种的，需向审批机关提供相关证明材料。首次引种国内或种植地所在省没有的林木种子、苗木及其他繁殖材料，或者已有引种，但一次进口量特别巨大的（由审批机关根据具体情况自行确定），审批前必须进行风险评估。经过风险评估可以引种的新品种，第一次只能批准引种少量，并经过在审批单位指定的隔离试种苗圃试种成功后方可再次引种；进口量特别巨大的，审批单位应提取一定数量的样品，在指定的隔离试种苗圃实施监管种植。国内已有分布或引种，而拟引种种植地省没有的林木种子、苗木及其他繁殖材料，由种植地的省级林业草原主管部门确定科研机构开展风险评估；国内没有分布和引种的，由国家林草局林业有害生物检验鉴定中心负责风险评估。引种审批机关自收到《引进林木种子、苗木及其他繁殖检疫审批申请表》及其他相关材料之日起，应于30天内对申请单位提交的材料进行审核，并提出处理意见。申请引种数量在省级林业草原主管部门审批限量内的，由省级林业草原主管部门审批；重点工程造林苗木、草坪种子、超过省级审批限量的引种由国家林草局审批。向省级林业草原主管部门提出引种申请、须经国家林草局审批的，由省级林业草原主管部门将填写好的《引进林木种子、苗木及其他繁殖材料检疫审批申请表》，会同相关材料报国家林草局。凡是国家发布的禁止进境的林木种子、苗木及其他繁殖材料不得批准进口。除林木种子出口以外，凡出口林木种子的，均按照向境外提供林木种质资源管理，即任何单位和个人向境外提供林木种质资源的，应当经国务院林业主管部门批准；涉及科技保密的，按照科技保密的有关法律法规办理。（3）引进转基因林业植物品种的管理。从境外引进转基因林木用于研究、试验、生产或者经营的，应当向国家林草局提出申请，并提交下列材料：申请书；进口转基因林木安全管理登记表；拟引进的转基因林木在境外已经进行相应研究、试验、生产或者经营的证明文件；引进过程中拟采取的安全管理和防范措施。拟引进转基因林木用于生产、经营的，还应当提交输出国家或者地区经过科学试验未发现其对人类、动植物、微生物和生态环境有害的资料。从境外引进的转基因林木用于研究、试验、生产、经营，应当依照国家林草局《开展林木转基因工程活动审批管理办法》的有关规定执行。

（三）进口种子质量标准

种子法第五十八条规定："进口种子的质量，应当达到国家标准或者行业标准。没有国家标准或者行业标准的，可以按照合同约定的标准执行。"

为了促进技术进步，改进产品质量，提高社会经济效益，适应社会主义现代化建设和发展对外经济关系的需要，我国对需要统一的技术要求制定标准。根据中华人民共和国标准化法及标准化法实施条例规定，农业（含林业、牧业、渔业，下同）产品（含种子、种苗、种畜、种禽，下同）的品种、规格、质量、等级、检验、包装、储存、运输以及生产技术、管理技术的要求应当制定标准。

根据标准化相关法律法规的规定，标准包括国家标准、行业标准、地方标准和团体标准、企业标准。国家标准分为强制性标准、推荐性标准，行业标准、地方标准是推荐性标准。强制性标准必须执行。国家鼓励采用推荐性标准。对保障人身健康和生命财产安全、国家安全、生态环境安全以及满足经济社会管理基本需要的技术要求，应当制定强制性国家标准。强制性国家标准由国务院批准发布或者授权批准发布。对满足基础通用、与强制性国家标准配套、对各有关行业起引领作用等需要的技术要求，可以制定推荐性国家标准。推荐性国家标准由国务院标准化行政主管部门制定。对没有推荐性国家标准、需要在全国某个行业范围内统一的技术要求，可以制定行业标准。行业标准由国务院有关行政主管部门制定，报国务院标准化行政主管部门备案。为满足地方自然条件、风俗习惯等特殊技术要求，可以制定地方标准。地方标准由省、自治区、直辖市人民政府标准化行政主管部门制定；设区的市级人民政府标准化行政主管部门根据本行政区域的特殊需要，经所在地省、自治区、直辖市人民政府标准化行政主管部门批准，可以制定本行政区域的地方标准。地方标准由省、自治区、直辖市人民政府标准化行政主管部门报国务院标准化行政主管部门备案，由国务院标准化行政主管部门通报国务院有关行政主管部门。国家鼓励学会、协会、商会、联合会、产业技术联盟等社会团体协调相关市场主体共同制定满足市场和创新需要的团体标准，由本团体成员约定采用或者按照本团体的规定供社会自愿采用。企业可以根据需要自行制定企业标准，或者与其他企业联合制定企业标准。国家支持在重要行业、战略性新兴产业、关键共性技术等领域利用自主创新技术制定团体标准、企业标准。推荐性国家标准、行业标准、地方标准、团体标准、企业标准的技术要求不得低于强制性国家标准的相关技术要求。国家鼓励社会团体、企业制定高于推荐性标准相关技术要求的团体标准、企业标准。制定标准应当有利于科学合理利用资源，推广科学技术成果，增强产品的安全性、通用性、可替换性，提高经济效益、社会效益、生态效益，做到技术上先进、经济上合理。禁止利用标准实施妨碍商品、服务自由流通等排除、限制市场竞争的行为。不符合强制性标准的产品、服务，不得生产、销售、进口或者提供。出口产品、服务的技术要求，按照合同的约定执行。

就进口种子而言，根据本法规定，应达到国家标准或者行业标准，为实行种子按等级议价和优质优价提供依据。在种子进出口过程中，严格执行国家标准或行业标准，可以增加优质种子的用量，杜绝使用等外种子，避免因使用劣质种子而造成在经济和生态效益方面的巨大损失。

此外，随着国际交往的深入和我国农业现代化进程的推进，种子贸易逐步朝着多样化、多元化的方向发展，用种的需求也不局限于常规作物和主要林木。为保障国际贸易的顺利开展，保护贸易双方当事人的合法权益，种子法规定，对于没有国家标准或行业标准的进口种子质量，可以由当事人以合同的方式约定质量标准。

（四）种子进出口禁止性规定

种子法第六十条规定：“禁止进出口假、劣种子以及属于国家规定不得进出口的种子。”

种子是一种特殊商品，如果假、劣种子流入市场，将会给农民造成无可挽回的损失，轻者可能会使农户减产歉收，重者可能使大面积农田绝收，影响农业生产安全和农村社会稳定。由于违法成本低，生产、销售假、劣种子的现象频频发生，屡禁不止。随着种子市场的逐步开放，种子市场经营主体大量增加，国际种子贸易、科研交往增长迅猛，一方面，丰富了种子市场，丰富了种子品种，提升了农业生产经营主体的用种水平，满足了科研教学等不同类型用种者的多样化、多层次需求；另一方面，生产、销售假、劣种子的违法行为也向着多环节、隐蔽化方向发展。有些经营者乘机钻营，制假贩假，牟取暴利。对购买种子的消费者虚假宣传，以假充真，以次充好，以低成本换取高利润。有些经营者在出售种子时，作出一些虚假的承诺和不实的约定，一旦出现问题，则以各种方式推脱逃避责任，无形中也加大了种子市场管理的难度。

为保证种子市场的健康发展，保障用种安全，种子法明确禁止生产、经营假劣种子，并对假种子和劣种子的范围作出了规定。本条关于禁止进出口假、劣种子的规定，填补了仅规范种子生产经营者禁止生产、销售假、劣种子的空白，明确在进出口这一环节中，任何主体，不论是从事生产经营的人员，还是从事教学科研的人员，都不得以任何理由进出口假、劣种子。一方面，是我国维护国际种业健康发展，积极履行国际义务的需要；另一方面，也为杜绝假、劣种子进入我国境内提供了充分的法律制度保障，守住了种业安全的国门。同时在法律责任一章中，明确了违反此项禁止性规定的法律责任。

根据有关规定，进出口农作物种子包括从国（境）外引进和与国（境）外交流研究利用种质资源、进出口生产用种子。进出口生产用种子包括试验用种子、大田用种子和对外制种用种子。从事进出口生产用种子业务和向国（境）外提供种质资源的单位应当具备中国法人资格。进出口大田用商品种子，应当具有与其进出口种子类别相符的种子生产经营权及进出口权；没有进出口权的，由农业农村部指定的具有农作物种子进出口权的单位代理。国家对农作物种质资源享有主权，任何单位和个人向境外提供种质资源，应当报国务院农业农村主管部门批准。

本条除禁止进出口假、劣种子外，还明确禁止进出口国家规定不得进出口的种子。如依据《农业转基因生物安全管理条例》，不符合进出口条件的种子等。有上述行为的应当依法承担相应法律责任。

二、为境外制种的特殊规定

种子法第五十九条规定：“为境外制种进口种子的，可以不受本法第五十七条第一款的限制，但应当具有对外制种合同，进口的种子只能用于制种，其产品不得在境内销售。从境外引进农作物或者林木试验用种，应当隔离栽培，收获物也不得作为种子销售。”本条是关于境外制种的豁免。明确规定依据对外制种合同，从事境外制种业务需要进口种子的，可以不办理种子生产经营许可证和种子进出口许可，但进口的种子只能用于为境外制种，其为境外制种的种子不得在境内销售或从事科研以及其他用途。

农业对外合作具有重大意义，是统筹利用国际国内两个市场、两种资源、两类规则的必然要求，是我国建立开放型经济新体制的重点内容，是提升农业国际竞争力的重要途径。种业对外合作是农业对外合作的重要组成部分，要加强对种子生产经营对外合作的支持和引导，健全种业对外合作公共服务体系，促进企业对外合作主体作用的充分发挥。

随着外向型农业的发展，为国外繁殖制种已成为一个新的产业。它是由我国一些种子生产经营者与外国公司或境外公司合作，从境外引进杂交种亲本或一些常规种子，利用我国的资源和劳动力，在中国繁殖制种后又全部返销回输出国或其他地区，已经成为种业出口创汇的一个重要渠道。目前，制种的作物种类和数量有逐年增加的趋势。

为扩大我国对外制种产业的竞争力，保证境外制种合同的顺利执行，促进制种地产业的发展和进步，种子法为境外制种给予生产经营管理上的豁免措施，明确此类生产经营者不需要办理种子生产经营许可证和种子进出口许可，简化手续，以便于境外制种产业的发展。

此处需要注意的是，尽管法律明确规定为境外制种的，可以在生产经营许可和进出口许可政策上有所放宽，但对于其他条款的有关规定，如进出境检疫等方面的规定，还需要依据本法及其他相关法律的规定执行。

本条除关于为境外制种的有关规定外，还就为试验用途从境外引种作出规定。在全球一体化的大背景下，不论是在生产领域还是在科研领域，种质资源的交流与交换日益频繁。我国科研院所和种子企业在从事种业科研的过程中，会利用到国外的种质资源，或开展科学研究或进行生产研发。对引进的境外农作物或林木种子，在积极研究利用的同时，也应当保持清醒的头脑，严格隔离栽培，防止由于对其自然属性了解得不充分，或是由于自然环境条件的差异导致不可控的疫病的产生，以保证我国自然生态环境的稳定和产业发展的安全。据此，本法规定从境外引进农作物或者林木试验用种，应当隔离栽培，收获物也不得作为种子销售。同时国家对此问题也出台了有关进一步的规定，如《进出口农作物种子（苗）管理暂行办法》第七条规定，进口试验用种子应坚持少而精的原则。每个进口品种，种子以 10 亩播量，苗木以 100 株为限。

《农作物种质资源管理办法》第三十一条规定，国家鼓励单位和个人从境外引进农作物种质资源。第三十二条规定，从境外引进新物种的，应当进行科学论证，采取有效措施，防止可能造成的生态危害和环境危害。引进前，报经农业部批准，引进后隔离种植一个以上生育周期，经评估，证明确实安全和有利用价值的，方可分散种植。第三十三条规定，单位和个人从境外引进种质资源，应当依照有关植物检疫法律、行政法规的规定，办理植物检疫手续。引进的种质资源，应当隔离试种，经植物检疫机构检疫，证明确实不带危险性病、虫及杂草的，方可分散种植。第三十四条规定，国家实行引种统一登记制度。引种单位和个人应当在引进种质资源入境之日起 1 年内向国家农作物种质资源委员会办公室申报备案，并附适量种质材料供国家种质库保存。当事人可以将引种信息和种质资源送交当地农业主管部门或者农业科研机构，地方农业主管部门或者农业科研机构应当及时向国家农作物种质资源委员会办公室申报备案，并将收到的种质资源送交国家种质库保存。第三十五条规定，引进的种质资源，由国家农作物种质资源委员会统一编号和译名，任何单位和个人不得更改国家引种编号和译名。

若引进的品种为转基因品种的，应当遵守《农业转基因生物安全管理条例》的有关规定。条例规定，从事农业转基因生物研究与试验的单位，应当具备与安全等级相适应的安全设施和措施，确保农业转基因生物研究与试验的安全。中外合作、合资或者外方独资在中华人民共和国境内从事农业转基因生物研究与试验的，应当经国务院农业主管部门批准。

三、种业安全审查机制

种子法第六十一条规定：“国家建立种业国家安全审查机制。境外机构、个人投资、并购境内种子企业，或者与境内科研院所、种子企业开展技术合作，从事品种研发、种子生产经营的审批管理依照有关法律、行政法规的规定执行。”

种业是影响粮食安全和生态安全的第一要素。种业发展为支撑我国农业生产特别是粮食的可持续增长起到了重要的推动作用。近年来，我国粮食产量屡创新高，与高产优质品种的大面积推广密不可分。未来种业仍是决定中国粮食产量和品质的最大因素。

我国农作物种业起步晚，发展时间短，品种选育和推广整体水平还很低，与种业强国相比仍处于初级发展阶段。巨大的市场空间吸引跨国种业纷纷抢滩国内市场，国际种业前十强已全部登陆中国。在全球一体化浪潮下，面对跨国种业巨头的强势竞争，中国种业急需提升竞争力。

近几年，我国种子进出口贸易量呈逐年增长趋势，2019年种子进口量6.6万吨，进口额4.35亿美元。进口主要以蔬菜种子和草种为主，其中蔬菜种子进口占比51.5%，此外，甜菜6.5%、玉米1.1%、草本花卉种子9%，主要来自日本、欧盟、美国以及南美和东南亚国家。

跨国种业公司主要通过投资、贸易和合作研究等方式进入我国种业市场，同时加紧在我国进行研发布局。据统计，2019年外资种业企业种子销售总额20.3亿元，国内市场份额占比为2.7%。外资种业企业进入我国，为国内种业企业带来了先进的管理理念、运作方式和育种生产技术，激发了种业企业竞争活力。但是，随着外资不断涌入，加强对外资合资合作、并购、参股，以及开展技术合作等行为进行监管，十分必要。为规范外资进入我国种业的管理，参照国际通行做法，种子法要求建立种业安全审查机制。规范境外机构、个人投资、并购境内种子企业，或者与境内科研院所、种子企业开展技术合作，从事品种研发、种子生产经营等行为的安全审查工作上升为法律规范。在防止境内优异种质资源和先进育种技术流失，避免我国种子市场被外资控制，确保国内种业安全、粮食安全和生态安全，维护国内种子产业的正常市场竞争秩序，加强对外国投资者在境内开展合资合作、并购、品种研发等行为进行监测、预警等监管工作，有效应对外资企业和国外品种对我国种业发展带来的潜在风险等方面，进一步完善我国种业安全审查机制将发挥重要作用。

第八章

扶持措施

当前，我国已全面建成小康社会，开启全面建设社会主义现代化国家新征程。全面建设社会主义现代化国家，实现中华民族伟大复兴，解决好发展不平衡不充分问题，重点难点在“三农”，迫切需要补齐农业农村短板弱项。实现新型工业化、信息化、城镇化、农业现代化同步发展，农业现代化能否实现是关键。种子是农业的“芯片”，农业现代化，种子是基础。解决好种子问题，打好种业翻身仗，推动种业的健康可持续发展，在法治层面要有一系列保障和扶持措施。

一、扶持种业发展的必要性

种业是建设现代农业的标志性、先导性工程，是国家战略性、基础性核心产业。党中央、国务院历来高度重视种业发展。2011 年国务院印发《关于加快推进现代农作物种业发展的意见》（国发〔2011〕8 号），明确农作物种业是国家战略性、基础性的核心产业，是促进农业长期稳定发展、保障国家粮食安全的根本。发展民族种业是加快农业科技进步、保障国家粮食安全、把握农业国际竞争主动权的必然选择。2012 年国务院办公厅印发《关于加强林木种苗工作的意见》（国办发〔2012〕58 号），明确林木种苗是林业发展的重要基础，为林产品供给、推动生态建设等发挥了重要作用。2021 年 7 月 9 日，中央全面深化改革委员会第二十次会议审议通过《种业振兴行动方案》，强调要把种源安全提升到关系国家安全的战略高度，集中力量破难题、补短板、强优势、控风险，实现种业科技自立自强、种源自主可控。方案提出了种业振兴的指导思想、基本原则、重点任务和保障措施等一揽子安排，为打好种业翻身仗、推动我国由种业大国向种业强国迈进提供了路线图、任务书。

一是加快推进农林科技创新进步，核心在种业。农业农村是解决发展不平衡不充分问题的关键，迫切需要补齐短板弱项。种业是农林发展的决定性因素。目前，我国良种在农业科技贡献率中所占的比重为 45%，而发达国家普遍在 60% 以上。转变农业生产方式，走中国特色集约型、内涵式农业现代化道路，必须强化种业科技创新与服务，关键在品种突破。我国农业发展历程表明，每一次品种突破都会带来一次农业生产力水平的大幅度提升。过去，我国通过品种矮秆化解决了高秆倒伏问题，通过杂种优势利用大幅度提高粮食产量。当前，我国农业生产日益受到土壤肥力下降、水资源紧缺、自然灾害多发频发等严重影响，迫切需要选育单产水平高，适应性稳产性好，抗病抗逆性强的突破性品种。同时，我国农业生产方式正在向机械化、设施化、集约化转变，各类作物播种精量化、收获机械化越来越普遍，对种子质量、品种特性提出了前所未有的高要求。农村老龄化、空心化的发展趋势明显，破解“谁来种地”“怎样种地”难题，需要健全的农业社会化服务体系。在这些方面，种业企业将成为重要力量。

二是保障国家粮食和生态安全，关键在种业。2013 年中央提出“以我为主、立足国内、确保产能、适度进口、科技支撑”的国家粮食安全战略，要求依靠自己保口粮，集中国内资源保重点，做到谷物基本自给、口粮绝对安全。在粮食连年丰收的大好形势下，中央始终没有放松对粮食安全的要求，这是基于对世情国情农情的深刻把握和对未来发展的战略远见。2020 年中央提出，保障粮食安全，关键在于落实“藏粮于地、藏粮于技”战略。种子是农业的“芯片”，种业科技创新是农业科技发展的重中之重。2021 年我国粮食总产量 13657 亿斤，比上年增加 267 亿斤，增长 2%，全年粮食产量再创新高，连续 7 年保持在 1.3 万亿斤以上，粮食生产站在了新的历史起点上。当前我国农业发展面临的形势比较复杂，粮食等农产品的国内外差价不断扩大，随着食物结构转型升级，粮食消费需求持续刚性增长，粮食进口数量持续增长。要实现我国经济社会持续健康快速发展，粮食生产不容有大的闪失和波动。在耕地、水等环境资源约束趋紧，种粮收益逐年下降的情况下，粮食要增产，单产尤为重要，单产要提高，良种是关键。20 世纪 90 年代以来，美国在物化投入不增加的情况下，玉米亩产提高了 150 公斤。目前我国玉米亩产与美国仍有差距。差距就是潜力、就是方向。加快种业发展，核心是加快选育突破性高产优质的新品种，挖掘增产潜力，从源头上保障国家粮食安全。

党中央、国务院对林业工作高度重视，社会各界对生态问题日益关注，人民群众对优美环境和优质生态产品的需求日益增长，期盼着天更蓝、水更清、山更绿，有更清新的空气。党的十八大把生态文明建设纳入中国特色社会主义事业总体布局，党的十八届五中全会要求必须坚持节约资源和保护环境的基本国策，坚持可持续发展，推进美丽中国建设。2020 年，党的十九届五中全会通过的《中共中央关于制定国民经济和社会发展第十四个五年规划和 2035 年远景目标的建议》中，提出“提升生态系统质量和稳定性。坚持山水林田湖草系统治理，构建以国家公园为主体的自然保护地体系”“科学推进荒漠化、石漠化、水土流失综合治理，开展大规模国土绿化行动”。2021 年，

《中共中央、国务院关于完整准确全面贯彻新发展理念做好碳达峰碳中和工作的意见》中提出，深入推进大规模国土绿化行动。到 2025 年，森林覆盖率达到 24.1%，森林蓄积量达到 180 亿立方米；到 2030 年，森林覆盖率达到 25%左右，森林蓄积量达到 190 亿立方米。当前，林业发展正处在全面加强生态保护修复，全力推进国土绿化，提高森林质量的重要阶段。“十四五”期间，每年要完成造林 5400 万亩的任务，这就需要有数量足够、质量优良、结构合理的林木种苗为林业建设做基础保障。林木种苗是林业建设的基础，也是林业科技进步的重要载体，更是提升林业建设水平的关键。林业发展和生态建设任务的新形势、新任务，对林木种苗提出了新的更高的要求，林木种苗工作面临着历史性机遇和新的挑战。目前，全国分三批建设了 294 处国家级林木良种基地，年均生产林木良种种子 60 多万公斤，良种穗条 12 亿条。“十三五”期间，累计为国土绿化提供林木种子 1.35 亿公斤，苗木 2800 多亿株，其中林木良种 4500 万公斤，良种穗条 200 亿条，种苗生产能力和水平大幅提高，为推动大规模国土绿化行动提供了强力保障。全国主要造林树种良种使用率由 61% 提高到 65%，基本满足了生态建设对种苗的需求。但是种苗供应仍然存在品种结构不合理，部分主要造林树种良种少、供应不足等问题。

三是占据国际竞争主动权，切入点在种业。在经济全球化背景下，农业日益成为国际竞争重要领域，传统以国家保护为主的产业政策和以国为界的市场格局正在受到冲击。中国是种业大国，种业是国家重要的战略性、基础性产业，种业安全是保障国家粮食安全和生态安全的根本所在。随着全球经济一体化进程的不断加快和生物技术的迅猛发展，种业的国际竞争异常激烈。我国种业尚处于初级阶段，在品种创新能力、企业竞争能力和供种保障能力等方面相对较弱，种业发展的整体水平较发达国家还很低，难以适应现代农业发展的需要。面对国际种业巨头全球化的种质资源垄断、技术垄断和产业垄断的冲击，我国种业安全面临巨大的竞争压力和挑战，迫切需要提升种业创新能力，发展现代种业，提升国际竞争力。

建设现代种业，既要发挥市场机制的作用，也要加强政府引导作用，形成市场、政策、科技和管理之间的良性互动，坚持扶优扶强，共同推进种业强国目标的顺利实现。种业的跨越发展需要切实有力的超出常规的扶持措施，种子法将国家已出台的一系列行之有效的推动种业发展政策措施加以总结、提炼、升华，专门设立扶持措施一章，将涉及财政、税收、金融、保险、基础设施建设、人才培养等方面的政策措施系统化、制度化、法制化，以形成推动现代种业发展的合力。

二、加大财政投入力度

种子的培育周期长、风险高、投入大，现代种业的发展涉及品种选育、生产、示范推广、种质资源保护、种子储备等多个环节。其中有的环节，如品种选育的基础性研究、示范推广、种质资源保护、种子储备等，具有公益性质，投入主要由国家各级财政资金承担；有的环节，如商业化育种、生产、销售等，属于企业的市场经营行为，但需要国家财政资金予以扶持和引导。总体来说，种业的健康可持续发展离不开大量的资金投入。我国对种业的投入远不及发达国家，与其他一些发展中国家相比，也还有差距。为此，种子法第六十二条第一款规定："国家加大对种业发展的支持。对品种选育、生产、示范推广、种质资源保护、种子储备以及制种大县给予扶持。"国家对种业发展的扶持投入，主要包括以下内容：

1. 加大国家财政资金的投入力度。目前，我国的种业科研体制导致我国种业基础性、前沿性和公益性研究滞后，无法满足种业科技创新的发展需要。因此，国家需要加大对种业研究的投入，加大对生物育种产业的扶持力度。在农作物方面：加大农作物种业财政投入力度，支持种质资源开发、常规品种选育、关键技术及标准研发。重点建设农作物种质资源库、生物育种领域国家重点实验室、国家工程技术研究中心、南繁科研育种基地等，改善科研基础设施条件。支持开展育种理论、方法、遗传机理等重大课题和品种测试、种子质量检测等共性关键技术研究，推进农作物种质资源深度评价、材料规模化创制与利用，支持水稻、小麦、大豆等常规品种和马铃薯、甘蔗、果树、茶树等无性繁殖作物品种选育，全面提高农作物种业科技创新能力。在林木方面：建立财政对种质资源调查及收集保存、良种选育、林木种子储备等长期稳定的投资渠道。加大对重点良种基地、保障性苗圃、种质资源库、种子储备库的基本建设和维护投入。将国家重点公益性种苗事业纳入公共财政扶持领域，建立保障林木种苗发展的长效扶持机制。

2. 加大对制种大县的扶持。我国杂交农作物品种的制种产业主要集中在西北、西南和海南等地区，其他作物品种则分散在各地。由于农业生产环节全部免税，农业企业纳税就很少，对地方财政贡献较少，制种大县大都财政较为困难。由于产粮大县奖励主要以商品粮数量作为衡量指标，制种大县虽然为国家粮食安全作出突出贡献，却难以充分享受到种粮大县优惠扶持政策。2015 年中央一号文件提出，增加对粮食作物制种大县的奖励补助，调动地方政府支持种业的积极性。2015 年，中央财政开始对制种大县进行奖励，将制种大县纳入产粮大县奖励范围，以调动基层政府发展制种产业和农民生产优质种子的积极性。2015年到2020年，制种大县奖励政策共奖励280个县次，累计34亿元。支持范围涉及玉米、水稻、油菜、大豆等7大作物领域，制种大县年产种子满足了全国水稻、小麦、玉米、大豆等主要粮食作物用种70%以上，其中玉米、杂交稻供种量分别占全国的85%和75%，有力提升了我国供种保障能力。

3. 积极引导社会资金投资种业。种业的发展离不开资金支持。不仅要支持现有种子企业做大做强，而且要鼓励引导社会资本进入种业，鼓励种子企业兼并、重组，培育和壮大市场主体。种子法第六十二条第三款规定："国家积极引导社会资金投资种业。"

国家建立现代种业发展基金，是引导社会资本参与种业的有效方式。2013年3月，由财政部、农发行、中化集团共同发起建立了国内第一支具有政府背景、市场化运作的现代种业发展基金。基金总额15亿元，发挥财政资金的政策导向作用，广泛吸引社会资本和行业团队参与种业企业的投资和管理。重点支持具有育种能力、市场占有率较高、经营规模较大的"育繁推一体化"种子企业，如企业兼并重组、引进人才等，促进提高种子企业的育种能力、生产加工技术水平、市场营销能力，进一步提升种子企业的整体发展水平。近年来，现代种业发展基金将小麦、水稻、玉米三大主粮作为投资优先项，基本实现主产区、主销区和重点企业、重点品种全覆盖。截至2020年年底，现代种业发展基金累计投资金额18.34亿元，支持了隆平高科、农发种业、垦丰种业、大北农等种业龙头企业，所投企业服务全国35%的小麦、30%的水稻、20%的玉米种植面积。同时，与地方政府合作，发起设立深圳前海、安徽种业、江苏谷丰、湖南种业等子基金，带动其他资本100多亿元投资种业。江苏、吉林、福建、浙江等设立省级种业基金或商业化育种专项，吸引金融机构和社会资本进入种业，扶持优势种子企业做大做强。2013年，吉林省率先在全国设立5000万元的现代农作物种业发展专项资金，加大现代农作物种业发展投入，充分发挥财政资金的引领作用，支持、促进种业发展壮大。到2020年，吉林省现代种业发展基金规模达到3亿元。

4. 推动制种采种技术和设备发展。机械是现代农业的重要物质基础，也是先进农业科学技术的重要载体。种业科技创新始终代表着农业、林业科技创新的前沿，这不但体现在育种科研方面，也体现在制种、采种的技术和机械设备的研发与使用上。随着农业现代化的发展和耕作技术的进步，对种子、种苗的质量要求越来越高，每一粒种子、每一棵种苗的收获、加工、运输、储存，需要经过一系列的技术和设备的处理，对相关技术和设备的发展也提出了要求。在发展现代种业的过程中，要用现代工业提供的先进适用的技术装备武装种业，不断提高劳动生产率。制种、采种技术和设备，有的与一般农业、林业使用的技术、设备是通用的。但也有一些是种子、种苗行业所特有的，如种子的精选、加工、烘干、包衣、包装机械，林木种苗的专用采集机械等。

2004 年，我国颁布实施了《中华人民共和国农业机械化促进法》，2020 年全国农作物耕种收综合机械化率达到 71%，比 2004 年提高近 37 个百分点，其中小麦、稻谷、玉米耕种收综合机械化率分别达到 96%、84%、89%，基本实现机械化生产，为保障我国粮食安全、加快农业现代化提供了坚实的支撑。该法规定，中央财政、省级财政应当分别安排专项资金，对农民和农业生产经营组织购买国家支持推广的先进适用的农业机械给予补贴。随后，财政部、农业农村部等部门相继出台了一系列配套文件，具体规定了农机购置补贴的工作目标和操作程序。2021 年，农机购置补贴范围已经覆盖到全国所有农牧业县（场），补贴机具种类涵盖 15 大类 44 个小类 172 个品目，为了满足我国各地区的差异性需求，鼓励地方各级财政安排资金，优先用于对地方特色农业发展所需和小区域适用性强的机具补贴，与中央财政资金互为补充。

随着农业机械化水平的提高，种子和种苗生产的机械化水平越来越高，对先进适用机械的技术水平要求也越来越高，需求量也越来越大。种业上使用精选加工、烘干、包装、播种、收获等制种机械，有一些已经纳入了农机购置补贴的范围，但一些专用设备却一直都没有纳入。种子法第六十二条第二款规定："国家鼓励推广使用高效、安全制种采种技术和先进适用的制种采种机械，将先进适用的制种采种机械纳入农机具购置补贴范围。"2015 年，农业部办公厅、财政部办公厅印发的《2015—2017 年农业机械购置补贴实施指导意见》及之后的指导意见中，均将"种子加工机械、种子清选机等"纳入了中央财政资金补贴机具种类范围。

三、加强种业基础设施建设

种子法第六十三条规定："国家加强种业公益性基础设施建设，保障育种科研设施用地合理需求。对优势种子繁育基地内的耕地，划入永久基本农田。优势种子繁育基地由国务院农业农村主管部门商所在省、自治区、直辖市人民政府确定。"

1. 加强种业基础设施建设，保障育种科研用地合理需求。强化基础设施建设，是推动农村经济发展、促进农业和农村现代化的重要措施。种业是农业产业链的源头，是建设现代农业的战略性、基础性核心产业。现代种业的发展，涉及种质资源保护、品种选育、种子生产等各个环节，都需要有完善的基础设施。加强种业基础设施建设，是各级政府的责任。2021 年，国家发展改革委、农业农村部联合印发的《“十四五”现代种业提升工程建设规划》专门作出安排，“十四五”期间，要聚焦资源保护、育种创新、测试评价和良种繁育四大环节，布局建设一批国际一流的标志性工程。在种质资源保护方面，以国家种质资源长期库等为重点，打造具有国际先进水平的种质资源保护利用体系。在育种创新方面，以大型表型鉴定平台、分子育种平台等为重点，打造具有国际先进水平的基础性、前沿性研究和商业化育种体系，支持创新型企业发展。在测试评价方面，以国家品种测试中心等为重点，全面提升设施装备条件和品种测试（测定）能力。在良种繁育方面，以国家南繁基地、国家级种子基地等为重点，打造国家农作物等良种生产基地，有效保障良种供应，全面提升良种化水平。

育种科研用地是种业基础设施建设的重点，包括育种科研的设施用地和用于育种科研的农用地。针对种业企业和科研院所反映的育种科研设施用地不足的问题，2021 年修改种子法，增加了保障育种科研设施用地合理需求的内容。育种科学研究不但需要用于种植种子的耕地，还要建设相应的温室大棚、实验室、水利和电力设施等配套设施，中央和各级地方政府应当保障科研设施用地需求。这里的用地需求，可以通过两个方面解决。一是设施农业用地。2019 年，《自然资源部、农业农村部关于设施农业用地管理有关问题的通知》指出，设施农业用地包括农业生产中直接用于作物种植和畜禽水产养殖的设施用地。其中，作物种植设施用地包括作物生产和为生产服务的看护房、农资农机具存放场所等，以及与生产直接关联的烘干晾晒、分拣包装、保鲜存储等设施用地。从地方的实践看，还需要有必要的管理用房用地，满足员工临时宿舍、员工食堂、临时办公、公共卫生间等用地需求。二是建设用地。为了防止随意扩大设施农业用地范围，经营性的粮食存储和加工等场所，农产品加工、仓储和销售等场所，以及农业科研等用地，必须依法依规按建设用地进行管理。保障育种科研设施用地，应当符合土地管理法等法律法规、部门规章及规范性文件的要求。

2. 合理划定、建设和保护优势种子繁育基地。我国地域辽阔，东西、南北地理及气候差异较大，根据制种品种的不同，制种基地的分布也各有差异。目前，玉米制种基地主要分布在西北的新疆、河西走廊及东北、华北地区；水稻制种基地主要分布在南方地区；小麦制种基地主要分布在东北、华北、华中及西北地区；蔬菜、花卉制种基地主要分布在山东以及西北的河西走廊等地。海南是我国唯一的、不可替代的南繁育种基地。据不完全统计，全国大面积推广的水稻、玉米和瓜菜新品种中，有80%经过南繁加代。南繁为加快品种选育、推进农业科技进步作出了贡献。

优势种子繁育基地主要包括国家级和区域级种子生产基地建设和海南国家南繁基地等。国家级育种制种基地特别是海南、甘肃、四川三大基地，是不可多得的战略性资源，是保障农业供种安全的基础，要持续推进建设，并启动建设黑龙江大豆种子基地。2013年7月，农业部发出通知，首批认定了江苏省盐城市、海南省三亚市等31个市县为国家级杂交水稻种子生产基地，26个市县为国家级杂交玉米种子生产基地。此外，还有区域性作物良种繁育基地。经过多年的发展，这些优势种子繁育基地已经具备了较好的基础设施条件，但与标准化、规模化、集约化、机械化的要求还有一定差距：一是土地平整程度差，田块落差较大；二是田间灌排设施垮塌、渗漏、老化，末级渠系工程配套不完善，损毁严重，水资源利用效率不高；三是田间道路条件差，部分机耕道、生产路窄，路况差，影响农机下田作业；四是多年连续重茬种植，病虫害日益严重，土壤中的有害生物和有害物质数量迅速增加，造成减产；五是种子晾晒、烘干和储藏设施不足，易遭受冷害、冻害等自然灾害的影响，抵御自然灾害的能力不强，影响种子产量和质量；六是种子加工配套设施不完善，缺乏烘干分级设备等。

推动国家级种子生产基地建设，提升种子生产设施化水平，逐步实现种子生产规模化、机械化、标准化、集约化。区域性作物良种繁育基地建设方面，可以结合高标准农田建设给予支持，完善配套设施和专业服务。加强国家级和区域级种子生产基地建设，分区域、分作物建设优势种子生产基地，支持主要粮食作物种子生产大县（场）和重要经济作物种子生产优势县（场）建设，配套建设一批大型现代化种子加工中心，形成相对集中稳定的标准化、规模化、集约化、机械化种子生产基地。在土地利用方面，要按照土地利用总体规划，将生产基地内的耕地划入永久基本农田，实行严格保护，确保种子生产用地长期稳定。在基础建设方面，要加强种子生产基地基础设施建设，改善生产条件，建设现代化种子加工中心和配送体系，提高种子生产、加工能力和服务水平。在合作方式方面，要发挥市场机制作用，在依法自愿有偿和不改变土地用途的前提下，采取土地入股、租赁等方式，推动土地向制种大户、家庭农场、农民专业合作社流转，构建种子企业与制种大户、专业合作组织、农民建立长期稳定的合作关系，建立合理的利益分享机制。

随着育种科研的发展，海南南繁基地已成为科研育种由室内试验移向室外试验的重要载体和露天实验室，是国家育种科研公共服务的重要平台，也是现代种业科技创新的前沿阵地。近年来，随着政府和社会的大量投入，南繁基地有了较大改变，但科研单位小、散、乱，基础条件薄弱的局面没有得到根本改变。2015 年 10 月，经国务院同意，农业部、国家发改委、财政部、国土资源部与海南省政府在前期充分沟通、积极运作的基础上，联合印发《国家南繁科研育种基地（海南）建设规划（2015—2025）》，将 26.8 万亩南繁用地划入科研育种保护区，确权落实到户，划入永久基本农田，实行用途管制，搞好中低产田的高标准创建工作；改造提升现有科研种植核心区，并集中建设科研育种核心区；完善南繁公共实验服务平台，建设南繁公共实验室、生物安全检测室；解决现有设施输水能力不足、明渠年久失修等突出问题，保障保护区内农田灌溉用水。甘肃和四川要做好甘肃杂交玉米制种、四川杂交水稻制种等优势种子繁育基地建设，保护好基地范围内的耕地。

四、加大税收优惠力度

实现种业的跨越式快速发展，国家应在税收方面给予一定的优惠政策，种子法第六十四条规定：“对从事农作物和林木品种选育、生产的种子企业，按照国家有关规定给予扶持。”“给予扶持”主要指对从事品种选育、生产的种子企业按照国家规定实行税收优惠，法律作出原则性规定。

税收优惠政策，是指国家根据一定时期政治、经济和社会发展的需要，对符合条件的某类纳税人或某些征税对象给予减轻或免除其税收负担的政策，体现了国家税法的统一性与灵活性的结合，主要包括，减税、免税。其中，减税是指减少征收一部分按法定税率计算的应纳税额；免税，是指对法定应纳税额不予征收。按照规定，减税、免税是一种特殊的鼓励性和扶持性的经济手段，虽然减少了国家的财政收入，但是却可以减轻或免除特定纳税人的负担，会对纳税人产生一定的激励作用，从而促进经济和社会的发展。种业作为农业的重要组成部分，也是国民经济的基础，一直以来得到国家的大力扶持，国家对从事农作物和林木品种选育、生产的种子企业，实施税收优惠，降低企业经营成本，提高企业利润率，增强种业企业参与市场竞争的能力，调动社会资本投入种业的积极性，对促进种业企业做大做强，推动现代种业的发展具有重要作用。国家对从事农作物和林木品种选育、生产的种子企业的税收优惠政策主要有：

1.《中华人民共和国企业所得税法实施条例》第八十六条规定，企业从事农作物新品种的选育、林木的培育和种植的所得，免征企业所得税。《国家税务总局关于实施农、林、牧、渔业项目企业所得税优惠问题的公告》（国家税务总局公告 2011 年第 48 号）中对上述内容进行了细化，即企业从事农作物新品种选育的免税所得，是指企业对农作物进行品种和育种材料选育形成的成果，以及由这些成果形成的种子（苗）等繁殖材料的生产、初加工、销售一体化取得的所得。企业从事林木的培育和种植的免税所得，是指企业对树木、竹子的育种和育苗、抚育和管理以及规模造林活动取得的所得，包括企业通过拍卖或收购方式取得林木所有权并经过一定的生长周期，对林木进行再培育取得的所得。上述税收优惠涵盖大部分种子和种苗企业，体现了国家对种子行业的政策扶持。

2.《中华人民共和国增值税暂行条例》第十五条规定，农业生产者销售的自产农产品，免征增值税。国家税务总局对制种企业利用自有土地或承租土地，雇佣农户或雇工进行种子繁育，再经烘干、脱粒、风筛等深加工后销售种子，或者制种企业提供亲本种子委托农户繁育并从农户手中收回，再经烘干、脱粒、风筛等深加工后销售种子的行为，视为属于农业生产者销售自产农业产品，根据《中华人民共和国增值税暂行条例》有关规定免征增值税。

3.《国务院关于加快推进现代农作物种业发展的意见》（国发〔2011〕8 号）规定，对符合条件的“育繁推一体化”种子企业的种子生产经营所得，免征企业所得税。对企业兼并重组涉及的资产评估增值、债务重组收益、土地房屋权属转移等给予税收优惠，具体按照国家有关规定执行。

4.《科技部、财政部、国家税务总局关于修订印发〈高新技术企业认定管理办法〉的通知》（国科发火〔2016〕32 号）文件规定：优质、高产、高抗逆性优良新品种选育技术，新型农作物、牧草、林木种子的收获、精选、加工、质量检测技术，中药材优良品种选育、品系提纯复壮的新方法、新技术，珍稀、濒危野生动植物药材物种的种源繁育技术等属于国家重点支持的高新技术领域。在国家重点支持的高新技术领域内，持续进行研究开发与技术成果转化，形成企业核心自主知识产权，并以此为基础开展经营活动，符合上述条件的企业认定为高新技术企业并给予企业所得税优惠，扶持和鼓励涉农高新技术企业的发展。

五、加大信贷、保险扶持力度

种业投入大、环节多、周期长、技术要求高，种业企业的融资能力和抗风险能力还有待进一步加强，种业的健康发展需要金融支持，需要加大信贷、保险的扶持力度。

（一）鼓励和引导信贷支持

种子法第六十五条规定：“国家鼓励和引导金融机构

为种子生产经营和收储提供信贷支持。”明确加大金融机构对种业的支持力度。

种子生产的季节性特点，决定了种业企业在资金需求方面有以下特点：一是资金需求量大，投入产出周期长。新品种从开始选育到推向市场一般需要 5 年以上，巨额的科研投入，超长的回报周期，使得没有一定资金实力的企业难以涉足种业，即使那些已经发展到一定规模的种子企业，也经常因资金问题捉襟见肘。二是资金需求季节性强。种子企业与制种基地、农户签订制种委托合同一般在 3 月至 5 月，种子收购主要集中在 10 月，在这两个时间段，种子企业需要集中支付大量资金。而种子销售要到春节之后，资金才能回流。三是缺少有效抵押物。金融机构的贷款一般需要固定资产作为抵押，种子企业主要是厂房、设备、仪器等，价值较低。科研投入形成的知识产权、流转土地的经营权、库存的种子等，金融机构都不愿作为抵押物，即使能够贷到款，贷款额度低、利率高、审批手续复杂，企业负担较重，制约和影响了种子企业的发展。

2009 年，中国人民银行和银监会联合发布《关于进一步加强信贷结构调整 促进国民经济平稳较快发展的指导意见》（“信贷十条”）指导意见，明确要求，境内金融机构进一步加大涉农信贷投放，引导更多资金投向涉农领域；对符合农业生产所需的种子、化肥、农药等农用生产资料的生产和经营贷款，要加快审批，及时投放。农业发展银行充分运用政策性银行信贷杠杆，加大对农作物良种繁育和推广的信贷支持。对种子繁育和推广的主要贷款品种包括农业科技贷款、粮油准政策性贷款、商业性流动资金贷款等。对“育繁推一体化”企业的种子收购贷款给予基准利率优惠。农业发展银行自 2005 年开办棉花良种贷款业务、2006 年开办粮油种子贷款业务以来，支持范围涵盖良种研发、繁育、生产、经营和加工等各个环节，有效推动了现代种业发展，取得了良好的社会效益和经济效益。

围绕完善种子储备调控制度，国家鼓励和引导相关金融机构特别是政策性银行加大种子收储的信贷支持，中央和省级财政对种子储备给予补助。1996 年，中央财政为保证国家储备救灾备荒种子任务顺利完成，专门设立了国家救灾备荒种子储备贷款贴息资金，各承储单位储备国家救灾备荒种子使用银行贷款，财政部每年对承储单位使用的银行实际贷款按年利率 11.34% 实行全额贴息。超过 11.34% 的利息由承储单位自行负担；低于 11.34% 的利息，可用于与种子储备有关的保管、政策性亏损等支出，但不得挪作他用。但是从实践看，补贴办法也存在一些不足。一是不利于资金监管。储备种子补助主要以银行出具的付息凭证为依据核定贴息资金，一方面导致一些使用自有资金收储种子的承储单位因没有银行贷款凭证无法取得储备补助，另一方面给承储单位使用非储备种子的银行贷款套取财政补助以可乘之机。二是补助资金偏低，企业承储积极性不高，储备品种不适销、不对路。目前补助资金偏低，仅占种子储备实际费用的1/3，企业对承担种子储备任务的积极性不高，即使承担储备任务也是以压代储，储备的品种多是市场销路不畅的品种，很难起到备荒的作用。加之目前储备任务是当年下达、当年安排，承储单位只能有什么储什么。为此，《关于加快推进现代农作物种业发展的意见》（国发〔2011〕8号）文件提出，在现有国家救灾备荒种子储备基础上，建立国家和省两级种子储备体系。2015年农业部印发《国家救灾备荒种子储备补助经营管理办法》，明确重点储备作物、承储单位条件、储备计划确定程序等，明确“补助资金实行包干使用，用于承储单位在储备国家救灾备荒种子过程中发生的贮藏保管、种子检验、自然损耗、转商亏损或贷款贴息等费用”。相关金融机构应尽快制定信贷支持种子收储的管理意见，加大信贷支持力度，确保国家和省级种子储备资金供应。

（二）支持开展种子生产保险

农业是高风险、低收益的弱质产业，农业风险不但包括与其他产业同样的市场风险，还面临不以人的意志为转移的更具危害性的自然风险。国内外的实践均表明，农业风险的双重性、不确定性和复杂性，使农业保险成为农业风险管理的重要制度。我国20世纪50年代开始探索实践农业保险，在商业性保险框架下尝试过多种模式和经营方式，但保费收入始终在较低水平徘徊，最终以失败告一段落。随后，开始探索建立政策性农业保险制度。2007年中央财政开始对农业保险实施保费补贴。2012年，国务院颁布了《农业保险条例》，中央和地方各级财政支持农业保险的范围不断扩大，农业保险的经济补偿和风险保障能力日益显现。

种业是一个高风险的行业，具有投入大、环节多、周期长、技术要求高等特征，在种质资源保护、研发育种、繁育制种、生产加工、推广销售等产业链的各个环节都面临很高的风险。与普通的粮食种植相比，种子生产投入更大、不确定因素更多、风险更高。制种风险主要包括：一是气候因素。种子生产对气候要求非常严格，受气候等不可控因素影响很大，在生产关键时段遇到干旱、冻害等灾害时，种子的减产幅度会很大，甚至影响到种子质量，埋下隐患。二是人为因素。对制种组合的习性掌握得不扎实，亲本质量控制不严，均会给制种生产造成严重的损失。目前，种子生产企业大多规模较小，资金实力不强，抵抗风险能力较弱，种子企业又大多是委托农民生产种子，一旦出现严重灾害，企业和农民都难以承受。鉴于种子生产风险存在的客观性和严重性，制种企业和农民的迫切需要种子生产保险支持，增强其风险承受能力。种子法第六十六条规定：“国家支持保险机构开展种子生产保险。省级以上人民政府可以采取保险费补贴等措施，支持发展种业生产保险。”

种子生产保险，又称制种保险，是保险机构根据种子保险合同，对被保险人在种子生产中，因保险标的遭受约定的灾害事故所造成的种子生产的损失，承担赔偿保险金责任的保险活动。种子生产的高投入、高风险，导致生产者对风险保障的需求强烈，更愿意参加高保费、高保障的险种，需要保险公司专门创新保险服务。种子生产技术复杂，比同样的粮食生产环节多、投入高、用工多，种子生产保险的保额要比一般大田作物的保险金额高，保险公司承保后所承担的风险相对要大。制种企业和农户通过投保种子生产保险，将自然灾害风险、种子价格下跌或收入降低风险转移给保险公司，由保险公司在更大地域范围、更长时间和不同险种间进行分散，当发生灾害损失时，通过保险的灾后补偿功能提高损失赔偿效率，及时获得相对充足的再生产启动资金，实现对种子企业和制种农户的利益保护。2011 年，《国务院关于加快推进现代农作物种业发展的意见》（国发〔2011〕8 号）提出，建立政府支持、种子企业参与、商业化运作的种子生产风险分散机制，对符合条件的农作物种子生产开展保险试点。湖南、江苏、四川、甘肃、福建、浙江、宁夏及湖北等省（自治区）的部分地区启动了水稻制种和玉米制种保险的试点工作。《关于加大改革创新力度，加快农业现代化建设的若干意见》(2015 年中央一号文件）提出，将主要粮食作物制种保险纳入中央财政保费补贴目录。2018 年，财政部、农业农村部、银保监会发文，将三大粮食作物制种纳入中央财政农业保险保费补贴目录。经过三年的发展，到 2020 年，三大粮食作物制种保险保费收入达 2.2 亿元，风险保障水平在 7% 左右。

六、鼓励育种科研人才流动和创新创业

目前，我国种业科技人才主要集中在科研院所和高等院校，企业缺乏育种人才，严重制约其创新能力的提高。由于事业单位与企业存在退休待遇、稳定性等方面的差别，部分科研人员不愿放弃身份到企业工作；同时科研人员保留事业身份到企业兼职挂职又受国家相关规定制约，主要难题是涉及在编空岗和领导干部不能到企业兼职挂职等。种子法第六十七条规定：“国家鼓励科研院所及高等院校与种子企业开展育种科技人员交流，支持本单位的科技人员到种子企业从事育种成果转化活动；鼓励育种科研人才创新创业。”

1. 鼓励种业科研人员交流。为了解决科研院所和高等

院校的种业科技人员与企业交流难的问题，2015 年，农业部会同人力资源和社会保障部研究出台《关于鼓励事业单位种业骨干科技人员到种子企业开展技术服务的指导意见》，鼓励事业单位种业骨干科技人员采取兼职、挂职、参与项目合作等方式服务企业；种子企业采取股权奖励、期权分配、技术入股等方式激励事业单位种业骨干科技人员，通过购买商业保险提高其医疗、养老等保障水平；事业单位种业骨干科技人员可以在所服务的种子企业领取报酬；事业单位和种子企业按规定保障服务企业科技人员的权利、收益和奖励政策，三方在平等、公正、自愿的基础上明确责任；事业单位可以与种子企业协商，依据种业骨干科技人员服务形成的新技术、新材料、新品种以及成果转让、开发收益等情况进行权益分配。

2. 鼓励育种科研人才创新创业。近年来，我国科技成果转化率不高，很多科研成果在高校、科研院所中被束之高阁等问题备受社会各界诟病。让科研人员走向创业一线，释放创新活力，成为改革的重点和热点。对此，国家作出顶层设计，由地方具体推动，一系列切实可行的举措为科研人员创业打破藩篱。2015 年，《中共中央、国务院关于深化体制机制改革加快实施创新驱动发展战略的若干意见》提出，“符合条件的科研院所的科研人员经所在单位批准，可带着科研项目和成果、保留基本待遇到企业开展创新工作或创办企业”；国务院《关于进一步做好新形势下就业创业工作的意见》提出，“对于高校、科研院所等事业单位专业技术人员离岗创业的，经原单位同意，可在3年内保留人事关系，与原单位其他在岗人员同等享有参加职称评聘、岗位等级晋升和社会保险等方面的权利。原单位应当根据专业技术人员创业的实际情况，与其签订或变更聘用合同，明确权利义务”。2020年，人力资源和社会保障部印发《关于进一步支持和鼓励事业单位科研人员创新创业的指导意见》明确，“支持和鼓励科研人员兼职创新、在职创办企业；支持和鼓励科研人员离岗创办企业；支持和鼓励事业单位选派科研人员到企业工作或者参与项目合作等”。这些政策措施都为种业科技人员创新创业增加了保障，减少了顾虑。

3. 加大种业人才培养力度。加大种业科技队伍建设，大力培养种业科技领军人才和优秀创新团队。充分利用高等院校教育资源，建立重点实验室、研究中心和实习基地，加大种业人才培养力度，造就一批优秀种业人才。充分利用国家“千人计划”、农业农村部杰出人才计划、教育部出国留学基金等项目，支持企业从国外引进高层次人才，选派种子企业优秀科研和管理人员到国外深造，培养能够掌握和跟踪国际前沿技术的种业领军人才。积极创造条件，引导高校涉农专业毕业生到基层从事农技推广服务工作。

七、加强对异地繁育种子工作的管理和协调

我国地域广阔、生态类型多样化，为了充分发挥区域特点，避免一些不利自然因素及病虫害影响，我国种子繁育特别是杂交种子的繁育，主要采取异地集中繁育的方式。从全国来看，主要集中在西北、西南等几个优势繁育基地。2021 年，甘肃省和新疆维吾尔自治区杂交玉米制种面积 212 万亩，占全国杂交玉米制种面积的 78%。福建、湖南、四川、江西、江苏和海南六省的杂交水稻制种面积共计 133 万亩，占全国的 84%。各地粮食主产区也都建有区域性的种子繁育基地。

采用异地繁育，集中供种的方式，确保了种子的高产、稳产、高质，供种能力稳步提高，有效地确保用种需要。但是，异地繁育的管理和种子流通等方面还存在一些问题。在制种基地管理方面，由于企业、村集体、农户等多元化主体参与竞争，有的采用不正当手段在制种基地抢占制种区域、抢购收获的种子等，竞争愈演愈烈，加上地方政府管理乏力，管理和规范的难度增大，致使抢购、套购种子现象长期得不到解决。还有一些未办理许可证的私人小公司也通过挂靠、多家公司共用一证或者委托当地经纪人等形式争抢基地，不切实际地给农民许诺高价的空头支票，扰乱了种子生产秩序。在制种基地安全方面，有的地方缺

乏统一规划和管理，随意缩小制种田间的隔离距离，甚至没有隔离区，部分制种基地多年连续重茬，造成基地肥力下降，病虫害增加，严重影响了制种安全。在交通运输方面，制种基地以对外委托生产为主，每年有大量种子需销往全国，由于制种基地的地理位置特殊，季节性很强，发运时间集中（主要集中在每年的 11 月至次年 3 月），铁路运力不足，运输车皮紧张，种子不能及时运往各地，严重影响了种子的正常销售。如果采用汽车运输，将大幅提高运输成本。

为此，种子法第六十八条规定："国务院农业农村、林业草原主管部门和异地繁育种子所在地的省、自治区、直辖市人民政府应当加强对异地繁育种子工作的管理和协调，交通运输部门应当优先保证种子的运输。"

按照农业产业优势布局规划和供需基本平衡的原则，合理安排种子生产基地。农业农村部和海南省已共同建立了国家南繁工作领导小组，领导小组办公室设立在海南省南繁管理局；各省（区、市）也分别成立了南繁工作领导小组，并指定专门单位统筹负责本省（区、市）南繁工作，包括统一规划、统一拿地、统一建设、统一运行和统一管理，与南繁管理局对接，配合海南省做好本省（区、市）南繁基地建设与管理。

国家支持企业建立稳定的种子生产基地，在依法自愿有偿和不改变土地用途的前提下，采用租用等土地流转方式，积极探索种子生产专业合作社、企业订单制种等形式，提高种子生产企业门槛，推行繁育推一体化，创新制种机制。完善基地建设有关法规，规范制种行为，强化制种管理，提高制种质量水平。要加强法制宣传教育，提高种子企业和制种农民的契约精神，提高种子企业守法经营和诚信经营的水平。针对种子运输困难，种子运输成本高等问题，交通运输部门及地方各级人民政府应积极协调，从确保全国粮食和供种安全的高度重视和关心种子的运输流通问题的角度出发，参照农副产品运输“绿色通道”的做法，向制种优势区开通种子铁路、公路运输的“绿色通道”，降低运输成本，确保制种地区农民增收、农业增效，用种区域及时、高质，保障国家供种安全。

第九章

法律责任

法律责任，是指违反法律的规定而必须承担的法律后果。法律责任内容由法律作出规定，由法律规定的机构依法追究。法律责任按违法行为的性质不同，可以分为民事法律责任、行政法律责任和刑事法律责任三大类。

民事法律责任是指公民或法人因侵权、违约或者因法律规定的其他事由而依法承担的不利后果。民事法律责任主要是由违法行为或违约行为引起的，这种违法行为、违约行为除民事违法行为和违约行为外，还包括部分刑事违法行为和行政违法行为。民事法律责任具有以下特征：第一，在追究行为人的民事法律责任时，原则上应当由受害人主张，农业农村、林业草原主管部门和人民法院一般不主动追究。第二，民事法律责任尽管也有处罚违法行为人的目的，但主要目的是弥补受害人的损失。这与主要侧重于处罚违法犯罪的刑事法律责任和行政法律责任不同。第三，民事法律责任是通过协商、调解、仲裁、诉讼等民事法律程序追究的。

行政法律责任是指因违反行政法律或行政法规规定的事由而应当承担的法定的不利后果。行政法律责任既包括行政机关及其工作人员、授权或委托的社会组织及其工作人员在行政管理中因违法失职、滥用职权或行政不当而产生的行政法律责任，又包括公民、社会组织等行政相对人违反行政法律而产生的行政法律责任。行政法律责任分为处分和行政处罚。处分是行政机关对公务员或者国家机关工作人员违法失职行为的惩戒措施。公务员法第六十一条规定，公务员因违法违纪应当承担纪律责任的，依法给予处分。公务员法第六十二条规定，处分分为：警告、记过、记大过、降级、撤职、开除。行政处罚是国家行政机关对违反行政法律规范尚未构成犯罪的行为（违反行政管理秩序的行为）所给予的法律制裁。行政处罚法第九条规定了行政处罚的种类：（1）警告、通报批评；（2）罚款、没收违法所得、没收非法财物；（3）暂扣许可证件、降低资质等级、吊销许可证件；（4）限制开展生产经营活动、责令停产停业、责令关闭、限制从业；（5）行政拘留；（6）法律、行政法规规定的其他行政处罚。

刑事法律责任是指因违反刑事法律而应当承担的法定的不利后果。行为人违反刑事法律的行为必须具备犯罪的构成要件才承担刑事法律责任。刑事法律责任的主体，不仅包括公民，也包括法人和其他社会组织。刑事法律责任的承担方式为刑罚，刑罚分为主刑和附加刑。主刑的种类如下：（1）管制；（2）拘役；（3）有期徒刑；（4）无期徒刑；（5）死刑。附加刑的种类如下：（1）罚金；（2）剥夺政治权利；（3）没收财产。附加刑也可以独立适用。

同一违法行为，可能同时承担民事法律责任，并被追究行政法律责任和刑事法律责任。具体采取哪一种法律责任形式，应当根据调整违法行为人所侵害的社会关系的性质、特点及侵害的程度等多种因素来确定。

结合前几章法律制度设计的调整完善，种子法对法律责任作出修改，主要对故意侵犯植物新品种权，生产经营假劣种子等行为明确了有关法律责任，加大了处罚力度。同时依据国务院机构改革实际，对有关主管部门的名称进行了统一规范。

具体而言，本章规定的违法行为及其法律责任主要有以下几种情形。

一、农业农村、林业草原主管部门不依法履行监督管理职责的法律责任

种子法第六十九条第一款规定，农业农村、林业草原主管部门不依法履行监督管理职责有三种情形。第一，不依法作出行政许可决定。依据行政许可法第七十四条第一项和第二项的规定，行政机关实施行政许可，不依法作出

行政许可决定包括下列情形：（1）对不符合法定条件的申请人准予行政许可或者超越法定职权作出准予行政许可决定；（2）对符合法定条件的申请人不予行政许可或者不在法定期限内作出准予行政许可决定。第二，发现违法行为或者接到对违法行为的举报不予查处。对违反种子法的行为进行监督检查并依法查处是农业农村、林业草原主管部门的职责，农业农村、林业草原主管部门应当作为而不作为，即构成违法。第三，其他未依照本法规定履行职责的行为。有上述违法行为之一的，由本级人民政府或者上级人民政府有关部门责令改正，对负有责任的主管人员和其他直接责任人员依法给予处分。根据《行政机关公务员处分条例》第二十一条第一项的规定，在行政许可工作中违反法定权限、条件和程序设定或者实施行政许可的，给予警告或者记过处分；情节较重的，给予记大过或者降级处分；情节严重的，给予撤职处分。根据《行政机关公务员处分条例》第二十条第四项的规定，对于玩忽职守、贻误工作的行为，给予记过、记大过处分；情节较重的，给予降级或者撤职处分；情节严重的，给予开除处分。

种子法第六十九条第二款规定，农业农村、林业草原主管部门工作人员从事种子生产经营活动的，依法给予处分，此类违法行为针对的是种子法第五十五条的规定。农业农村、林业草原主管部门工作人员代表国家行使种子监督管理职权，禁止其从事一切经商、办企业以及参与其他营利性的种子生产经营活动，这是对国家机关及其工作人员最基本的行为要求。对农业农村、林业草原主管部门工作人员提出这些要求，有利于保证上述部门及其工作人员从事的种子监督管理工作的严肃性和公正性。公务员法第五十九条规定，公务员应当遵纪守法，不得违反有关规定从事或者参与营利性活动，在企业或者其他营利性组织中兼任职务。《行政机关公务员处分条例》第二十七条规定，从事或者参与营利性活动，在企业或者其他营利性组织中兼任职务的，给予记过或者记大过处分；情节较重的，给予降级或者撤职处分；情节严重的，给予开除处分。

该条构成犯罪的情形有：受贿罪、单位受贿罪、滥用职权罪或者玩忽职守罪。

二、品种审定委员会委员和工作人员不依法履行职责的法律责任

种子法第七十条规定，品种审定委员会委员和工作人员不依法履行职责，弄虚作假、徇私舞弊的，依法给予处分；自处分决定作出之日起五年内不得从事品种审定工作。此类违法行为针对的是种子法第十六条的规定。对品种审定委员会委员和工作人员违法违纪明确应承担的法律责任，尤其是规定了行业禁入，自处分决定作出之日起五年内不

得从事品种审定工作，有利于完善监督监管机制，避免使品种审定异化为权力寻租的工具，滋生腐败。

该条构成犯罪的情形有：受贿罪、单位受贿罪、滥用职权罪或者玩忽职守罪。

三、品种测试、试验和种子质量检验机构伪造测试、试验、检验数据或者出具虚假证明的法律责任

品种测试、试验和种子质量检验机构承担着对种子进行测试、试验和检验的职责。种子行政执法机关在日常的执法中，如果发现生产经营的种子可能存在问题，需要将有可能存在问题的种子送到品种测试、试验机构和种子检验机构进行测试、试验和检验，如果经测试、试验和检验发现品种和种子质量不符合规定和标准的，执法机关应当对当事人给予处罚。

种子法第七十一条规定，品种测试、试验和种子质量检验机构伪造测试、试验、检验数据或者出具虚假证明的，由县级以上人民政府农业农村、林业草原主管部门责令改正，对单位处五万元以上十万元以下罚款，对直接负责的主管人员和其他直接责任人员处一万元以上五万元以下罚款；有违法所得的，并处没收违法所得；给种子使用者和其他种子生产经营者造成损失的，与种子生产经营者承担连带责任；情节严重的，由省级以上人民政府有关主管部

门取消种子质量检验资格。

本条明确品种测试、试验和种子质量检验机构，“伪造测试、试验、检验数据或者出具虚假证明”应当承担的法律责任。明确行政机关实施行政处罚的种类，即责令当事人改正或者限期改正违法行为，使其终止违法行为，并处行政罚款，明确了对违法行为的财产罚，对单位处五万元以上十万元以下罚款，对直接负责的主管人员和其他直接责任人员处一万元以上五万元以下罚款；有违法所得的，并处没收违法所得。同时，明确对违法行为的行为罚。当种子质量检验机构不依法履行职责，给种子使用者和其他种子生产经营者造成严重损失的或者有其他情节严重的行为，由省级以上人民政府有关主管部门取消种子质量检验资格。本条在规定了在承担行政法律责任的同时还应承担民事法律责任。品种测试、试验和种子质量检验机构给种子使用者和其他种子生产经营者造成损失的，与种子生产经营者承担连带责任。所谓“连带责任”，是指依照法律规定或者当事人约定，两个或者两个以上当事人对其共同债务全部承担或者部分承担，并能因此引起其内部债务关系的一种民事责任。当责任人为多人时，每个人都负有清偿全部债务的责任，各责任人之间有连带关系。

该条构成犯罪的情形有：提供虚假证明文件罪或者出具证明文件重大失实罪。

四、违反植物新品种保护制度的法律责任

种子法第七十二条，针对违反本法植物新品种保护的规定，侵犯品种权人植物新品种权的行为，明确了法律责任。

（一）侵犯植物新品种权行为的解决途径

种子法第七十二条第一款规定，有侵犯植物新品种权行为的，由当事人协商解决，不愿协商或者协商不成的，植物新品种权所有人或者利害关系人可以请求县级以上人民政府农业农村、林业草原主管部门进行处理，也可以直接向人民法院提起诉讼。此类违法行为针对的是种子法第二十八条的规定。本款规定了三种纠纷解决途径：一是当事人协商解决；二是请求县级以上人民政府农业农村、林业草原主管部门进行处理；三是向人民法院起诉。这三种解决途径，关系是并列的，品种权人可以根据纠纷的具体情况，选择适合自己的救济方式来保护自己的合法权益。第一，协商解决。协商解决是指发生植物新品种权侵权案件以后，双方当事人直接进行磋商，以达成解决争议办法的处理方式。第二，行政处理。发生侵犯植物新品种权案件以后，植物新品种权所有人或者利害关系人如果不愿意协商或者协商不成的，可以请求行政主管部门进行处理。在此对这一规定作几点说明：（1）品种权侵权纠纷，性质

上属于民事纠纷，当事人协商解决不成的，通常应通过司法程序加以解决，而不应由行政机关处理。但种子法和植物新品种保护条例从我国实际情况出发，规定当事人也可以请求农业农村、林业草原主管部门进行处理。这对于发挥农业农村、林业草原主管部门业务熟悉、处理程序简便的优势，减少植物新品种权诉讼案件，方便当事人，是有利的。但是，究竟是直接向人民法院起诉，还是请求农业农村、林业草原主管部门处理，采用哪种方式对自己比较有利，要由当事人自己来判断，选择权在当事人，或者说是在植物新品种权所有人或者利害关系人。农业农村、林业草原主管部门只能根据有关当事人的请求进行处理，当事人没有请求农业农村、林业草原主管部门处理的，农业农村、林业草原主管部门不能主动进行处理。（2）可以作出本款规定的处理机关，应当是县级以上人民政府农业农村、林业草原主管部门。考虑到品种权侵权纠纷一般发生在基层，赋予县级以上人民政府农业农村、林业草原主管部门有权处理，有利于纠纷迅速、便捷地解决。（3）农业农村、林业草原主管部门对品种权侵权纠纷进行处理的依据，是法律法规的有关规定；进行处理的内容，主要是对是否构成侵权进行认定，并对认定为侵权的行为进行处理，即按照种子法第七十二条第六款的规定进行行政处罚。第三，向人民法院起诉。发生侵犯植物新品种权案件以后，植物新品种权所有人或者利害关系人如果不愿意协商或者协商不成的，也可以侵权人为被告，依照民事诉讼法的规定，提起民事诉讼。2001 年和 2007 年最高人民法院分别发布《关于审理植物新品种纠纷案件若干问题的解释》和《关于审理侵害植物新品种权纠纷案件具体应用法律问题的若干规定》，2021 年最高人民法院发布《关于审理侵害植物新品种权纠纷案件具体应用法律问题的若干规定（二）》，为法院审理品种权纠纷案件提供了依据。依照最高人民法院《关于审理植物新品种纠纷案件若干问题的解释》，人民法院受理的植物新品种权纠纷案件中包括了侵害植物新品种权案件。依照最高人民法院《关于审理侵害植物新品种权纠纷案件具体应用法律问题的若干规定》，植物新品种权所有人或者利害关系人认为植物新品种权受到侵害的，可以依法向人民法院提起诉讼。人民法院在依法审查当事人涉及植物新品种权的起诉时，只要符合民事诉讼法规定的民事案件起诉条件，均应当依法予以受理。

（二）侵犯植物新品种权行为的行政调解

种子法第七十二条第二款规定，县级以上人民政府农业农村、林业草原主管部门，根据当事人自愿的原则，对侵犯植物新品种权所造成的损害赔偿可以进行调解。调解达成协议的，当事人应当履行；当事人不履行协议或者调解未达成协议的，植物新品种权所有人或者利害关系人可以依法向人民法院提起诉讼。本款规定了行政调解。进行调解的机关，应是对品种权侵权纠纷作出行政处理的同一个农业农村、林业草原主管部门；调解的内容，是侵犯品种权的赔偿数额；调解只能应当事人的请求进行；这种调解属于行政机关对当事人之间的民事纠纷作出的民事调解，不是行政处理，应由当事人自愿履行，调解不成或者达成调解协议后又反悔的，植物新品种权所有人或者利害关系人可以依照民事诉讼法的规定，以对方当事人为被告向人民法院提起民事诉讼。

（三）侵犯植物新品种权行为的赔偿数额

依据种子法第七十二条第三款规定，侵犯植物新品种权的赔偿数额按照权利人因被侵权所受到的实际损失确定；实际损失难以确定的，可以按照侵权人因侵权所获得的利益确定。权利人的损失或者侵权人获得的利益难以确定的，可以参照该植物新品种权许可使用费的倍数合理确定。故意侵犯植物新品种权，情节严重的，可以在按照上述方法确定数额的一倍以上五倍以下确定赔偿数额。本款是关于侵犯植物新品种权的赔偿数额的确定方式及顺序的规定。2021 年修改种子法，就侵犯植物新品种权的主观故意作出明确规定。侵犯品种权的赔偿数额按法定顺序有以下几种方式：第一，按照权利人因被侵权所受到的实际损失来确定。简单地说，因侵权人的侵权产品在市场上销售，使品种权人的产品销售量下降，其销量减少的总数乘以每件繁殖材料的利润所得之积，即为被侵权人因被侵权所受到的实际损失。第二，实际损失难以确定的，可以按照侵权人因侵权所获得的利益确定。侵权人在侵权期间从每件侵权繁殖材料获得的利润，乘以在市场上销售的繁殖材料数额，所得之积，为侵权人在侵权期间所得利润，即侵权人在侵权期间因侵权所获得的利益。第三，权利人的损失或者侵权人获得的利益难以确定的，参照该植物新品种权许可使用费的倍数合理确定。第四，种子法还设定惩罚性赔偿制度，明确故意侵犯植物新品种权情节严重的，可以在权利人因侵权受到的损失、侵权人因侵权获得的利益或者植物新品种权许可使用费的一倍至五倍的范围内确定赔偿数额。此款侵犯植物新品种权的侵权加重处罚主观要件明确为故意。

种子法第七十二条第四款规定，权利人的损失、侵权人获得的利益和植物新品种权许可使用费均难以确定的，人民法院可以根据植物新品种权的类型、侵权行为的性质和情节等因素，确定给予五百万元以下的赔偿。本款是对难以取证情况下人民法院如何确定赔偿数额的规定。实践中，有一些侵害植物新品种权的案件，难以取得充分的证据以确定被侵权人所受到的实际损失、侵权人因侵权所获得的利益或者植物新品种权许可使用费。在这种情况下，人民法院可以根据侵权行为所侵犯的植物新品种权的类型、侵权行为的性质和情节等因素判决给予被侵权人法定的侵权赔偿。为有效保护植物新品种权所有人的合法权益，加大对品种权侵权行为的打击力度，这次修改种子法，将法定的侵权赔偿数额的上限规定为五百万元。

种子法第七十二条第五款规定，赔偿数额应当包括权利人为制止侵权行为所支付的合理开支。这里所说的合理开支，包括权利人所支付的用于制止侵权行为的交通费、调查费、鉴定费、适当的律师费及其他合理费用。

（四）侵犯植物新品种权行为的行政处罚

种子法第七十二条第六款规定，县级以上人民政府农业农村、林业草原主管部门处理侵犯植物新品种权案件时，为维护社会公共利益，责令侵权人停止侵权行为，没收违法所得和种子；货值金额不足五万元的，并处一万元以上二十五万元以下罚款；货值金额五万元以上的，并处货值金额五倍以上十倍以下罚款。本款是对品种权侵权行为的行政处罚的规定。本条明确，第一，处理侵犯植物新品种权案件的处罚主体为“县级以上人民政府农业农村、林业草原主管部门”。第二，明确侵犯植物新品种的行政处罚为责令停止侵权并没收违法所得和种子。第三，罚款金额以货值金额五万作为界限，货值金额不足五万元的，并处一万元以上二十五万元以下罚款；货值金额五万元以上的，并处货值金额五倍以上十倍以下罚款。

种子法第七十二条第七款规定，假冒授权品种的，由县级以上人民政府农业农村、林业草原主管部门责令停止假冒行为，没收违法所得和种子；货值金额不足五万元的，并处一万元以上二十五万元以下罚款；货值金额五万元以上的，并处货值金额五倍以上十倍以下罚款。本款是对假冒授权品种行为的行政处罚的规定。根据《植物新品种保护条例实施细则（农业部分）》第五十七条的规定，假冒授权品种行为是指下列情形之一：（1）印制或者使用伪造的品种权证书、品种权申请号、品种权号或者其他品种权申请标记、品种权标记；（2）印制或者使用已经被驳回、视为撤回或者撤回的品种权申请的申请号或者其他品种权申请标记；（3）印制或者使用已经被终止或者被宣告无效的品种权的品种权证书、品种权号或者其他品种权标记；（4）生产或者销售本条第1项、第2项和第3项所标记的品种；（5）生产或销售冒充品种权申请或者授权品种名称的品种；（6）其他足以使他人将非品种权申请或者非授权品种误认为品种权申请或者授权品种的行为。根据《植物新品种保护条例实施细则（林业部分）》第六十四条的规定，假冒授权品种，是指：（1）使用伪造的品种权证书、品种权号；（2）使用已经被终止或者被宣告无效品种权的品种权证书、品种权号；（3）以非授权品种冒充授权品种；（4）以此种授权品种冒充他种授权品种；（5）其他足以使他人将非授权品种误认为授权品种。本款与《植物新品种保护条例》第四十条是对同一种违法行为应承担行政责任的规定。比较二者，有两处变动。第一，罚款金额的计算方式下限由“没有货值金额或者货值金额五万元以下的，根据情节轻重，处二十五万元以下的罚款”修改为“货值金额不足五万元的，并处一万元以上二十五万元以下罚款”，上限由“货值金额五万元以上的，处货值金额一倍以上五倍以下的罚款”修改为“货值金额五万元以上的，并处货值金额五倍以上十倍以下罚款”。第二，本款针对罚款的下限，删除了“根据情节轻重”这一表述。植物新品种保护条例与种子法有不同规定的，应按种子法处罚。下一步，应根据种子法修改《植物新品种保护条例》，维护法制统一，行政法规应与上位法统一。

（五）植物新品种的申请权及植物新品种权的权属争议

种子法第七十三条规定，当事人就植物新品种的申请权和植物新品种权的权属发生争议的，可以向人民法院提起诉讼。本条为2015年种子法修订新增加的内容，是关于植物新品种的申请权和植物新品种权的权属发生争议的纠纷解决途径的规定。依照最高人民法院《关于审理植物新品种纠纷案件若干问题的解释》，人民法院受理的植物新品种纠纷案件包括是否应当授予植物新品种权纠纷案件、植物新品种申请权纠纷案件、植物新品种权权利归属纠纷案件、转让植物新品种申请权和转让植物新品种权的纠纷案件等。上述涉及植物新品种权纠纷可以分为民事案件和行政案件，人民法院在依法审查当事人涉及植物新品种权的起诉时，只要符合民事诉讼法、行政诉讼法规定的民事案件或者行政案件的起诉条件，均应当依法予以受理。

此外，根据《全国人民代表大会常务委员会关于在北京、上海、广州设立知识产权法院的决定》的规定，在北京、上海、广州设立知识产权法院，知识产权法院管辖植物新品种第一审知识产权民事和行政案件，不服国务院行政部门裁定或者决定而提起的第一审知识产权授权确权行政案件，由北京知识产权法院管辖。根据《全国人民代表大会常务委员会关于设立海南自由贸易港知识产权法院的决定》的规定，海南自由贸易港知识产权法院管辖海南省有关植物新品种第一审知识产权民事、行政案件。

五、生产经营假种子的法律责任

种子法第七十四条第一款规定，生产经营假种子的，由县级以上人民政府农业农村、林业草原主管部门责令停止生产经营，没收违法所得和种子，吊销种子生产经营许可证；违法生产经营的货值金额不足二万元的，并处二万元以上二十万元以下罚款；货值金额二万元以上的，并处货值金额十倍以上二十倍以下罚款。此类违法行为针对的是种子法第四十八条的规定。

本条对生产经营假种子的违法行为规定的法律责任，2021 年修改种子法进行了调整，集中提高违法行为处罚金额，以二万元为起点，即对违法生产经营的货值金额不足二万元的，并处二万元以上二十万元以下罚款；货值金额二万元以上的，并处货值金额十倍以上二十倍以下罚款。货值金额以违法生产经营种子的标价计算；没有标价的，按照同类产品的市场价格计算。对货值金额跨度较大的生产经营假种子的行为确定罚款数额时，分段设计，有序衔接。将罚款的下限由“违法生产经营的货值金额不足一万元的，并处一万元以上十万元以下罚款”修改为“违法生产经营的货值金额不足二万元的，并处二万元以上二十万元以下罚款”；并明确“货值金额二万元以上的，并处货值金额十倍以上二十倍以下罚款”。本条明确了罚款的起点，且最高罚款是货值金额的二十倍，是种子法最高、最严的以货值金额倍数计算行政处罚的法律责任方式，体现了对生产经营假种子违法行为坚决打击的态度。

种子法第七十四条第二款规定，因生产经营假种子犯罪被判处有期徒刑以上刑罚的，种子企业或者其他单位的法定代表人、直接负责的主管人员自刑罚执行完毕之日起五年内不得担任种子企业的法定代表人、高级管理人员。

从一定意义上说，生产经营假种子的违法行为与一些企业、单位的法定代表人、直接负责的主管人员密不可分。基于此，现行刑法规定的生产、销售伪劣种子罪和生产、销售伪劣产品罪，实行的是双罚制，即不仅要对犯罪的企业或者其他单位给予刑事处罚，而且要对其直接负责的主管人员和其他直接人员给予刑事处罚。对判处有期徒刑以上刑罚的企业或者其他单位的法定代表人、直接负责的主管人员规定了行业禁入。有期徒刑以上刑罚指有期徒刑、无期徒刑和死刑。如果相关自然人主体因犯罪被判处管制、拘役或者附加刑，不承担这一行业禁入的处罚。本款将时间限定为自刑罚执行完毕之日起五年内不得担任种子企业的法定代表人、高级管理人员。

该条构成犯罪的情形有：生产、销售伪劣种子罪；生产、销售伪劣产品罪。

六、生产经营劣种子的法律责任

种子法第七十五条第一款规定，生产经营劣种子的，由县级以上人民政府农业农村、林业草原主管部门责令停止生产经营，没收违法所得和种子；违法生产经营的货值金额不足二万元的，并处一万元以上十万元以下罚款；货值金额二万元以上的，并处货值金额五倍以上十倍以下罚款；情节严重的，吊销种子生产经营许可证。此类违法行为针对的是种子法第四十八条的规定。

种子法对生产经营劣种子的违法行为规定的法律责任，2021 年修改种子法，加大了处罚力度。明确县级以上人民政府农业农村、林业草原主管部门可以依法对生产经营劣种子的违法行为作出处罚。同时参照其他法律的有关规定，将对生产经营劣种子规定的罚款以“货值金额”为处罚基数，从而解决处罚标准难以界定判断的问题。同时，明确以生产经营劣种子的货值金额的多少确定罚款数额时，分段设计，有序衔接。将罚款的下限由“违法生产经营的货值金额不足一万元的，并处五千元以上五万元以下罚款”修改为“违法生产经营的货值金额不足二万元的，并处一万元以上十万元以下罚款”；将罚款的上限由“货值金额一万元以上的，并处货值金额五倍以上十倍以下罚款”修改为“货值金额二万元以上的，并处货值金额五倍以上十倍以下罚款”。出现情节严重的情形，可吊销种子生产经营许可证。

种子法第七十五条第二款也规定了行业禁入，因生产经营劣种子犯罪被判处有期徒刑以上刑罚的，种子企业或者其他单位的法定代表人、直接负责的主管人员自刑罚执行完毕之日起五年内不得担任种子企业的法定代表人、高级管理人员。

该条构成犯罪的情形有：生产、销售伪劣种子罪；生产、销售伪劣产品罪。

七、违反种子生产经营许可证制度的法律责任

种子法第七十六条第一款规定，违反种子生产经营许可证制度的行为有六种情形。第一，未取得种子生产经营许可证生产经营种子。国家对种子的生产经营实行许可制度，以确保生产经营的种子合法合格。第二，以欺骗、贿赂等不正当手段取得种子生产经营许可证。行政许可法第七十九条规定，被许可人以欺骗、贿赂等不正当手段取得行政许可的，行政机关应当依法给予行政处罚；取得的行政许可属于直接关系公共安全、人身健康、生命财产安全事项的，申请人在三年内不得再次申请该行政许可；构成犯罪的，依法追究刑事责任。第三，未按照种子生产经营许可证的规定生产经营种子。实践中发现，有的被许可人获得许可后没有按照许可证上载明生产经营的品种、地点和经营范围、有效期限、有效区域等开展生产经营活动。第四，伪造、变造、买卖、租借种子生产经营许可证。只要行为人实施了伪造、变造、买卖、租借四种行为之一，便构成本条规定的违法行为。第五，不再具有繁殖种子的隔离和培育条件，或者不再具有无检疫性有害生物的种子生产地点或者县级以上人民政府林业草原主管部门确定的采种林，继续从事种子生产。第六，未执行种子检验、检

疫规程生产种子。第五项和第六项为2021年修改种子法增加的内容，主要是针对第三十二条第二款和第三十四条的内容设定的法律责任，目的在于强化对繁殖种子的隔离和培育条件、种子生产条件的要求，以及种子检验、检疫规程的法律执行力，对不按规定执行的予以相应处罚。

有上述违法行为之一的，由县级以上人民政府农业农村、林业草原主管部门责令改正，没收违法所得和种子；违法生产经营的货值金额不足一万元的，并处三千元以上三万元以下罚款；货值金额一万元以上的，并处货值金额三倍以上五倍以下罚款；可以吊销种子生产经营许可证。

种子法第七十六条第二款增加规定了行业禁入，被吊销种子生产经营许可证的单位，其法定代表人、直接负责的主管人员自处罚决定作出之日起五年内不得担任种子企业的法定代表人、高级管理人员。

该条构成犯罪的情形是：非法经营罪；伪造、变造、买卖国家机关公文、证件、印章罪。

八、违反品种审定制度、品种登记制度以及违法广告的法律责任

种子法第七十七条第一款规定，违反品种审定制度、品种登记制度的行为有五种情形。第一，对应当审定未经审定的农作物品种进行推广、销售，此类违法行为主要针

对的是种子法第二十三条第一款的规定。应当审定的农作物品种未经审定的情形有：一是从未提出过审定申请的；二是虽提出过审定申请，但既未经国家级审定通过，也未经省级审定通过；三是虽经审定通过但是在审定公告的适宜生态区域外推广的。第二，作为良种推广、销售应当审定未经审定的林木品种，此类违法行为主要针对的是种子法第二十三条第二款的规定。本款只针对作为良种推广、销售应当审定而未经审定的林木品种的行为。应当审定虽未经审定通过，但作为普通林木品种（即非良种）推广、销售，不受此款限制。第三，推广、销售应当停止推广、销售的农作物品种或者林木良种，此类违法行为主要针对的是种子法第二十一条的规定。第四，对应当登记未经登记的农作物品种进行推广，或者以登记品种的名义进行销售，此类违法行为主要针对的是种子法第二十三条第三款的规定。第五，对已撤销登记的农作物品种进行推广，或者以登记品种的名义进行销售，此类违法行为主要针对的是种子法第二十二条第六款的规定。

有上述违法情形之一的，由县级以上人民政府农业农村、林业草原主管部门责令停止违法行为，没收违法所得和种子，并处二万元以上二十万元以下罚款。

种子法第七十七条第二款规定，对应当审定未经审定或者应当登记未经登记的农作物品种发布广告，或者广告中有关品种的主要性状描述的内容与审定、登记公告不一致的，依照广告法的有关规定追究法律责任，此类违法行为主要针对的是种子法第二十三条、第四十一条的规定。本款是2015年修改种子法时新增加的内容。一是明确了广告监督管理机关的行政管理权。规定由广告监督管理机关依照广告法的有关规定，对违反种子法第二十三条、第四十一条规定的违法行为追究法律责任。二是对广告主、广告经营者、广告发布者发布广告的行为依法监督管理，规范广告的发布行为，维护种子生产经营者和使用者的合法权益。

广告法第五十五条规定，发布虚假广告的，由市场监督管理部门责令停止发布广告，责令广告主在相应范围内消除影响，处广告费用三倍以上五倍以下的罚款，广告费用无法计算或者明显偏低的，处二十万元以上一百万元以下的罚款；两年内有三次以上违法行为或者有其他严重情节的，处广告费用五倍以上十倍以下的罚款，广告费用无法计算或者明显偏低的，处一百万元以上二百万元以下的罚款，可以吊销营业执照，并由广告审查机关撤销广告审查批准文件、一年内不受理其广告审查申请。广告经营者、广告发布者明知或者应知广告虚假仍设计、制作、代理、发布的，由市场监督管理部门没收广告费用，并处广告费用三倍以上五倍以下的罚款，广告费用无法计算或者明显偏低的，处二十万元以上一百万元以下的罚款；两年内有三次以上违法行为或者有其他严重情节的，处广告费用五倍以上十倍以下的罚款，广告费用无法计算或者明显偏低的，处一百万元以上二百万元以下的罚款，并可以由有关部门暂停广告发布业务、吊销营业执照。

该条构成犯罪的情形是虚假广告罪。

九、违法从事种子进出口业务的法律责任

种子法第七十八条规定，违法从事种子进出口业务有四种情形。第一，未经许可进出口种子，此类违法行为主要针对的是种子法第五十七条第一款的规定。第二，为境外制种的种子在境内销售，此类违法行为主要针对的是种子法第五十九条第一款的规定。为境外制种进口种子的目的是为境外培育更多的种子，其生产的种子不得在国内销售。第三，从境外引进农作物或者林木种子进行引种试验的收获物作为种子在境内销售，此类违法行为主要针对的是种子法第五十九条第二款的规定。第四，进出口假、劣种子或者属于国家规定不得进出口的种子，此类违法行为主要针对的是种子法第六十条的规定。

有上述违法情形之一的，由县级以上人民政府农业农村、林业草原主管部门责令改正，没收违法所得和种子；违法生产经营的货值金额不足一万元的，并处三千元以上

三万元以下罚款；货值金额一万元以上的，并处货值金额三倍以上五倍以下罚款；情节严重的，吊销种子生产经营许可证。

该条构成犯罪的情形是非法经营罪。

十、违反种子包装、标签和使用说明书、备案制度的法律责任

种子法第七十九条规定，违反种子包装、标签和使用说明书、备案制度的行为有五种情形。第一，销售的种子应当包装而没有包装，此类违法行为主要针对的是种子法第三十九条第一款的规定。第二，销售的种子没有使用说明或者标签内容不符合规定，此类违法行为主要针对的是种子法第四十条的规定。第三，涂改标签。涂改是指涂去原有的，重新写或画。第四，未按规定建立、保存种子生产经营档案，此类违法行为主要针对的是种子法第三十六条的规定。生产经营档案是种子生产经营全过程的客观记录，既是保证种子质量的基本参考依据，也是解决种子质量纠纷的重要证据，便于出现问题时进行责任追踪，是对种子生产经营进行管理的重要法律措施。不依法建立种子生产经营档案，应承担相应的法律责任。第五，种子生产经营者在异地设立分支机构、专门经营不再分装的包装种子或者受委托生产、代销种子，未按规定备案，此类违法

行为主要针对的是种子法第三十八条的规定。这里需要指出的是，依照种子法的规定，实行选育生产经营相结合，符合国务院农业农村、林业草原主管部门规定条件的种子企业的生产经营许可证的有效区域为全国，而其他种子生产经营者在有效区域之外的异地设立分支机构是需要申请领取种子生产经营许可证的，仅备案是不合法的。

有上述违法情形之一的，由县级以上人民政府农业农村、林业草原主管部门责令改正，处二千元以上二万元以下罚款。本条加大了罚款的处罚力度，由修改前第六十二条“处以一千元以上一万元以下罚款”修改为“处二千元以上二万元以下罚款”。处罚金额上限和下限各增加了一倍。

十一、违反种质资源保护利用制度的法律责任

种子法第八十条规定，违反种质资源保护利用制度的违法行为有两种情形。第一，侵占、破坏种质资源，此类违法行为主要针对的是种子法第八条第一款的规定。这是2015 年修改种子法增加的规定。第二，私自采集或者采伐国家重点保护的天然种质资源，此类违法行为主要针对的是种子法第八条第二款的规定。

有上述违法行为之一的，由县级以上人民政府农业农村、林业草原主管部门责令停止违法行为，没收种质资源

和违法所得，并处五千元以上五万元以下罚款。本条只规定了定额罚款“五千元以上五万元以下”，没有规定倍比罚款。

有上述违法行为之一，造成损失的，依法承担赔偿责任。本条意在向侵权人明示，造成国家财产损失，除承担行政法律责任外，还需要承担民事赔偿责任，两种责任并行不悖，不能相互替代。

该条构成犯罪的情形有：非法采伐、毁坏国家重点保护植物罪。

十二、侵犯种质资源国家主权的法律责任

种子法第八十一条第一款规定，侵犯种质资源国家主权的行为有两种情形。第一，未经批准向境外提供或者从境外引进种质资源；第二，未经批准与境外机构、个人开展合作研究利用种质资源。上述两类违法行为主要针对的是种子法第十一条第一款的规定。

有上述违法情形之一的，由国务院或者省、自治区、直辖市人民政府的农业农村、林业草原主管部门没收种质资源和违法所得，并处二万元以上二十万元以下罚款。本款是2015年修改种子法时，对原第六十三条第一款的修改，加大了罚款的处罚力度，由处“一万元以上五万元以下罚款”修改为处“二万元以上二十万元以下罚款”，最

低罚款是修改前的两倍，最高罚款是修改前的四倍。

种子法第八十一条第二款规定，未取得农业农村、林业草原主管部门的批准文件携带、运输种质资源出境的，海关应当将该种质资源扣留，并移送省、自治区、直辖市人民政府农业农村、林业草原主管部门处理。本款是2015年修改时，保留了原第六十二条第二款的规定。考虑到种质资源不同于一般的走私货物、物品，在对种质资源的处置上，种子法作了特别规定，即海关应当将其扣留的种质资源移送省、自治区、直辖市人民政府农业农村、林业草原主管部门处理。

十三、违反林木种子采收管理制度的法律责任

种子法第八十二条规定，违反林木种子采收管理制度的行为有两种情形。第一，抢采掠青、损坏母树；第二，在劣质林内和劣质母树上采种子。此两类违法行为针对的是种子法第三十五条第二款规定。

有上述情形之一的，由县级以上人民政府林业草原主管部门责令停止采种行为，没收所采种子，并处所采种子货值金额二倍以上五倍以下罚款。

该条构成犯罪的情形有盗窃罪。

十四、种子企业有造假行为的法律责任

种子企业的造假行为，是指不如实申报品种区域试验、

生产试验过程中的数据或者有其他造假行为的。针对种子法第十七条设立品种审定绿色通道的规定，种子法第八十三条规定，种子企业有造假行为的，由省级以上人民政府农业农村、林业草原主管部门处一百万元以上五百万元以下罚款；不得再依照种子法第十七条的规定申请品种审定，取消其自行试验的资格。除了承担行政法律责任外，给种子使用者和其他种子生产经营者造成损失的，还要依法承担民事赔偿责任。本条是2015年修改种子法时增加的法律责任。

十五、未按计划使用林木良种造林的法律责任

种子法第八十四条规定，未根据林业草原主管部门制定的计划使用林木良种的，由同级人民政府林业草原主管部门责令限期改正；逾期未改正的，处三千元以上三万元以下罚款。此类违法行为对应的是种子法第四十四条的规定。只有未根据林业草原主管部门制定的计划使用林木良种的行为，才构成违法。如果林业草原主管部门没有制定计划或者计划中没有使用林木良种的要求，则该造林行为不构成违法。只有在违法行为人接到责令限期改正的通知书后，拒不改正，林业草原主管部门才适用罚款的行政处罚。本条是2015年修改时增加的条文，修改前有义务性规范，但没有规定罚则。该次修法，增设了相应的法律责任。

十六、在种子生产基地进行检疫性有害生物接种试验的法律责任

种子法第八十五条规定，在种子生产基地进行检疫性有害生物接种试验的，由县级以上人民政府农业农村、林业草原主管部门责令停止试验，处五千元以上五万元以下罚款。此类违法行为针对的是种子法第五十三条第二款的规定。

该条构成犯罪的情形有：妨害动植物防疫、检疫罪。

十七、拒绝、阻挠农业农村、林业草原主管部门依法实施监督检查的法律责任

种子法第八十六条规定，拒绝、阻挠农业农村、林业草原主管部门依法实施监督检查的，处二千元以上五万元以下罚款，可以责令停产停业整顿；构成违反治安管理行为的，由公安机关依法给予治安管理处罚。此类违法行为针对的是种子法第四十九条的规定。停产停业整顿，是农业农村、林业草原主管部门强制要求拒绝、阻挠执法的经营者停止生产经营的行政处罚。“可以责令停产停业整顿”是指赋予农业农村、林业草原主管部门酌情判断并选择适用该类处罚的自由裁量权。治安管理处罚法第五十条规定，阻碍国家机关工作人员依法执行职务的，处警告或者二百

元以下罚款；情节严重的，处五日以上十日以下拘留，可以并处五百元以下罚款。行为人如果阻碍了农业农村、林业草原主管部门工作人员依法执行职务，但没有采取暴力、威胁方法的，可以适用该条规定对行为人进行治安处罚。

该条构成犯罪的情形有：妨害公务罪。

十八、私自转让公共育种成果的法律责任

种子法第八十七条规定，私自交易育种成果，给本单位造成经济损失的，依法承担民事赔偿责任。本条为2015年修改时增加的内容。依据种子法第十三条第二款的规定，由财政资金支持为主形成的育种成果的转让、许可等应当依法公开进行，应当通过公共交易平台进行转让、许可等，禁止私自交易。

该条构成犯罪的情形有：贪污罪。

十九、侵犯种子使用者自主选择权的法律责任

种子法第八十八条规定，强迫种子使用者违背自己的意愿购买、使用种子，给使用者造成损失的，应当承担民事赔偿责任。此类违法行为针对的是种子法第四十三条的规定。自主选择权是种子使用者的一项基本权利。消费者权益保护法第九条规定，消费者享有自主选择商品或者服务的权利。消费者有权自主选择提供商品或者服务的经营

者，自主选择商品品种或者服务方式，自主决定购买或者不购买任何一种商品、接受或者不接受任何一项服务。消费者在自主选择商品或者服务时，有权进行比较、鉴别和挑选。

该条构成犯罪的情形有：强迫交易罪。

二十、违反种子法的刑事法律责任

种子法第八十九条规定，违反本法规定，构成犯罪的，依法追究刑事责任。农业农村、林业草原主管部门的工作人员或者种子生产经营活动中的当事人如果有种子法规定的违法行为，且其行为符合我国刑法所规定的犯罪构成要件的，就要依据刑法有关条款承担相应的刑事法律责任。刑事责任统一在本条规定，而且不涉及具体的罪名，这样处理，一是条文比较简洁，二是内容完整，避免因为专门规定几类犯罪行为而漏掉其他犯罪行为，这种处理模式也是当前立法中的通常做法。

按照种子法规定的违法行为，构成犯罪的主要有以下情形：（1）受贿罪；（2）单位受贿罪；（3）滥用职权罪或者玩忽职守罪；（4）提供虚假证明文件罪或者出具证明文件重大失实罪；（5）生产、销售伪劣种子罪；（6）生产、销售伪劣产品罪；（7）非法经营罪；（8）伪造、变造、买卖国家机关公文、证件、印章罪；（9）虚假广告罪；（10）非法采伐、毁坏国家重点保护植物罪；（11）盗窃罪；（12）妨害动植物防疫、检疫罪；（13）妨害公务罪；（14）贪污罪；（15）强迫交易罪。

附录

中华人民共和国种子法

（2000年7月8日第九届全国人民代表大会常务委员会第十六次会议通过　根据2004年8月28日第十届全国人民代表大会常务委员会第十一次会议《关于修改〈中华人民共和国种子法〉的决定》第一次修正　根据2013年6月29日第十二届全国人民代表大会常务委员会第三次会议《关于修改〈中华人民共和国文物保护法〉等十二部法律的决定》第二次修正　2015年11月4日第十二届全国人民代表大会常务委员会第十七次会议修订　根据2021年12月24日第十三届全国人民代表大会常务委员会第三十二次会议《关于修改〈中华人民共和国种子法〉的决定》第三次修正）

目　　录

第一章 总 则

第一条 为了保护和合理利用种质资源，规范品种选育、种子生产经营和管理行为，加强种业科学技术研究，鼓励育种创新，保护植物新品种权，维护种子生产经营者、使用者的合法权益，提高种子质量，发展现代种业，保障国家粮食安全，促进农业和林业的发展，制定本法。

第二条 在中华人民共和国境内从事品种选育、种子生产经营和管理等活动，适用本法。

本法所称种子，是指农作物和林木的种植材料或者繁殖材料，包括籽粒、果实、根、茎、苗、芽、叶、花等。

第三条 国务院农业农村、林业草原主管部门分别主管全国农作物种子和林木种子工作；县级以上地方人民政府农业农村、林业草原主管部门分别主管本行政区域内农作物种子和林木种子工作。

各级人民政府及其有关部门应当采取措施，加强种子执法和监督，依法惩处侵害农民权益的种子违法行为。

第四条 国家扶持种质资源保护工作和选育、生产、更新、推广使用良种，鼓励品种选育和种子生产经营相结合，奖励在种质资源保护工作和良种选育、推广等工作中成绩显著的单位和个人。

第五条 省级以上人民政府应当根据科教兴农方针和农业、林业发展的需要制定种业发展规划并组织实施。

第六条 省级以上人民政府建立种子储备制度，主要用于发生灾害时的生产需要及余缺调剂，保障农业和林业生产安全。对储备的种子应当定期检验和更新。种子储备的具体办法由国务院规定。

第七条 转基因植物品种的选育、试验、审定和推广应当进行安全性评价，并采取严格的安全控制措施。国务院农业农村、林业草原主管部门应当加强跟踪监管并及时公告有关转基因植物品种审定和推广的信息。具体办法由国务院规定。

第二章 种质资源保护

第八条 国家依法保护种质资源，任何单位和个人不得侵占和破坏种质资源。

禁止采集或者采伐国家重点保护的天然种质资源。因科研等特殊情况需要采集或者采伐的，应当经国务院或者省、自治区、直辖市人民政府的农业农村、林业草原主管部门批准。

第九条 国家有计划地普查、收集、整理、鉴定、登记、保存、交流和利用种质资源，重点收集珍稀、濒危、特有资源和特色地方品种，定期公布可供利用的种质资源目录。具体办法由国务院农业农村、林业草原主管部门规定。

第十条 国务院农业农村、林业草原主管部门应当建立种质资源库、种质资源保护区或者种质资源保护地。省、自治区、直辖市人民政府农业农村、林业草原主管部门可以根据需要建立种质资源库、种质资源保护区、种质资源保护地。种质资源库、种质资源保护区、种质资源保护地的种质资源属公共资源，依法开放利用。

占用种质资源库、种质资源保护区或者种质资源保护地的，需经原设立机关同意。

第十一条 国家对种质资源享有主权。任何单位和个人向境外提供种质资源，或者与境外机构、个人开展合作研究利用种质资源的，应当报国务院农业农村、林业草原主管部门批准，并同时提交国家共享惠益的方案。国务院农业农村、林业草原主管部门可以委托省、自治区、直辖市人民政府农业农村、林业草原主管部门接收申请材料。国务院农业农村、林业草原主管部门应当将批准情况通报国务院生态环境主管部门。

从境外引进种质资源的，依照国务院农业农村、林业草原主管部门的有关规定办理。

第三章 品种选育、审定与登记

第十二条 国家支持科研院所及高等院校重点开展育种的基础性、前沿性和应用技术研究以及生物育种技术研究，支持常规作物、主要造林树种育种和无性繁殖材料选育等公益性研究。

国家鼓励种子企业充分利用公益性研究成果，培育具有自主知识产权的优良品种；鼓励种子企业与科研院所及高等院校构建技术研发平台，开展主要粮食作物、重要经济作物育种攻关，建立以市场为导向、利益共享、风险共担的产学研相结合的种业技术创新体系。

国家加强种业科技创新能力建设，促进种业科技成果转化，维护种业科技人员的合法权益。

第十三条 由财政资金支持形成的育种发明专利权和植物新品种权，除涉及国家安全、国家利益和重大社会公共利益的外，授权项目承担者依法取得。

由财政资金支持为主形成的育种成果的转让、许可等应当依法公开进行，禁止私自交易。

第十四条 单位和个人因林业草原主管部门为选育林木良种建立测定林、试验林、优树收集区、基因库等而减少经济收入的，批准建立的林业草原主管部门应当按照国家有关规定给予经济补偿。

第十五条 国家对主要农作物和主要林木实行品种审定制度。主要农作物品种和主要林木品种在推广前应当通过国家级或者省级审定。由省、自治区、直辖市人民政府林业草原主管部门确定的主要林木品种实行省级审定。

申请审定的品种应当符合特异性、一致性、稳定性要求。

主要农作物品种和主要林木品种的审定办法由国务院农业农村、林业草原主管部门规定。审定办法应当体现公正、公开、科学、效率的原则，有利于产量、品质、抗性等的提高与协调，有利于适应市场和生活消费需要的品种的推广。在制定、修改审定办法时，应当充分听取育种者、种子使用者、生产经营者和相关行业代表意见。

第十六条 国务院和省、自治区、直辖市人民政府的农业农村、林业草原主管部门分别设立由专业人员组成的农作物品种和林木品种审定委员会。品种审定委员会承担主要农作物品种和主要林木品种的审定工作，建立包括申请文件、品种审定试验数据、种子样品、审定意见和审定结论等内容的审定档案，保证可追溯。在审定通过的品种依法公布的相关信息中应当包括审定意见情况，接受监督。

品种审定实行回避制度。品种审定委员会委员、工作人员及相关测试、试验人员应当忠于职守，公正廉洁。对单位和个人举报或者监督检查发现的上述人员的违法行为，省级以上人民政府农业农村、林业草原主管部门和有关机关应当及时依法处理。

第十七条　实行选育生产经营相结合，符合国务院农业农村、林业草原主管部门规定条件的种子企业，对其自主研发的主要农作物品种、主要林木品种可以按照审定办法自行完成试验，达到审定标准的，品种审定委员会应当颁发审定证书。种子企业对试验数据的真实性负责，保证可追溯，接受省级以上人民政府农业农村、林业草原主管部门和社会的监督。

第十八条　审定未通过的农作物品种和林木品种，申请人有异议的，可以向原审定委员会或者国家级审定委员会申请复审。

第十九条　通过国家级审定的农作物品种和林木良种由国务院农业农村、林业草原主管部门公告，可以在全国适宜的生态区域推广。通过省级审定的农作物品种和林木良种由省、自治区、直辖市人民政府农业农村、林业草原主管部门公告，可以在本行政区域内适宜的生态区域推广；其他省、自治区、直辖市属于同一适宜生态区的地域引种农作物品种、林木良种的，引种者应当将引种的品种和区域报所在省、自治区、直辖市人民政府农业农村、林业草原主管部门备案。

引种本地区没有自然分布的林木品种，应当按照国家引种标准通过试验。

第二十条 省、自治区、直辖市人民政府农业农村、林业草原主管部门应当完善品种选育、审定工作的区域协作机制，促进优良品种的选育和推广。

第二十一条 审定通过的农作物品种和林木良种出现不可克服的严重缺陷等情形不宜继续推广、销售的，经原审定委员会审核确认后，撤销审定，由原公告部门发布公告，停止推广、销售。

第二十二条 国家对部分非主要农作物实行品种登记制度。列入非主要农作物登记目录的品种在推广前应当登记。

实行品种登记的农作物范围应当严格控制，并根据保护生物多样性、保证消费安全和用种安全的原则确定。登记目录由国务院农业农村主管部门制定和调整。

申请者申请品种登记应当向省、自治区、直辖市人民政府农业农村主管部门提交申请文件和种子样品，并对其真实性负责，保证可追溯，接受监督检查。申请文件包括品种的种类、名称、来源、特性、育种过程以及特异性、一致性、稳定性测试报告等。

省、自治区、直辖市人民政府农业农村主管部门自受理品种登记申请之日起二十个工作日内，对申请者提交的申请文件进行书面审查，符合要求的，报国务院农业农村主管部门予以登记公告。

对已登记品种存在申请文件、种子样品不实的，由国务院农业农村主管部门撤销该品种登记，并将该申请者的违法信息记入社会诚信档案，向社会公布；给种子使用者和其他种子生产经营者造成损失的，依法承担赔偿责任。

对已登记品种出现不可克服的严重缺陷等情形的，由国务院农业农村主管部门撤销登记，并发布公告，停止推广。

非主要农作物品种登记办法由国务院农业农村主管部门规定。

第二十三条 应当审定的农作物品种未经审定的，不得发布广告、推广、销售。

应当审定的林木品种未经审定通过的，不得作为良种推广、销售，但生产确需使用的，应当经林木品种审定委员会认定。

应当登记的农作物品种未经登记的，不得发布广告、推广，不得以登记品种的名义销售。

第二十四条 在中国境内没有经常居所或者营业场所的境外机构、个人在境内申请品种审定或者登记的，应当委托具有法人资格的境内种子企业代理。

第四章 新品种保护

第二十五条 国家实行植物新品种保护制度。对国家植物品种保护名录内经过人工选育或者发现的野生植物加以改良，具备新颖性、特异性、一致性、稳定性和适当命名的植物品种，由国务院农业农村、林业草原主管部门授予植物新品种权，保护植物新品种权所有人的合法权益。植物新品种权的内容和归属、授予条件、申请和受理、审查与批准，以及期限、终止和无效等依照本法、有关法律和行政法规规定执行。

国家鼓励和支持种业科技创新、植物新品种培育及成果转化。取得植物新品种权的品种得到推广应用的，育种者依法获得相应的经济利益。

第二十六条 一个植物新品种只能授予一项植物新品种权。两个以上的申请人分别就同一个品种申请植物新品种权的，植物新品种权授予最先申请的人；同时申请的，植物新品种权授予最先完成该品种育种的人。

对违反法律，危害社会公共利益、生态环境的植物新品种，不授予植物新品种权。

第二十七条 授予植物新品种权的植物新品种名称，应当与相同或者相近的植物属或者种中已知品种的名称相区别。该名称经授权后即为该植物新品种的通用名称。

下列名称不得用于授权品种的命名：

（一）仅以数字表示的；

（二）违反社会公德的；

（三）对植物新品种的特征、特性或者育种者身份等容易引起误解的。

同一植物品种在申请新品种保护、品种审定、品种登记、推广、销售时只能使用同一个名称。生产推广、销售的种子应当与申请植物新品种保护、品种审定、品种登记时提供的样品相符。

第二十八条　植物新品种权所有人对其授权品种享有排他的独占权。植物新品种权所有人可以将植物新品种权许可他人实施，并按照合同约定收取许可使用费；许可使用费可以采取固定价款、从推广收益中提成等方式收取。

任何单位或者个人未经植物新品种权所有人许可，不得生产、繁殖和为繁殖而进行处理、许诺销售、销售、进口、出口以及为实施上述行为储存该授权品种的繁殖材料，不得为商业目的将该授权品种的繁殖材料重复使用于生产另一品种的繁殖材料。本法、有关法律、行政法规另有规定的除外。

实施前款规定的行为，涉及由未经许可使用授权品种的繁殖材料而获得的收获材料的，应当得到植物新品种权所有人的许可；但是，植物新品种权所有人对繁殖材料已有合理机会行使其权利的除外。

对实质性派生品种实施第二款、第三款规定行为的，应当征得原始品种的植物新品种权所有人的同意。

实质性派生品种制度的实施步骤和办法由国务院规定。

第二十九条 在下列情况下使用授权品种的，可以不经植物新品种权所有人许可，不向其支付使用费，但不得侵犯植物新品种权所有人依照本法、有关法律、行政法规享有的其他权利：

（一）利用授权品种进行育种及其他科研活动；

（二）农民自繁自用授权品种的繁殖材料。

第三十条 为了国家利益或者社会公共利益，国务院农业农村、林业草原主管部门可以作出实施植物新品种权强制许可的决定，并予以登记和公告。

取得实施强制许可的单位或者个人不享有独占的实施权，并且无权允许他人实施。

第五章 种子生产经营

第三十一条 从事种子进出口业务的种子生产经营许可证，由国务院农业农村、林业草原主管部门核发。国务院农业农村、林业草原主管部门可以委托省、自治区、直辖市人民政府农业农村、林业草原主管部门接收申请材料。

从事主要农作物杂交种子及其亲本种子、林木良种繁殖材料生产经营的，以及符合国务院农业农村主管部门规定条件的实行选育生产经营相结合的农作物种子企业的种子生产经营许可证，由省、自治区、直辖市人民政府农业农村、林业草原主管部门核发。

前两款规定以外的其他种子的生产经营许可证，由生产经营者所在地县级以上地方人民政府农业农村、林业草原主管部门核发。

只从事非主要农作物种子和非主要林木种子生产的，不需要办理种子生产经营许可证。

第三十二条 申请取得种子生产经营许可证的，应当具有与种子生产经营相适应的生产经营设施、设备及专业技术人员，以及法规和国务院农业农村、林业草原主管部门规定的其他条件。

从事种子生产的，还应当同时具有繁殖种子的隔离和培育条件，具有无检疫性有害生物的种子生产地点或者县级以上人民政府林业草原主管部门确定的采种林。

申请领取具有植物新品种权的种子生产经营许可证的，应当征得植物新品种权所有人的书面同意。

第三十三条 种子生产经营许可证应当载明生产经营者名称、地址、法定代表人、生产种子的品种、地点和种子经营的范围、有效期限、有效区域等事项。

前款事项发生变更的，应当自变更之日起三十日内，向原核发许可证机关申请变更登记。

除本法另有规定外，禁止任何单位和个人无种子生产经营许可证或者违反种子生产经营许可证的规定生产、经营种子。禁止伪造、变造、买卖、租借种子生产经营许可证。

第三十四条 种子生产应当执行种子生产技术规程和种子检验、检疫规程，保证种子符合净度、纯度、发芽率等质量要求和检疫要求。

县级以上人民政府农业农村、林业草原主管部门应当指导、支持种子生产经营者采用先进的种子生产技术，改进生产工艺，提高种子质量。

第三十五条 在林木种子生产基地内采集种子的，由种子生产基地的经营者组织进行，采集种子应当按照国家有关标准进行。

禁止抢采掠青、损坏母树，禁止在劣质林内、劣质母树上采集种子。

第三十六条 种子生产经营者应当建立和保存包括种子来源、产地、数量、质量、销售去向、销售日期和有关责任人员等内容的生产经营档案，保证可追溯。种子生产经营档案的具体载明事项，种子生产经营档案及种子样品的保存期限由国务院农业农村、林业草原主管部门规定。

第三十七条 农民个人自繁自用的常规种子有剩余的，

可以在当地集贸市场上出售、串换，不需要办理种子生产经营许可证。

第三十八条　种子生产经营许可证的有效区域由发证机关在其管辖范围内确定。种子生产经营者在种子生产经营许可证载明的有效区域设立分支机构的，专门经营不再分装的包装种子的，或者受具有种子生产经营许可证的种子生产经营者以书面委托生产、代销其种子的，不需要办理种子生产经营许可证，但应当向当地农业农村、林业草原主管部门备案。

实行选育生产经营相结合，符合国务院农业农村、林业草原主管部门规定条件的种子企业的生产经营许可证的有效区域为全国。

第三十九条　销售的种子应当加工、分级、包装。但是不能加工、包装的除外。

大包装或者进口种子可以分装；实行分装的，应当标注分装单位，并对种子质量负责。

第四十条　销售的种子应当符合国家或者行业标准，附有标签和使用说明。标签和使用说明标注的内容应当与销售的种子相符。种子生产经营者对标注内容的真实性和种子质量负责。

标签应当标注种子类别、品种名称、品种审定或者登记编号、品种适宜种植区域及季节、生产经营者及注册地、质量指标、检疫证明编号、种子生产经营许可证编号和信息代码，以及国务院农业农村、林业草原主管部门规定的其他事项。

销售授权品种种子的，应当标注品种权号。

销售进口种子的，应当附有进口审批文号和中文标签。

销售转基因植物品种种子的，必须用明显的文字标注，并应当提示使用时的安全控制措施。

种子生产经营者应当遵守有关法律、法规的规定，诚实守信，向种子使用者提供种子生产者信息、种子的主要性状、主要栽培措施、适应性等使用条件的说明、风险提示与有关咨询服务，不得作虚假或者引人误解的宣传。

任何单位和个人不得非法干预种子生产经营者的生产经营自主权。

第四十一条 种子广告的内容应当符合本法和有关广告的法律、法规的规定，主要性状描述等应当与审定、登记公告一致。

第四十二条 运输或者邮寄种子应当依照有关法律、行政法规的规定进行检疫。

第四十三条 种子使用者有权按照自己的意愿购买种子，任何单位和个人不得非法干预。

第四十四条 国家对推广使用林木良种造林给予扶持。国家投资或者国家投资为主的造林项目和国有林业单位造林，应当根据林业草原主管部门制定的计划使用林木良种。

第四十五条　种子使用者因种子质量问题或者因种子的标签和使用说明标注的内容不真实，遭受损失的，种子使用者可以向出售种子的经营者要求赔偿，也可以向种子生产者或者其他经营者要求赔偿。赔偿额包括购种价款、可得利益损失和其他损失。属于种子生产者或者其他经营者责任的，出售种子的经营者赔偿后，有权向种子生产者或者其他经营者追偿；属于出售种子的经营者责任的，种子生产者或者其他经营者赔偿后，有权向出售种子的经营者追偿。

第六章　种子监督管理

第四十六条　农业农村、林业草原主管部门应当加强对种子质量的监督检查。种子质量管理办法、行业标准和检验方法，由国务院农业农村、林业草原主管部门制定。

农业农村、林业草原主管部门可以采用国家规定的快速检测方法对生产经营的种子品种进行检测，检测结果可以作为行政处罚依据。被检查人对检测结果有异议的，可以申请复检，复检不得采用同一检测方法。因检测结果错误给当事人造成损失的，依法承担赔偿责任。

第四十七条　农业农村、林业草原主管部门可以委托种子质量检验机构对种子质量进行检验。

承担种子质量检验的机构应当具备相应的检测条件、能力，并经省级以上人民政府有关主管部门考核合格。

种子质量检验机构应当配备种子检验员。种子检验员应当具有中专以上有关专业学历，具备相应的种子检验技术能力和水平。

第四十八条 禁止生产经营假、劣种子。农业农村、林业草原主管部门和有关部门依法打击生产经营假、劣种子的违法行为，保护农民合法权益，维护公平竞争的市场秩序。

下列种子为假种子：

（一）以非种子冒充种子或者以此种品种种子冒充其他品种种子的；

（二）种子种类、品种与标签标注的内容不符或者没有标签的。

下列种子为劣种子：

（一）质量低于国家规定标准的；

（二）质量低于标签标注指标的；

（三）带有国家规定的检疫性有害生物的。

第四十九条 农业农村、林业草原主管部门是种子行政执法机关。种子执法人员依法执行公务时应当出示行政执法证件。农业农村、林业草原主管部门依法履行种子监督检查职责时，有权采取下列措施：

（一）进入生产经营场所进行现场检查；

（二）对种子进行取样测试、试验或者检验；

（三）查阅、复制有关合同、票据、账簿、生产经营档案及其他有关资料；

（四）查封、扣押有证据证明违法生产经营的种子，以及用于违法生产经营的工具、设备及运输工具等；

（五）查封违法从事种子生产经营活动的场所。

农业农村、林业草原主管部门依照本法规定行使职权，当事人应当协助、配合，不得拒绝、阻挠。

农业农村、林业草原主管部门所属的综合执法机构或者受其委托的种子管理机构，可以开展种子执法相关工作。

第五十条　种子生产经营者依法自愿成立种子行业协会，加强行业自律管理，维护成员合法权益，为成员和行业发展提供信息交流、技术培训、信用建设、市场营销和咨询等服务。

第五十一条　种子生产经营者可自愿向具有资质的认证机构申请种子质量认证。经认证合格的，可以在包装上使用认证标识。

第五十二条　由于不可抗力原因，为生产需要必须使用低于国家或者地方规定标准的农作物种子的，应当经用种地县级以上地方人民政府批准。

第五十三条　从事品种选育和种子生产经营以及管理

的单位和个人应当遵守有关植物检疫法律、行政法规的规定，防止植物危险性病、虫、杂草及其他有害生物的传播和蔓延。

禁止任何单位和个人在种子生产基地从事检疫性有害生物接种试验。

第五十四条 省级以上人民政府农业农村、林业草原主管部门应当在统一的政府信息发布平台上发布品种审定、品种登记、新品种保护、种子生产经营许可、监督管理等信息。

国务院农业农村、林业草原主管部门建立植物品种标准样品库，为种子监督管理提供依据。

第五十五条 农业农村、林业草原主管部门及其工作人员，不得参与和从事种子生产经营活动。

第七章 种子进出口和对外合作

第五十六条 进口种子和出口种子必须实施检疫，防止植物危险性病、虫、杂草及其他有害生物传入境内和传出境外，具体检疫工作按照有关植物进出境检疫法律、行政法规的规定执行。

第五十七条 从事种子进出口业务的，应当具备种子生产经营许可证；其中，从事农作物种子进出口业务的，还应当按照国家有关规定取得种子进出口许可。

从境外引进农作物、林木种子的审定权限，农作物种子的进口审批办法，引进转基因植物品种的管理办法，由国务院规定。

第五十八条　进口种子的质量，应当达到国家标准或者行业标准。没有国家标准或者行业标准的，可以按照合同约定的标准执行。

第五十九条　为境外制种进口种子的，可以不受本法第五十七条第一款的限制，但应当具有对外制种合同，进口的种子只能用于制种，其产品不得在境内销售。

从境外引进农作物或者林木试验用种，应当隔离栽培，收获物也不得作为种子销售。

第六十条　禁止进出口假、劣种子以及属于国家规定不得进出口的种子。

第六十一条　国家建立种业国家安全审查机制。境外机构、个人投资、并购境内种子企业，或者与境内科研院所、种子企业开展技术合作，从事品种研发、种子生产经营的审批管理依照有关法律、行政法规的规定执行。

第八章　扶持措施

第六十二条　国家加大对种业发展的支持。对品种选育、生产、示范推广、种质资源保护、种子储备以及制种大县给予扶持。

国家鼓励推广使用高效、安全制种采种技术和先进适用的制种采种机械，将先进适用的制种采种机械纳入农机具购置补贴范围。

国家积极引导社会资金投资种业。

第六十三条 国家加强种业公益性基础设施建设，保障育种科研设施用地合理需求。

对优势种子繁育基地内的耕地，划入永久基本农田。优势种子繁育基地由国务院农业农村主管部门商所在省、自治区、直辖市人民政府确定。

第六十四条 对从事农作物和林木品种选育、生产的种子企业，按照国家有关规定给予扶持。

第六十五条 国家鼓励和引导金融机构为种子生产经营和收储提供信贷支持。

第六十六条 国家支持保险机构开展种子生产保险。省级以上人民政府可以采取保险费补贴等措施，支持发展种业生产保险。

第六十七条 国家鼓励科研院所及高等院校与种子企业开展育种科技人员交流，支持本单位的科技人员到种子企业从事育种成果转化活动；鼓励育种科研人才创新创业。

第六十八条 国务院农业农村、林业草原主管部门和异地繁育种子所在地的省、自治区、直辖市人民政府应当加强对异地繁育种子工作的管理和协调，交通运输部门应当优先保证种子的运输。

第九章 法律责任

第六十九条 农业农村、林业草原主管部门不依法作出行政许可决定，发现违法行为或者接到对违法行为的举报不予查处，或者有其他未依照本法规定履行职责的行为的，由本级人民政府或者上级人民政府有关部门责令改正，对负有责任的主管人员和其他直接责任人员依法给予处分。

违反本法第五十五条规定，农业农村、林业草原主管部门工作人员从事种子生产经营活动的，依法给予处分。

第七十条 违反本法第十六条规定，品种审定委员会委员和工作人员不依法履行职责，弄虚作假、徇私舞弊的，依法给予处分；自处分决定作出之日起五年内不得从事品种审定工作。

第七十一条 品种测试、试验和种子质量检验机构伪造测试、试验、检验数据或者出具虚假证明的，由县级以上人民政府农业农村、林业草原主管部门责令改正，对单位处五万元以上十万元以下罚款，对直接负责的主管人员和其他直接责任人员处一万元以上五万元以下罚款；有违法所得的，并处没收违法所得；给种子使用者和其他种子生产经营者造成损失的，与种子生产经营者承担连带责任；情节严重的，由省级以上人民政府有关主管部门取消种子质量检验资格。

第七十二条 违反本法第二十八条规定，有侵犯植物新品种权行为的，由当事人协商解决，不愿协商或者协商不成的，植物新品种权所有人或者利害关系人可以请求县级以上人民政府农业农村、林业草原主管部门进行处理，也可以直接向人民法院提起诉讼。

县级以上人民政府农业农村、林业草原主管部门，根据当事人自愿的原则，对侵犯植物新品种权所造成的损害赔偿可以进行调解。调解达成协议的，当事人应当履行；当事人不履行协议或者调解未达成协议的，植物新品种权所有人或者利害关系人可以依法向人民法院提起诉讼。

侵犯植物新品种权的赔偿数额按照权利人因被侵权所受到的实际损失确定；实际损失难以确定的，可以按照侵权人因侵权所获得的利益确定。权利人的损失或者侵权人获得的利益难以确定的，可以参照该植物新品种权许可使用费的倍数合理确定。故意侵犯植物新品种权，情节严重的，可以在按照上述方法确定数额的一倍以上五倍以下确定赔偿数额。

权利人的损失、侵权人获得的利益和植物新品种权许可使用费均难以确定的，人民法院可以根据植物新品种权的类型、侵权行为的性质和情节等因素，确定给予五百万元以下的赔偿。

赔偿数额应当包括权利人为制止侵权行为所支付的合理开支。

县级以上人民政府农业农村、林业草原主管部门处理侵犯植物新品种权案件时，为了维护社会公共利益，责令侵权人停止侵权行为，没收违法所得和种子；货值金额不足五万元的，并处一万元以上二十五万元以下罚款；货值金额五万元以上的，并处货值金额五倍以上十倍以下罚款。

假冒授权品种的，由县级以上人民政府农业农村、林业草原主管部门责令停止假冒行为，没收违法所得和种子；货值金额不足五万元的，并处一万元以上二十五万元以下罚款；货值金额五万元以上的，并处货值金额五倍以上十倍以下罚款。

第七十三条　当事人就植物新品种的申请权和植物新品种权的权属发生争议的，可以向人民法院提起诉讼。

第七十四条　违反本法第四十八条规定，生产经营假种子的，由县级以上人民政府农业农村、林业草原主管部门责令停止生产经营，没收违法所得和种子，吊销种子生产经营许可证；违法生产经营的货值金额不足二万元的，并处二万元以上二十万元以下罚款；货值金额二万元以上的，并处货值金额十倍以上二十倍以下罚款。

因生产经营假种子犯罪被判处有期徒刑以上刑罚的，种子企业或者其他单位的法定代表人、直接负责的主管人员自刑罚执行完毕之日起五年内不得担任种子企业的法定代表人、高级管理人员。

第七十五条　违反本法第四十八条规定，生产经营劣种子的，由县级以上人民政府农业农村、林业草原主管部门责令停止生产经营，没收违法所得和种子；违法生产经营的货值金额不足二万元的，并处一万元以上十万元以下罚款；货值金额二万元以上的，并处货值金额五倍以上十倍以下罚款；情节严重的，吊销种子生产经营许可证。

因生产经营劣种子犯罪被判处有期徒刑以上刑罚的，种子企业或者其他单位的法定代表人、直接负责的主管人员自刑罚执行完毕之日起五年内不得担任种子企业的法定代表人、高级管理人员。

第七十六条　违反本法第三十二条、第三十三条、第三十四条规定，有下列行为之一的，由县级以上人民政府农业农村、林业草原主管部门责令改正，没收违法所得和种子；违法生产经营的货值金额不足一万元的，并处三千元以上三万元以下罚款；货值金额一万元以上的，并处货值金额三倍以上五倍以下罚款；可以吊销种子生产经营许可证：

（一）未取得种子生产经营许可证生产经营种子的；

（二）以欺骗、贿赂等不正当手段取得种子生产经营许可证的；

（三）未按照种子生产经营许可证的规定生产经营种子的；

（四）伪造、变造、买卖、租借种子生产经营许可证的；

（五）不再具有繁殖种子的隔离和培育条件，或者不再具有无检疫性有害生物的种子生产地点或者县级以上人民政府林业草原主管部门确定的采种林，继续从事种子生产的；

（六）未执行种子检验、检疫规程生产种子的。

被吊销种子生产经营许可证的单位，其法定代表人、直接负责的主管人员自处罚决定作出之日起五年内不得担任种子企业的法定代表人、高级管理人员。

第七十七条 违反本法第二十一条、第二十二条、第二十三条规定，有下列行为之一的，由县级以上人民政府农业农村、林业草原主管部门责令停止违法行为，没收违法所得和种子，并处二万元以上二十万元以下罚款：

（一）对应当审定未经审定的农作物品种进行推广、销售的；

（二）作为良种推广、销售应当审定未经审定的林木品种的；

（三）推广、销售应当停止推广、销售的农作物品种或者林木良种的；

（四）对应当登记未经登记的农作物品种进行推广，或者以登记品种的名义进行销售的；

（五）对已撤销登记的农作物品种进行推广，或者以登记品种的名义进行销售的。

违反本法第二十三条、第四十一条规定，对应当审定未经审定或者应当登记未经登记的农作物品种发布广告，或者广告中有关品种的主要性状描述的内容与审定、登记公告不一致的，依照《中华人民共和国广告法》的有关规定追究法律责任。

第七十八条 违反本法第五十七条、第五十九条、第六十条规定，有下列行为之一的，由县级以上人民政府农业农村、林业草原主管部门责令改正，没收违法所得和种子；违法生产经营的货值金额不足一万元的，并处三千元以上三万元以下罚款；货值金额一万元以上的，并处货值金额三倍以上五倍以下罚款；情节严重的，吊销种子生产经营许可证：

（一）未经许可进出口种子的；

（二）为境外制种的种子在境内销售的；

（三）从境外引进农作物或者林木种子进行引种试验的收获物作为种子在境内销售的；

（四）进出口假、劣种子或者属于国家规定不得进出口的种子的。

第七十九条　违反本法第三十六条、第三十八条、第三十九条、第四十条规定，有下列行为之一的，由县级以上人民政府农业农村、林业草原主管部门责令改正，处二千元以上二万元以下罚款：

（一）销售的种子应当包装而没有包装的；

（二）销售的种子没有使用说明或者标签内容不符合规定的；

（三）涂改标签的；

（四）未按规定建立、保存种子生产经营档案的；

（五）种子生产经营者在异地设立分支机构、专门经营不再分装的包装种子或者受委托生产、代销种子，未按规定备案的。

第八十条　违反本法第八条规定，侵占、破坏种质资源，私自采集或者采伐国家重点保护的天然种质资源的，由县级以上人民政府农业农村、林业草原主管部门责令停止违法行为，没收种质资源和违法所得，并处五千元以上五万元以下罚款；造成损失的，依法承担赔偿责任。

第八十一条　违反本法第十一条规定，向境外提供或者从境外引进种质资源，或者与境外机构、个人开展合作研究利用种质资源的，由国务院或者省、自治区、直辖市人民政府的农业农村、林业草原主管部门没收种质资源和违法所得，并处二万元以上二十万元以下罚款。

未取得农业农村、林业草原主管部门的批准文件携带、运输种质资源出境的，海关应当将该种质资源扣留，并移送省、自治区、直辖市人民政府农业农村、林业草原主管部门处理。

第八十二条 违反本法第三十五条规定，抢采掠青、损坏母树或者在劣质林内、劣质母树上采种的，由县级以上人民政府林业草原主管部门责令停止采种行为，没收所采种子，并处所采种子货值金额二倍以上五倍以下罚款。

第八十三条 违反本法第十七条规定，种子企业有造假行为的，由省级以上人民政府农业农村、林业草原主管部门处一百万元以上五百万元以下罚款；不得再依照本法第十七条的规定申请品种审定；给种子使用者和其他种子生产经营者造成损失的，依法承担赔偿责任。

第八十四条 违反本法第四十四条规定，未根据林业草原主管部门制定的计划使用林木良种的，由同级人民政府林业草原主管部门责令限期改正；逾期未改正的，处三千元以上三万元以下罚款。

第八十五条 违反本法第五十三条规定，在种子生产基地进行检疫性有害生物接种试验的，由县级以上人民政府农业农村、林业草原主管部门责令停止试验，处五千元以上五万元以下罚款。

第八十六条 违反本法第四十九条规定，拒绝、阻挠农业农村、林业草原主管部门依法实施监督检查的，处二千元以上五万元以下罚款，可以责令停产停业整顿；构成违反治安管理行为的，由公安机关依法给予治安管理处罚。

第八十七条 违反本法第十三条规定，私自交易育种成果，给本单位造成经济损失的，依法承担赔偿责任。

第八十八条 违反本法第四十三条规定，强迫种子使用者违背自己的意愿购买、使用种子，给使用者造成损失的，应当承担赔偿责任。

第八十九条 违反本法规定，构成犯罪的，依法追究刑事责任。

第十章 附 则

第九十条 本法下列用语的含义是：

（一）种质资源是指选育植物新品种的基础材料，包括各种植物的栽培种、野生种的繁殖材料以及利用上述繁殖材料人工创造的各种植物的遗传材料。

（二）品种是指经过人工选育或者发现并经过改良，形态特征和生物学特性一致，遗传性状相对稳定的植物群体。

（三）主要农作物是指稻、小麦、玉米、棉花、大豆。

（四）主要林木由国务院林业草原主管部门确定并公布；省、自治区、直辖市人民政府林业草原主管部门可以在国务院林业草原主管部门确定的主要林木之外确定其他八种以下的主要林木。

（五）林木良种是指通过审定的主要林木品种，在一定的区域内，其产量、适应性、抗性等方面明显优于当前主栽材料的繁殖材料和种植材料。

（六）新颖性是指申请植物新品种权的品种在申请日前，经申请权人自行或者同意销售、推广其种子，在中国境内未超过一年；在境外，木本或者藤本植物未超过六年，其他植物未超过四年。

本法施行后新列入国家植物品种保护名录的植物的属或者种，从名录公布之日起一年内提出植物新品种权申请的，在境内销售、推广该品种种子未超过四年的，具备新颖性。

除销售、推广行为丧失新颖性外，下列情形视为已丧失新颖性：

1. 品种经省、自治区、直辖市人民政府农业农村、林业草原主管部门依据播种面积确认已经形成事实扩散的；

2. 农作物品种已审定或者登记两年以上未申请植物新品种权的。

（七）特异性是指一个植物品种有一个以上性状明显区别于已知品种。

（八）一致性是指一个植物品种的特性除可预期的自

然变异外，群体内个体间相关的特征或者特性表现一致。

（九）稳定性是指一个植物品种经过反复繁殖后或者在特定繁殖周期结束时，其主要性状保持不变。

（十）实质性派生品种是指由原始品种实质性派生，或者由该原始品种的实质性派生品种派生出来的品种，与原始品种有明显区别，并且除派生引起的性状差异外，在表达由原始品种基因型或者基因型组合产生的基本性状方面与原始品种相同。

（十一）已知品种是指已受理申请或者已通过品种审定、品种登记、新品种保护，或者已经销售、推广的植物品种。

（十二）标签是指印制、粘贴、固定或者附着在种子、种子包装物表面的特定图案及文字说明。

第九十一条　国家加强中药材种质资源保护，支持开展中药材育种科学技术研究。

草种、烟草种、中药材种、食用菌菌种的种质资源管理和选育、生产经营、管理等活动，参照本法执行。

第九十二条　本法自2016年1月1日起施行。

全国人民代表大会常务委员会
关于修改《中华人民共和国种子法》的决定

（2021年12月24日第十三届全国人民代表大会常务委员会第三十二次会议通过）

第十三届全国人民代表大会常务委员会第三十二次会议决定对《中华人民共和国种子法》作如下修改：

一、将第一条修改为："为了保护和合理利用种质资源，规范品种选育、种子生产经营和管理行为，加强种业科学技术研究，鼓励育种创新，保护植物新品种权，维护种子生产经营者、使用者的合法权益，提高种子质量，发展现代种业，保障国家粮食安全，促进农业和林业的发展，制定本法。"

二、在第九条中的"国家有计划地普查、收集、整理、鉴定、登记、保存、交流和利用种质资源"后增加"重点收集珍稀、濒危、特有资源和特色地方品种"。

三、将第十一条第一款修改为："国家对种质资源享有主权。任何单位和个人向境外提供种质资源，或者与境外机构、个人开展合作研究利用种质资源的，应当报国务院农业农村、林业草原主管部门批准，并同时提交国家共享惠益的方案。国务院农业农村、林业草原主管部门可以委托省、自治区、直辖市人民政府农业农村、林业草原主管部门接收申请材料。国务院农业农村、林业草原主管部门应当将批准情况通报国务院生态环境主管部门。”

四、将第十二条第一款、第二款修改为：“国家支持科研院所及高等院校重点开展育种的基础性、前沿性和应用技术研究以及生物育种技术研究，支持常规作物、主要造林树种育种和无性繁殖材料选育等公益性研究。

“国家鼓励种子企业充分利用公益性研究成果，培育具有自主知识产权的优良品种；鼓励种子企业与科研院所及高等院校构建技术研发平台，开展主要粮食作物、重要经济作物育种攻关，建立以市场为导向、利益共享、风险共担的产学研相结合的种业技术创新体系。”

五、将第二十八条修改为：“植物新品种权所有人对其授权品种享有排他的独占权。植物新品种权所有人可以将植物新品种权许可他人实施，并按照合同约定收取许可使用费；许可使用费可以采取固定价款、从推广收益中提成等方式收取。

“任何单位或者个人未经植物新品种权所有人许可，不得生产、繁殖和为繁殖而进行处理、许诺销售、销售、进口、出口以及为实施上述行为储存该授权品种的繁殖材料，不得为商业目的将该授权品种的繁殖材料重复使用于生产另一品种的繁殖材料。本法、有关法律、行政法规另有规定的除外。

“实施前款规定的行为，涉及由未经许可使用授权品种的繁殖材料而获得的收获材料的，应当得到植物新品种权所有人的许可；但是，植物新品种权所有人对繁殖材料已有合理机会行使其权利的除外。

“对实质性派生品种实施第二款、第三款规定行为的，应当征得原始品种的植物新品种权所有人的同意。

“实质性派生品种制度的实施步骤和办法由国务院规定。”

六、将第三十一条第一款、第二款修改为：“从事种子进出口业务的种子生产经营许可证，由国务院农业农村、林业草原主管部门核发。国务院农业农村、林业草原主管部门可以委托省、自治区、直辖市人民政府农业农村、林业草原主管部门接收申请材料。

“从事主要农作物杂交种子及其亲本种子、林木良种繁殖材料生产经营的，以及符合国务院农业农村主管部门规定条件的实行选育生产经营相结合的农作物种子企业的种子生产经营许可证，由省、自治区、直辖市人民政府农业农村、林业草原主管部门核发。”

七、将第三十四条修改为：“种子生产应当执行种子生产技术规程和种子检验、检疫规程，保证种子符合净度、纯度、发芽率等质量要求和检疫要求。

“县级以上人民政府农业农村、林业草原主管部门应当指导、支持种子生产经营者采用先进的种子生产技术，改进生产工艺，提高种子质量。”

八、删去第三十九条。

九、将第五十三条改为第五十二条，删去其中的“林木种子应当经用种地省、自治区、直辖市人民政府批准”。

十、将第五十八条改为第五十七条，修改为：“从事种子进出口业务的，应当具备种子生产经营许可证；其中，从事农作物种子进出口业务的，还应当按照国家有关规定取得种子进出口许可。

“从境外引进农作物、林木种子的审定权限，农作物种子的进口审批办法，引进转基因植物品种的管理办法，由国务院规定。”

十一、将第六十四条改为第六十三条，修改为：“国家加强种业公益性基础设施建设，保障育种科研设施用地合理需求。

“对优势种子繁育基地内的耕地，划入永久基本农田。优势种子繁育基地由国务院农业农村主管部门商所在省、自治区、直辖市人民政府确定。”

十二、将第七十三条改为第七十二条，将第三款修改为："侵犯植物新品种权的赔偿数额按照权利人因被侵权所受到的实际损失确定；实际损失难以确定的，可以按照侵权人因侵权所获得的利益确定。权利人的损失或者侵权人获得的利益难以确定的，可以参照该植物新品种权许可使用费的倍数合理确定。故意侵犯植物新品种权，情节严重的，可以在按照上述方法确定数额的一倍以上五倍以下确定赔偿数额。"

将第四款中的"三百万元"修改为"五百万元"。

增加一款，作为第五款："赔偿数额应当包括权利人为制止侵权行为所支付的合理开支。"

十三、将第七十五条改为第七十四条，将第一款中的"一万元"修改为"二万元"，"十万元"修改为"二十万元"。

十四、将第七十六条改为第七十五条，将第一款中的"一万元"修改为"二万元"，"五千元"修改为"一万元"，"五万元"修改为"十万元"。

十五、将第七十七条改为第七十六条，在第一款中的"第三十三条"后增加"第三十四条"。

第一款增加两项，作为第五项、第六项："（五）不再具有繁殖种子的隔离和培育条件，或者不再具有无检疫性有害生物的种子生产地点或者县级以上人民政府林业草原主管部门确定的采种林，继续从事种子生产的；

“（六）未执行种子检验、检疫规程生产种子的。”

十六、删去第八十四条。

十七、将第九十二条改为第九十条，增加一项，作为第十项：“（十）实质性派生品种是指由原始品种实质性派生，或者由该原始品种的实质性派生品种派生出来的品种，与原始品种有明显区别，并且除派生引起的性状差异外，在表达由原始品种基因型或者基因型组合产生的基本性状方面与原始品种相同。”

十八、将第九十三条改为第九十一条，增加一款，作为第一款：“国家加强中药材种质资源保护，支持开展中药材育种科学技术研究。”

十九、将本法中的“农业主管部门”修改为“农业农村主管部门”，“林业主管部门”修改为“林业草原主管部门”，“农业、林业主管部门”修改为“农业农村、林业草原主管部门”。

本决定自 2022 年 3 月 1 日起施行。

《中华人民共和国种子法》根据本决定作相应修改并对条文顺序作相应调整，重新公布。

《中华人民共和国种子法》修改前后对照表

（条文中黑体字为新增或者修改的内容，阴影为删去的内容）

修订前	一审稿	修订后
第一章　总　则	第一章　总　则	第一章　总　则
第一条　为了保护和合理利用种质资源，规范品种选育、种子生产经营和管理行为，保护植物新品种权，维护种子生产经营者、使用者的合法权益，提高种子质量，推动种子产业化，发展现代种业，保障国家粮食安全，促进农业和林业的发展，制定本法。	**第一条**　为了保护和合理利用种质资源，规范品种选育、种子生产经营和管理行为，保护植物新品种权，**激励育种原始创新，**维护种子生产经营者、使用者的合法权益，提高种子质量，推动种子产业化，发展现代种业，保障国家粮食安全，促进农业和林业的发展，制定本法。	**第一条**　为了保护和合理利用种质资源，规范品种选育、种子生产经营和管理行为，**加强种业科学技术研究，鼓**励育种创新，保护植物新品种权，维护种子生产经营者、使用者的合法权益，提高种子质量，发展现代种业，保障国家粮食安全，促进农业和林业的发展，制定本法。

修订前	一审稿	修订后
第二条 在中华人民共和国境内从事品种选育、种子生产经营和管理等活动，适用本法。 本法所称种子，是指农作物和林木的种植材料或者繁殖材料，包括籽粒、果实、根、茎、苗、芽、叶、花等。	**第二条** 在中华人民共和国境内从事品种选育、种子生产经营和管理等活动，适用本法。 本法所称种子，是指农作物和林木的种植材料或者繁殖材料，包括籽粒、果实、根、茎、苗、芽、叶、花等。	**第二条** 在中华人民共和国境内从事品种选育、种子生产经营和管理等活动，适用本法。 本法所称种子，是指农作物和林木的种植材料或者繁殖材料，包括籽粒、果实、根、茎、苗、芽、叶、花等。
第三条 国务院农业、林业主管部门分别主管全国农作物种子和林木种子工作；县级以上地方人民政府农业、林业主管部门分别主管本行政区域内农作物种子和林木种子工作。 各级人民政府及其有关部门应当采取措施，加强种子执法和监督，依法惩处侵害农民权益的种子违法行为。	**第三条** 国务院农业**农村**、林业**草原**主管部门分别主管全国农作物种子和林木种子工作；县级以上地方人民政府农业**农村**、林业**草原**主管部门分别主管本行政区域内农作物种子和林木种子工作。 各级人民政府及其有关部门应当采取措施，加强种子执法和监督，依法惩处侵害农民权益的种子违法行为。	**第三条** 国务院农业农村、林业草原主管部门分别主管全国农作物种子和林木种子工作；县级以上地方人民政府农业农村、林业草原主管部门分别主管本行政区域内农作物种子和林木种子工作。 各级人民政府及其有关部门应当采取措施，加强种子执法和监督，依法惩处侵害农民权益的种子违法行为。

修订前	一审稿	修订后
第四条 国家扶持种质资源保护工作和选育、生产、更新、推广使用良种，鼓励品种选育和种子生产经营相结合，奖励在种质资源保护工作和良种选育、推广等工作中成绩显著的单位和个人。	**第四条** 国家扶持种质资源保护工作和选育、生产、更新、推广使用良种，鼓励品种选育和种子生产经营相结合，奖励在种质资源保护工作和良种选育、推广等工作中成绩显著的单位和个人。	**第四条** 国家扶持种质资源保护工作和选育、生产、更新、推广使用良种，鼓励品种选育和种子生产经营相结合，奖励在种质资源保护工作和良种选育、推广等工作中成绩显著的单位和个人。
第五条 省级以上人民政府应当根据科教兴农方针和农业、林业发展的需要制定种业发展规划并组织实施。	**第五条** 省级以上人民政府应当根据科教兴农方针和农业、林业发展的需要制定种业发展规划并组织实施。	**第五条** 省级以上人民政府应当根据科教兴农方针和农业、林业发展的需要制定种业发展规划并组织实施。
第六条 省级以上人民政府建立种子储备制度，主要用于发生灾害时的生产需要及余缺调剂，保障农业和林业生产安全。对储备的种子应当定期检验和更新。种子储备的具体办法由国务院规定。	**第六条** 省级以上人民政府建立种子储备制度，主要用于发生灾害时的生产需要及余缺调剂，保障农业和林业生产安全。对储备的种子应当定期检验和更新。种子储备的具体办法由国务院规定。	**第六条** 省级以上人民政府建立种子储备制度，主要用于发生灾害时的生产需要及余缺调剂，保障农业和林业生产安全。对储备的种子应当定期检验和更新。种子储备的具体办法由国务院规定。

修　订　前	一　审　稿	修　订　后
第七条　转基因植物品种的选育、试验、审定和推广应当进行安全性评价，并采取严格的安全控制措施。国务院农业、林业主管部门应当加强跟踪监管并及时公告有关转基因植物品种审定和推广的信息。具体办法由国务院规定。	**第七条**　转基因植物品种的选育、试验、审定和推广应当进行安全性评价，并采取严格的安全控制措施。国务院农业**农村**、林业**草原**主管部门应当加强跟踪监管并及时公告有关转基因植物品种审定和推广的信息。具体办法由国务院规定。	**第七条**　转基因植物品种的选育、试验、审定和推广应当进行安全性评价，并采取严格的安全控制措施。国务院农业农村、林业草原主管部门应当加强跟踪监管并及时公告有关转基因植物品种审定和推广的信息。具体办法由国务院规定。
第二章　种质资源保护	**第二章　种质资源保护**	**第二章　种质资源保护**
第八条　国家依法保护种质资源，任何单位和个人不得侵占和破坏种质资源。 禁止采集或者采伐国家重点保护的天然种质资源。因科研等特殊情况需要采集或者采伐的，应当经国务院或者省、自治区、直辖市人民政府的农业、林业主管部门批准。	**第八条**　国家依法保护种质资源，任何单位和个人不得侵占和破坏种质资源。 禁止采集或者采伐国家重点保护的天然种质资源。因科研等特殊情况需要采集或者采伐的，应当经国务院或者省、自治区、直辖市人民政府的农业**农村**、林业**草原**主管部门批准。	**第八条**　国家依法保护种质资源，任何单位和个人不得侵占和破坏种质资源。 禁止采集或者采伐国家重点保护的天然种质资源。因科研等特殊情况需要采集或者采伐的，应当经国务院或者省、自治区、直辖市人民政府的农业农村、林业草原主管部门批准。

修订前	一审稿	修订后
第九条 国家有计划地普查、收集、整理、鉴定、登记、保存、交流和利用种质资源，定期公布可供利用的种质资源目录。具体办法由国务院农业、林业主管部门规定。	**第九条** 国家有计划地普查、收集、整理、鉴定、登记、保存、交流和利用种质资源，定期公布可供利用的种质资源目录。具体办法由国务院农业**农村**、林业**草原**主管部门规定。	**第九条** 国家有计划地普查、收集、整理、鉴定、登记、保存、交流和利用种质资源，**重点收集珍稀、濒危、特有资源和特色地方品种，**定期公布可供利用的种质资源目录。具体办法由国务院农业农村、林业草原主管部门规定。
第十条 国务院农业、林业主管部门应当建立种质资源库、种质资源保护区或者种质资源保护地。省、自治区、直辖市人民政府农业、林业主管部门可以根据需要建立种质资源库、种质资源保护区、种质资源保护地。种质资源库、种质资源保护区、种质资源保护地的种质资源属公共资源，依法开放利用。 占用种质资源库、种质资源保护区或者种质资源保护地的，需经原设立机关同意。	**第十条** 国务院农业**农村**、林业**草原**主管部门应当建立种质资源库、种质资源保护区或者种质资源保护地。省、自治区、直辖市人民政府农业**农村**、林业**草原**主管部门可以根据需要建立种质资源库、种质资源保护区、种质资源保护地。种质资源库、种质资源保护区、种质资源保护地的种质资源属公共资源，依法开放利用。 占用种质资源库、种质资源保护区或者种质资源保护地的，需经原设立机关同意。	**第十条** 国务院农业农村、林业草原主管部门应当建立种质资源库、种质资源保护区或者种质资源保护地。省、自治区、直辖市人民政府农业农村、林业草原主管部门可以根据需要建立种质资源库、种质资源保护区、种质资源保护地。种质资源库、种质资源保护区、种质资源保护地的种质资源属公共资源，依法开放利用。 占用种质资源库、种质资源保护区或者种质资源保护地的，需经原设立机关同意。

修　订　前	一　审　稿	修　订　后
第十一条　国家对种质资源享有主权，任何单位和个人向境外提供种质资源，或者与境外机构、个人开展合作研究利用种质资源的，应当向省、自治区、直辖市人民政府农业、林业主管部门提出申请，并提交国家共享惠益的方案；受理申请的农业、林业主管部门经审核，报国务院农业、林业主管部门批准。 从境外引进种质资源的，依照国务院农业、林业主管部门的有关规定办理。	**第十一条**　国家对种质资源享有主权，任何单位和个人向境外提供种质资源，或者与境外机构、个人开展合作研究利用种质资源的，应当**报国务院农业农村、林业草原主管部门批准**。提出申请时，**需要**提交国家共享惠益的方案**；其中，向境外提供或者与境外机构、个人开展合作研究利用农作物种质资源的，还应当经**省**、自治区、直辖市人民政府农业农村主管部门**审核**。** 从境外引进种质资源的，依照国务院农业**农村**、林业**草原**主管部门的有关规定办理。	**第十一条**　国家对种质资源享有主权。任何单位和个人向境外提供种质资源，或者与境外机构、个人开展合作研究利用种质资源的，应当报国务院农业农村、林业草原主管部门批准，**并同时**提交国家共享惠益的方案。**国务院农业农村、林业草原主管部门可以委托**省、自治区、直辖市人民政府农业农村、**林业草原**主管部门**接收申请材料。国务院农业农村、林业草原主管部门应当将批准情况通报国务院生态环境主管部门。** 从境外引进种质资源的，依照国务院农业农村、林业草原主管部门的有关规定办理。

修　订　前	一　审　稿	修　订　后
第三章　品种选育、审定与登记	**第三章　品种选育、审定与登记**	**第三章　品种选育、审定与登记**
第十二条　国家支持科研院所及高等院校重点开展育种的基础性、前沿性和应用技术研究，以及常规作物、主要造林树种育种和无性繁殖材料选育等公益性研究。 国家鼓励种子企业充分利用公益性研究成果，培育具有自主知识产权的优良品种；鼓励种子企业与科研院所及高等院校构建技术研发平台，建立以市场为导向、资本为纽带、利益共享、风险共担的产学研相结合的种业技术创新体系。 国家加强种业科技创新能力建设，促进种业科技成果转化，维护种业科技人员的合法权益。	**第十二条**　国家支持科研院所及高等院校重点开展育种的基础性、前沿性和应用技术研究，以及常规作物、主要造林树种育种和无性繁殖材料选育等公益性研究。 国家鼓励种子企业充分利用公益性研究成果，培育具有自主知识产权的优良品种；鼓励种子企业与科研院所及高等院校构建技术研发平台，建立以市场为导向、资本为纽带、利益共享、风险共担的产学研相结合的种业技术创新体系。 国家加强种业科技创新能力建设，促进种业科技成果转化，维护种业科技人员的合法权益。	**第十二条**　国家支持科研院所及高等院校重点开展育种的基础性、前沿性和应用技术研究以及**生物育种技术研究，支持**常规作物、主要造林树种育种和无性繁殖材料选育等公益性研究。 国家鼓励种子企业充分利用公益性研究成果，培育具有自主知识产权的优良品种；鼓励种子企业与科研院所及高等院校构建技术研发平台，**开展主要粮食作物、重要经济作物育种攻关，**建立以市场为导向、利益共享、风险共担的产学研相结合的种业技术创新体系。 国家加强种业科技创新能力建设，促进种业科技成果转化，维护种业科技人员的合法权益。

修　订　前	一　审　稿	修　订　后
第十三条　由财政资金支持形成的育种发明专利权和植物新品种权，除涉及国家安全、国家利益和重大社会公共利益的外，授权项目承担者依法取得。 由财政资金支持为主形成的育种成果的转让、许可等应当依法公开进行，禁止私自交易。	**第十三条**　由财政资金支持形成的育种发明专利权和植物新品种权，除涉及国家安全、国家利益和重大社会公共利益的外，授权项目承担者依法取得。 由财政资金支持为主形成的育种成果的转让、许可等应当依法公开进行，禁止私自交易。	**第十三条**　由财政资金支持形成的育种发明专利权和植物新品种权，除涉及国家安全、国家利益和重大社会公共利益的外，授权项目承担者依法取得。 由财政资金支持为主形成的育种成果的转让、许可等应当依法公开进行，禁止私自交易。
第十四条　单位和个人因林业主管部门为选育林木良种建立测定林、试验林、优树收集区、基因库等而减少经济收入的，批准建立的林业主管部门应当按照国家有关规定给予经济补偿。	**第十四条**　单位和个人因林业**草原**主管部门为选育林木良种建立测定林、试验林、优树收集区、基因库等而减少经济收入的，批准建立的林业**草原**主管部门应当按照国家有关规定给予经济补偿。	**第十四条**　单位和个人因林业草原主管部门为选育林木良种建立测定林、试验林、优树收集区、基因库等而减少经济收入的，批准建立的林业草原主管部门应当按照国家有关规定给予经济补偿。

修订前	一审稿	修订后
第十五条 国家对主要农作物和主要林木实行品种审定制度。主要农作物品种和主要林木品种在推广前应当通过国家级或者省级审定。由省、自治区、直辖市人民政府林业主管部门确定的主要林木品种实行省级审定。 申请审定的品种应当符合特异性、一致性、稳定性要求。 主要农作物品种和主要林木品种的审定办法由国务院农业、林业主管部门规定。审定办法应当体现公正、公开、科学、效率的原则，有利于产量、品质、抗性等的提高与协调，有利于适应市场和生活消费需要的品种的推广。在制定、修改审定办法时，应当充分听取育种者、种子使用者、生产经营者和相关行业代表意见。	**第十五条** 国家对主要农作物和主要林木实行品种审定制度。主要农作物品种和主要林木品种在推广前应当通过国家级或者省级审定。由省、自治区、直辖市人民政府林业**草原**主管部门确定的主要林木品种实行省级审定。 申请审定的品种应当符合特异性、一致性、稳定性要求。 主要农作物品种和主要林木品种的审定办法由国务院农业**农村**、林业**草原**主管部门规定。审定办法应当体现公正、公开、科学、效率的原则，有利于产量、品质、抗性等的提高与协调，有利于适应市场和生活消费需要的品种的推广。在制定、修改审定办法时，应当充分听取育种者、种子使用者、生产经营者和相关行业代表意见。	**第十五条** 国家对主要农作物和主要林木实行品种审定制度。主要农作物品种和主要林木品种在推广前应当通过国家级或者省级审定。由省、自治区、直辖市人民政府林业草原主管部门确定的主要林木品种实行省级审定。 申请审定的品种应当符合特异性、一致性、稳定性要求。 主要农作物品种和主要林木品种的审定办法由国务院农业农村、林业草原主管部门规定。审定办法应当体现公正、公开、科学、效率的原则，有利于产量、品质、抗性等的提高与协调，有利于适应市场和生活消费需要的品种的推广。在制定、修改审定办法时，应当充分听取育种者、种子使用者、生产经营者和相关行业代表意见。

修　订　前	一　审　稿	修　订　后
第十六条　国务院和省、自治区、直辖市人民政府的农业、林业主管部门分别设立由专业人员组成的农作物品种和林木品种审定委员会。品种审定委员会承担主要农作物品种和主要林木品种的审定工作，建立包括申请文件、品种审定试验数据、种子样品、审定意见和审定结论等内容的审定档案，保证可追溯。在审定通过的品种依法公布的相关信息中应当包括审定意见情况，接受监督。 品种审定实行回避制度。品种审定委员会委员、工作人员及相关测试、试验人员应当忠于职守，公正廉洁。对单位和个人举报或者监督检查发现的上述人员的违法行为，省级以上人民政府农业、林业主管部门和有关机关应当及时依法处理。	**第十六条**　国务院和省、自治区、直辖市人民政府的农业**农村**、林业**草原**主管部门分别设立由专业人员组成的农作物品种和林木品种审定委员会。品种审定委员会承担主要农作物品种和主要林木品种的审定工作，建立包括申请文件、品种审定试验数据、种子样品、审定意见和审定结论等内容的审定档案，保证可追溯。在审定通过的品种依法公布的相关信息中应当包括审定意见情况，接受监督。 品种审定实行回避制度。品种审定委员会委员、工作人员及相关测试、试验人员应当忠于职守，公正廉洁。对单位和个人举报或者监督检查发现的上述人员的违法行为，省级以上人民政府农业**农村**、林业**草原**主管部门和有关机关应当及时依法处理。	**第十六条**　国务院和省、自治区、直辖市人民政府的农业农村、林业草原主管部门分别设立由专业人员组成的农作物品种和林木品种审定委员会。品种审定委员会承担主要农作物品种和主要林木品种的审定工作，建立包括申请文件、品种审定试验数据、种子样品、审定意见和审定结论等内容的审定档案，保证可追溯。在审定通过的品种依法公布的相关信息中应当包括审定意见情况，接受监督。 品种审定实行回避制度。品种审定委员会委员、工作人员及相关测试、试验人员应当忠于职守，公正廉洁。对单位和个人举报或者监督检查发现的上述人员的违法行为，省级以上人民政府农业农村、林业草原主管部门和有关机关应当及时依法处理。

修订前	一审稿	修订后
第十七条 实行选育生产经营相结合，符合国务院农业、林业主管部门规定条件的种子企业，对其自主研发的主要农作物品种、主要林木品种可以按照审定办法自行完成试验，达到审定标准的，品种审定委员会应当颁发审定证书。种子企业对试验数据的真实性负责，保证可追溯，接受省级以上人民政府农业、林业主管部门和社会的监督。	**第十七条** 实行选育生产经营相结合，符合国务院农业**农村**、林业**草原**主管部门规定条件的种子企业，对其自主研发的主要农作物品种、主要林木品种可以按照审定办法自行完成试验，达到审定标准的，品种审定委员会应当颁发审定证书。种子企业对试验数据的真实性负责，保证可追溯，接受省级以上人民政府农业**农村**、林业**草原**主管部门和社会的监督。	**第十七条** 实行选育生产经营相结合，符合国务院农业农村、林业草原主管部门规定条件的种子企业，对其自主研发的主要农作物品种、主要林木品种可以按照审定办法自行完成试验，达到审定标准的，品种审定委员会应当颁发审定证书。种子企业对试验数据的真实性负责，保证可追溯，接受省级以上人民政府农业农村、林业草原主管部门和社会的监督。
第十八条 审定未通过的农作物品种和林木品种，申请人有异议的，可以向原审定委员会或者国家级审定委员会申请复审。	**第十八条** 审定未通过的农作物品种和林木品种，申请人有异议的，可以向原审定委员会或者国家级审定委员会申请复审。	**第十八条** 审定未通过的农作物品种和林木品种，申请人有异议的，可以向原审定委员会或者国家级审定委员会申请复审。

修　订　前	一　审　稿	修　订　后
第十九条　通过国家级审定的农作物品种和林木良种由国务院农业、林业主管部门公告，可以在全国适宜的生态区域推广。通过省级审定的农作物品种和林木良种由省、自治区、直辖市人民政府农业、林业主管部门公告，可以在本行政区域内适宜的生态区域推广；其他省、自治区、直辖市属于同一适宜生态区的地域引种农作物品种、林木良种的，引种者应当将引种的品种和区域报所在省、自治区、直辖市人民政府农业、林业主管部门备案。 引种本地区没有自然分布的林木品种，应当按照国家引种标准通过试验。	**第十九条**　通过国家级审定的农作物品种和林木良种由国务院农业**农村**、林业**草原**主管部门公告，可以在全国适宜的生态区域推广。通过省级审定的农作物品种和林木良种由省、自治区、直辖市人民政府农业**农村**、林业**草原**主管部门公告，可以在本行政区域内适宜的生态区域推广；其他省、自治区、直辖市属于同一适宜生态区的地域引种农作物品种、林木良种的，引种者应当将引种的品种和区域报所在省、自治区、直辖市人民政府农业**农村**、林业**草原**主管部门备案。 引种本地区没有自然分布的林木品种，应当按照国家引种标准通过试验。	**第十九条**　通过国家级审定的农作物品种和林木良种由国务院农业农村、林业草原主管部门公告，可以在全国适宜的生态区域推广。通过省级审定的农作物品种和林木良种由省、自治区、直辖市人民政府农业农村、林业草原主管部门公告，可以在本行政区域内适宜的生态区域推广；其他省、自治区、直辖市属于同一适宜生态区的地域引种农作物品种、林木良种的，引种者应当将引种的品种和区域报所在省、自治区、直辖市人民政府农业农村、林业草原主管部门备案。 引种本地区没有自然分布的林木品种，应当按照国家引种标准通过试验。

修订前	一审稿	修订后
第二十条 省、自治区、直辖市人民政府农业、林业主管部门应当完善品种选育、审定工作的区域协作机制，促进优良品种的选育和推广。	**第二十条** 省、自治区、直辖市人民政府农业**农村**、林业**草原**主管部门应当完善品种选育、审定工作的区域协作机制，促进优良品种的选育和推广。	**第二十条** 省、自治区、直辖市人民政府农业农村、林业草原主管部门应当完善品种选育、审定工作的区域协作机制，促进优良品种的选育和推广。
第二十一条 审定通过的农作物品种和林木良种出现不可克服的严重缺陷等情形不宜继续推广、销售的，经原审定委员会审核确认后，撤销审定，由原公告部门发布公告，停止推广、销售。	**第二十一条** 审定通过的农作物品种和林木良种出现不可克服的严重缺陷等情形不宜继续推广、销售的，经原审定委员会审核确认后，撤销审定，由原公告部门发布公告，停止推广、销售。	**第二十一条** 审定通过的农作物品种和林木良种出现不可克服的严重缺陷等情形不宜继续推广、销售的，经原审定委员会审核确认后，撤销审定，由原公告部门发布公告，停止推广、销售。
第二十二条 国家对部分非主要农作物实行品种登记制度。列入非主要农作物登记目录的品种在推广前应当登记。	**第二十二条** 国家对部分非主要农作物实行品种登记制度。列入非主要农作物登记目录的品种在推广前应当登记。	**第二十二条** 国家对部分非主要农作物实行品种登记制度。列入非主要农作物登记目录的品种在推广前应当登记。

修订前	一审稿	修订后
实行品种登记的农作物范围应当严格控制，并根据保护生物多样性、保证消费安全和用种安全的原则确定。登记目录由国务院农业主管部门制定和调整。	实行品种登记的农作物范围应当严格控制，并根据保护生物多样性、保证消费安全和用种安全的原则确定。登记目录由国务院农业**农村**主管部门制定和调整。	实行品种登记的农作物范围应当严格控制，并根据保护生物多样性、保证消费安全和用种安全的原则确定。登记目录由国务院农业农村主管部门制定和调整。
申请者申请品种登记应当向省、自治区、直辖市人民政府农业主管部门提交申请文件和种子样品，并对其真实性负责，保证可追溯，接受监督检查。申请文件包括品种的种类、名称、来源、特性、育种过程以及特异性、一致性、稳定性测试报告等。	申请者申请品种登记应当向省、自治区、直辖市人民政府农业**农村**主管部门提交申请文件和种子样品，并对其真实性负责，保证可追溯，接受监督检查。申请文件包括品种的种类、名称、来源、特性、育种过程以及特异性、一致性、稳定性测试报告等。	申请者申请品种登记应当向省、自治区、直辖市人民政府农业农村主管部门提交申请文件和种子样品，并对其真实性负责，保证可追溯，接受监督检查。申请文件包括品种的种类、名称、来源、特性、育种过程以及特异性、一致性、稳定性测试报告等。
省、自治区、直辖市人民政府农业主管部门自受理品种登记申请之日起二十个工作日内，对申请者提交的申请文件进行书面审查，符合要求的，报国务院农业主管部门予以登记公告。	省、自治区、直辖市人民政府农业**农村**主管部门自受理品种登记申请之日起二十个工作日内，对申请者提交的申请文件进行书面审查，符合要求的，报国务院农业**农村**主管部门予以登记公告。	省、自治区、直辖市人民政府农业农村主管部门自受理品种登记申请之日起二十个工作日内，对申请者提交的申请文件进行书面审查，符合要求的，报国务院农业农村主管部门予以登记公告。

修订前	一审稿	修订后
对已登记品种存在申请文件、种子样品不实的，由国务院农业主管部门撤销该品种登记，并将该申请者的违法信息记入社会诚信档案，向社会公布；给种子使用者和其他种子生产经营者造成损失的，依法承担赔偿责任。 对已登记品种出现不可克服的严重缺陷等情形的，由国务院农业主管部门撤销登记，并发布公告，停止推广。 非主要农作物品种登记办法由国务院农业主管部门规定。	对已登记品种存在申请文件、种子样品不实的，由国务院农业**农村**主管部门撤销该品种登记，并将该申请者的违法信息记入社会诚信档案，向社会公布；给种子使用者和其他种子生产经营者造成损失的，依法承担赔偿责任。 对已登记品种出现不可克服的严重缺陷等情形的，由国务院农业**农村**主管部门撤销登记，并发布公告，停止推广。 非主要农作物品种登记办法由国务院农业**农村**主管部门规定。	对已登记品种存在申请文件、种子样品不实的，由国务院农业农村主管部门撤销该品种登记，并将该申请者的违法信息记入社会诚信档案，向社会公布；给种子使用者和其他种子生产经营者造成损失的，依法承担赔偿责任。 对已登记品种出现不可克服的严重缺陷等情形的，由国务院农业农村主管部门撤销登记，并发布公告，停止推广。 非主要农作物品种登记办法由国务院农业农村主管部门规定。

修订前	一审稿	修订后
第二十三条 应当审定的农作物品种未经审定的，不得发布广告、推广、销售。 应当审定的林木品种未经审定通过的，不得作为良种推广、销售，但生产确需使用的，应当经林木品种审定委员会认定。 应当登记的农作物品种未经登记的，不得发布广告、推广，不得以登记品种的名义销售。	**第二十三条** 应当审定的农作物品种未经审定的，不得发布广告、推广、销售。 应当审定的林木品种未经审定通过的，不得作为良种推广、销售，但生产确需使用的，应当经林木品种审定委员会认定。 应当登记的农作物品种未经登记的，不得发布广告、推广，不得以登记品种的名义销售。	**第二十三条** 应当审定的农作物品种未经审定的，不得发布广告、推广、销售。 应当审定的林木品种未经审定通过的，不得作为良种推广、销售，但生产确需使用的，应当经林木品种审定委员会认定。 应当登记的农作物品种未经登记的，不得发布广告、推广，不得以登记品种的名义销售。
第二十四条 在中国境内没有经常居所或者营业场所的境外机构、个人在境内申请品种审定或者登记的，应当委托具有法人资格的境内种子企业代理。	**第二十四条** 在中国境内没有经常居所或者营业场所的境外机构、个人在境内申请品种审定或者登记的，应当委托具有法人资格的境内种子企业代理。	**第二十四条** 在中国境内没有经常居所或者营业场所的境外机构、个人在境内申请品种审定或者登记的，应当委托具有法人资格的境内种子企业代理。

修订前	一审稿	修订后
第四章 新品种保护	**第四章 新品种保护**	**第四章 新品种保护**
第二十五条 国家实行植物新品种保护制度。对国家植物品种保护名录内经过人工选育或者发现的野生植物加以改良，具备新颖性、特异性、一致性、稳定性和适当命名的植物品种，由国务院农业、林业主管部门授予植物新品种权，保护植物新品种权所有人的合法权益。植物新品种权的内容和归属、授予条件、申请和受理、审查与批准，以及期限、终止和无效等依照本法、有关法律和行政法规规定执行。 国家鼓励和支持种业科技创新、植物新品种培育及成果转化。取得植物新品种权的品种得到推广应用的，育种者依法获得相应的经济利益。	**第二十五条** 国家实行植物新品种保护制度。对国家植物品种保护名录内经过人工选育或者发现的野生植物加以改良，具备新颖性、特异性、一致性、稳定性和适当命名的植物品种，由国务院农业**农村**、林业**草原**主管部门授予植物新品种权，保护植物新品种权所有人的合法权益。植物新品种权的内容和归属、授予条件、申请和受理、审查与批准，以及期限、终止和无效等依照本法、有关法律和行政法规规定执行。 国家鼓励和支持种业科技创新、植物新品种培育及成果转化。取得植物新品种权的品种得到推广应用的，育种者依法获得相应的经济利益。	**第二十五条** 国家实行植物新品种保护制度。对国家植物品种保护名录内经过人工选育或者发现的野生植物加以改良，具备新颖性、特异性、一致性、稳定性和适当命名的植物品种，由国务院农业农村、林业草原主管部门授予植物新品种权，保护植物新品种权所有人的合法权益。植物新品种权的内容和归属、授予条件、申请和受理、审查与批准，以及期限、终止和无效等依照本法、有关法律和行政法规规定执行。 国家鼓励和支持种业科技创新、植物新品种培育及成果转化。取得植物新品种权的品种得到推广应用的，育种者依法获得相应的经济利益。

修　订　前	一　审　稿	修　订　后
第二十六条　一个植物新品种只能授予一项植物新品种权。两个以上的申请人分别就同一个品种申请植物新品种权的，植物新品种权授予最先申请的人；同时申请的，植物新品种权授予最先完成该品种育种的人。 对违反法律，危害社会公共利益、生态环境的植物新品种，不授予植物新品种权。	**第二十六条**　一个植物新品种只能授予一项植物新品种权。两个以上的申请人分别就同一个品种申请植物新品种权的，植物新品种权授予最先申请的人；同时申请的，植物新品种权授予最先完成该品种育种的人。 对违反法律，危害社会公共利益、生态环境的植物新品种，不授予植物新品种权。	**第二十六条**　一个植物新品种只能授予一项植物新品种权。两个以上的申请人分别就同一个品种申请植物新品种权的，植物新品种权授予最先申请的人；同时申请的，植物新品种权授予最先完成该品种育种的人。 对违反法律，危害社会公共利益、生态环境的植物新品种，不授予植物新品种权。
第二十七条　授予植物新品种权的植物新品种名称，应当与相同或者相近的植物属或者种中已知品种的名称相区别。该名称经授权后即为该植物新品种的通用名称。 下列名称不得用于授权品种的命名： （一）仅以数字表示的；	**第二十七条**　授予植物新品种权的植物新品种名称，应当与相同或者相近的植物属或者种中已知品种的名称相区别。该名称经授权后即为该植物新品种的通用名称。 下列名称不得用于授权品种的命名： （一）仅以数字表示的；	**第二十七条**　授予植物新品种权的植物新品种名称，应当与相同或者相近的植物属或者种中已知品种的名称相区别。该名称经授权后即为该植物新品种的通用名称。 下列名称不得用于授权品种的命名： （一）仅以数字表示的；

修订前	一审稿	修订后
（二）违反社会公德的； （三）对植物新品种的特征、特性或者育种者身份等容易引起误解的。 同一植物品种在申请新品种保护、品种审定、品种登记、推广、销售时只能使用同一个名称。生产推广、销售的种子应当与申请植物新品种保护、品种审定、品种登记时提供的样品相符。	（二）违反社会公德的； （三）对植物新品种的特征、特性或者育种者身份等容易引起误解的。 同一植物品种在申请新品种保护、品种审定、品种登记、推广、销售时只能使用同一个名称。生产推广、销售的种子应当与申请植物新品种保护、品种审定、品种登记时提供的样品相符。	（二）违反社会公德的； （三）对植物新品种的特征、特性或者育种者身份等容易引起误解的。 同一植物品种在申请新品种保护、品种审定、品种登记、推广、销售时只能使用同一个名称。生产推广、销售的种子应当与申请植物新品种保护、品种审定、品种登记时提供的样品相符。

修订前	一审稿	修订后
第二十八条 完成育种的单位或者个人对其授权品种，享有排他的独占权。任何单位或者个人未经植物新品种权所有人许可，不得生产、繁殖或者销售该授权品种的繁殖材料，不得为商业目的将该授权品种的繁殖材料重复使用于生产另一品种的繁殖材料；但是本法、有关法律、行政法规另有规定的除外。	**第二十八条** 完成育种的单位或者个人对其授权品种，享有排他的独占权。任何单位或者个人未经植物新品种权所有人许可，不得生产、繁殖、**加工、许诺销售**、销售、**进口、出口以及为上述行为储存该**授权品种的繁殖材料，不得为商业目的将该授权品种的繁殖材料重复使用于生产另一品种的繁殖材料；但是本法、有关法律、行政法规另有规定的除外。 **从事本条第一款所**规定的**各项活动，涉及由未经许可使用授权品种繁殖材料而获得的收获材料，应当得到植物新品种权所有人许可，但其对繁殖材料已有合理机会行使其权利的情况除外。** **实质性派生品种可以申请植物新品种权，并可以获得授权。但对**	**第二十八条** **植物新品种权所有**人对其授权品种享有排他的独占权。**植物新品种权所有人可以将植物新品种权许可他人实施，并按照合同约定收取许可使用费；许可使用费可以采取固定价款、从推广收益中提成等方式收取。** 任何单位或者个人未经植物新品种权所有人许可，不得生产、繁殖**和为繁殖而进行处理**、许诺销售、销售、进口、出口以及为**实施**上述行为储存该授权品种的繁殖材料，不得为商业目的将该授权品种的繁殖材料重复使用于生产另一品种的繁殖材料。本法、有关法律、行政法规另有规定的除外。 **实施前**款规定的**行为**，涉及由未经许可使用授权品种**的**繁殖材料而获得的收获材料**的**，应当得到植物新品

修　订　前	一　审　稿	修　订　后
	其实施本条第一款、第二款所述行为的，应当征得原始品种的植物新品种权所有人的同意。 **实质性派生品种实施名录及判定指南等，由国务院农业农村、林业草原主管部门依照本法及有关法律确定。** **自实质性派生品种实施名录发布之日起申请的植物新品种，按照实质性派生品种相关制度管理。**	种权所有人**的**许可；但**是，植物新品种权所有人**对繁殖材料已有合理机会行使其权利的除外。 **对**实质性派生品种实施第二款、**第三款规定**行为的，应当征得原始品种的植物新品种权所有人的同意。 实质性派生品种**制度的**实施**步骤和办法**由国务院**规定**。
第二十九条　在下列情况下使用授权品种的，可以不经植物新品种权所有人许可，不向其支付使用费，但不得侵犯植物新品种权所有人依照本法、有关法律、行政法规享有的其他权利： （一）利用授权品种进行育种及其他科研活动； （二）农民自繁自用授权品种的繁殖材料。	**第二十九条**　在下列情况下使用授权品种的，可以不经植物新品种权所有人许可，不向其支付使用费，但不得侵犯植物新品种权所有人依照本法、有关法律、行政法规享有的其他权利： （一）利用授权品种进行育种及其他科研活动； （二）农民自繁自用授权品种的繁殖材料。	**第二十九条**　在下列情况下使用授权品种的，可以不经植物新品种权所有人许可，不向其支付使用费，但不得侵犯植物新品种权所有人依照本法、有关法律、行政法规享有的其他权利： （一）利用授权品种进行育种及其他科研活动； （二）农民自繁自用授权品种的繁殖材料。

修　订　前	一　审　稿	修　订　后
第三十条　为了国家利益或者社会公共利益，国务院农业、林业主管部门可以作出实施植物新品种权强制许可的决定，并予以登记和公告。 取得实施强制许可的单位或者个人不享有独占的实施权，并且无权允许他人实施。	**第三十条**　为了国家利益或者社会公共利益，国务院农业**农村**、林业**草原**主管部门可以作出实施植物新品种权强制许可的决定，并予以登记和公告。 取得实施强制许可的单位或者个人不享有独占的实施权，并且无权允许他人实施。	**第三十条**　为了国家利益或者社会公共利益，国务院农业农村、林业草原主管部门可以作出实施植物新品种权强制许可的决定，并予以登记和公告。 取得实施强制许可的单位或者个人不享有独占的实施权，并且无权允许他人实施。
第五章　种子生产经营	**第五章　种子生产经营**	**第五章　种子生产经营**
第三十一条　从事种子进出口业务的种子生产经营许可证，由省、自治区、直辖市人民政府农业、林业主管部门审核，国务院农业、林业主管部门核发。 从事主要农作物杂交种子及其亲本种子、林木良种种子的生产经营以及实行选育生产经营相结合，符合国务院农业、林业主管部门规	**第三十一条**　从事种子进出口业务的种子生产经营许可证，由国务院农业**农村**、林业**草原**主管部门核发**；其中，申请从事农作物种子进出口业务的种子生产经营许可证的，还应当经省、自治区、直辖市人民政府农业农村主管部门审核**。 从事主要农作物杂交种子及其亲本种子、林木良种**繁殖材料**生产	**第三十一条**　从事种子进出口业务的种子生产经营许可证，由国务院农业农村、林业草原主管部门核发。**国务院农业农村、林业草原主管部门可以委托**省、自治区、直辖市人民政府农业农村、**林业草原**主管部门**接收申请材料**。 从事主要农作物杂交种子及其亲本种子、林木良种繁殖材料生产经营

修订前	一审稿	修订后
定条件的种子企业的种子生产经营许可证，由生产经营者所在地县级人民政府农业、林业主管部门审核，省、自治区、直辖市人民政府农业、林业主管部门核发。 前两款规定以外的其他种子的生产经营许可证，由生产经营者所在地县级以上地方人民政府农业、林业主管部门核发。 只从事非主要农作物种子和非主要林木种子生产的，不需要办理种子生产经营许可证。	经营**的**，以及符合国务院农业**农村**主管部门规定条件的**实行选育生产经营相结合的农作物**种子企业的种子生产经营许可证，由省、自治区、直辖市人民政府农业**农村**、林业**草原**主管部门核发。 前两款规定以外的其他种子的生产经营许可证，由生产经营者所在地县级以上地方人民政府农业**农村**、林业**草原**主管部门核发。 只从事非主要农作物种子和非主要林木种子生产的，不需要办理种子生产经营许可证。	的，以及符合国务院农业农村主管部门规定条件的实行选育生产经营相结合的农作物种子企业的种子生产经营许可证，由省、自治区、直辖市人民政府农业农村、林业草原主管部门核发。 前两款规定以外的其他种子的生产经营许可证，由生产经营者所在地县级以上地方人民政府农业农村、林业草原主管部门核发。 只从事非主要农作物种子和非主要林木种子生产的，不需要办理种子生产经营许可证。

修订前	一审稿	修订后
第三十二条 申请取得种子生产经营许可证的，应当具有与种子生产经营相适应的生产经营设施、设备及专业技术人员，以及法规和国务院农业、林业主管部门规定的其他条件。 从事种子生产的，还应当同时具有繁殖种子的隔离和培育条件，具有无检疫性有害生物的种子生产地点或者县级以上人民政府林业主管部门确定的采种林。 申请领取具有植物新品种权的种子生产经营许可证的，应当征得植物新品种权所有人的书面同意。	**第三十二条** 申请取得种子生产经营许可证的，应当具有与种子生产经营相适应的生产经营设施、设备及专业技术人员，以及法规和国务院农业**农村**、林业**草原**主管部门规定的其他条件。 从事种子生产的，还应当同时具有繁殖种子的隔离和培育条件，具有无检疫性有害生物的种子生产地点或者县级以上人民政府林业**草原**主管部门确定的采种林。 申请领取具有植物新品种权的种子生产经营许可证的，应当征得植物新品种权所有人的书面同意。	**第三十二条** 申请取得种子生产经营许可证的，应当具有与种子生产经营相适应的生产经营设施、设备及专业技术人员，以及法规和国务院农业农村、林业草原主管部门规定的其他条件。 从事种子生产的，还应当同时具有繁殖种子的隔离和培育条件，具有无检疫性有害生物的种子生产地点或者县级以上人民政府林业草原主管部门确定的采种林。 申请领取具有植物新品种权的种子生产经营许可证的，应当征得植物新品种权所有人的书面同意。

修订前	一审稿	修订后
第三十三条 种子生产经营许可证应当载明生产经营者名称、地址、法定代表人、生产种子的品种、地点和种子经营的范围、有效期限、有效区域等事项。 前款事项发生变更的，应当自变更之日起三十日内，向原核发许可证机关申请变更登记。 除本法另有规定外，禁止任何单位和个人无种子生产经营许可证或者违反种子生产经营许可证的规定生产、经营种子。禁止伪造、变造、买卖、租借种子生产经营许可证。	**第三十三条** 种子生产经营许可证应当载明生产经营者名称、地址、法定代表人、生产种子的品种、地点和种子经营的范围、有效期限、有效区域等事项。 前款事项发生变更的，应当自变更之日起三十日内，向原核发许可证机关申请变更登记。 除本法另有规定外，禁止任何单位和个人无种子生产经营许可证或者违反种子生产经营许可证的规定生产、经营种子。禁止伪造、变造、买卖、租借种子生产经营许可证。	**第三十三条** 种子生产经营许可证应当载明生产经营者名称、地址、法定代表人、生产种子的品种、地点和种子经营的范围、有效期限、有效区域等事项。 前款事项发生变更的，应当自变更之日起三十日内，向原核发许可证机关申请变更登记。 除本法另有规定外，禁止任何单位和个人无种子生产经营许可证或者违反种子生产经营许可证的规定生产、经营种子。禁止伪造、变造、买卖、租借种子生产经营许可证。

修订前	一审稿	修订后
第三十四条 种子生产应当执行种子生产技术规程和种子检验、检疫规程。	**第三十四条** 种子生产应当执行种子生产技术规程和种子检验、检疫规程。	**第三十四条** 种子生产应当执行种子生产技术规程和种子检验、检疫规程，**保证种子符合净度、纯度、发芽率等质量要求和检疫要求。** **县级以上人民政府农业农村、林业草原主管部门应当指导、支持种子生产经营者采用先进的种子生产技术，改进生产工艺，提高种子质量。**
第三十五条 在林木种子生产基地内采集种子的，由种子生产基地的经营者组织进行，采集种子应当按照国家有关标准进行。 禁止抢采掠青、损坏母树，禁止在劣质林内、劣质母树上采集种子。	**第三十五条** 在林木种子生产基地内采集种子的，由种子生产基地的经营者组织进行，采集种子应当按照国家有关标准进行。 禁止抢采掠青、损坏母树，禁止在劣质林内、劣质母树上采集种子。	**第三十五条** 在林木种子生产基地内采集种子的，由种子生产基地的经营者组织进行，采集种子应当按照国家有关标准进行。 禁止抢采掠青、损坏母树，禁止在劣质林内、劣质母树上采集种子。

修　订　前	一　审　稿	修　订　后
第三十六条　种子生产经营者应当建立和保存包括种子来源、产地、数量、质量、销售去向、销售日期和有关责任人员等内容的生产经营档案，保证可追溯。种子生产经营档案的具体载明事项，种子生产经营档案及种子样品的保存期限由国务院农业、林业主管部门规定。	**第三十六条**　种子生产经营者应当建立和保存包括种子来源、产地、数量、质量、销售去向、销售日期和有关责任人员等内容的生产经营档案，保证可追溯。种子生产经营档案的具体载明事项，种子生产经营档案及种子样品的保存期限由国务院农业**农村**、林业**草原**主管部门规定。	**第三十六条**　种子生产经营者应当建立和保存包括种子来源、产地、数量、质量、销售去向、销售日期和有关责任人员等内容的生产经营档案，保证可追溯。种子生产经营档案的具体载明事项，种子生产经营档案及种子样品的保存期限由国务院农业农村、林业草原主管部门规定。
第三十七条　农民个人自繁自用的常规种子有剩余的，可以在当地集贸市场上出售、串换，不需要办理种子生产经营许可证。	**第三十七条**　农民个人自繁自用的常规种子有剩余的，可以在当地集贸市场上出售、串换，不需要办理种子生产经营许可证。	**第三十七条**　农民个人自繁自用的常规种子有剩余的，可以在当地集贸市场上出售、串换，不需要办理种子生产经营许可证。

修订前	一审稿	修订后
第三十八条 种子生产经营许可证的有效区域由发证机关在其管辖范围内确定。种子生产经营者在种子生产经营许可证载明的有效区域设立分支机构的，专门经营不再分装的包装种子的，或者受具有种子生产经营许可证的种子生产经营者以书面委托生产、代销其种子的，不需要办理种子生产经营许可证，但应当向当地农业、林业主管部门备案。 实行选育生产经营相结合，符合国务院农业、林业主管部门规定条件的种子企业的生产经营许可证的有效区域为全国。	**第三十八条** 种子生产经营许可证的有效区域由发证机关在其管辖范围内确定。种子生产经营者在种子生产经营许可证载明的有效区域设立分支机构的，专门经营不再分装的包装种子的，或者受具有种子生产经营许可证的种子生产经营者以书面委托生产、代销其种子的，不需要办理种子生产经营许可证，但应当向当地农业**农村**、林业**草原**主管部门备案。 实行选育生产经营相结合，符合国务院农业**农村**、林业**草原**主管部门规定条件的种子企业的生产经营许可证的有效区域为全国。	**第三十八条** 种子生产经营许可证的有效区域由发证机关在其管辖范围内确定。种子生产经营者在种子生产经营许可证载明的有效区域设立分支机构的，专门经营不再分装的包装种子的，或者受具有种子生产经营许可证的种子生产经营者以书面委托生产、代销其种子的，不需要办理种子生产经营许可证，但应当向当地农业农村、林业草原主管部门备案。 实行选育生产经营相结合，符合国务院农业农村、林业草原主管部门规定条件的种子企业的生产经营许可证的有效区域为全国。
第三十九条 未经省、自治区、直辖市人民政府林业主管部门批准，不得收购珍贵树木种子和本级人民政府规定限制收购的林木种子。	**删去**	**删去**

修　订　前	一　审　稿	修　订　后
第四十条　销售的种子应当加工、分级、包装。但是不能加工、包装的除外。 大包装或者进口种子可以分装；实行分装的，应当标注分装单位，并对种子质量负责。	**第三十九条**　销售的种子应当加工、分级、包装。但是不能加工、包装的除外。 大包装或者进口种子可以分装；实行分装的，应当标注分装单位，并对种子质量负责。	**第三十九条**　销售的种子应当加工、分级、包装。但是不能加工、包装的除外。 大包装或者进口种子可以分装；实行分装的，应当标注分装单位，并对种子质量负责。
第四十一条　销售的种子应当符合国家或者行业标准，附有标签和使用说明。标签和使用说明标注的内容应当与销售的种子相符。种子生产经营者对标注内容的真实性和种子质量负责。 标签应当标注种子类别、品种名称、品种审定或者登记编号、品种适宜种植区域及季节、生产经营者及注册地、质量指标、检疫证明编号、种子生产经营许可证编号和信息代码，以及国务院农业、林业主管部门规定的其他事项。	**第四十条**　销售的种子应当符合国家或者行业标准，附有标签和使用说明。标签和使用说明标注的内容应当与销售的种子相符。种子生产经营者对标注内容的真实性和种子质量负责。 标签应当标注种子类别、品种名称、品种审定或者登记编号、品种适宜种植区域及季节、生产经营者及注册地、质量指标、检疫证明编号、种子生产经营许可证编号和信息代码，以及国务院农业**农村**、林业**草原**主管部门规定的其他事项。	**第四十条**　销售的种子应当符合国家或者行业标准，附有标签和使用说明。标签和使用说明标注的内容应当与销售的种子相符。种子生产经营者对标注内容的真实性和种子质量负责。 标签应当标注种子类别、品种名称、品种审定或者登记编号、品种适宜种植区域及季节、生产经营者及注册地、质量指标、检疫证明编号、种子生产经营许可证编号和信息代码，以及国务院农业农村、林业草原主管部门规定的其他事项。

修 订 前	一 审 稿	修 订 后
销售授权品种种子的，应当标注品种权号。 销售进口种子的，应当附有进口审批文号和中文标签。 销售转基因植物品种种子的，必须用明显的文字标注，并应当提示使用时的安全控制措施。 种子生产经营者应当遵守有关法律、法规的规定，诚实守信，向种子使用者提供种子生产者信息、种子的主要性状、主要栽培措施、适应性等使用条件的说明、风险提示与有关咨询服务，不得作虚假或者引人误解的宣传。 任何单位和个人不得非法干预种子生产经营者的生产经营自主权。	销售授权品种种子的，应当标注品种权号。 销售进口种子的，应当附有进口审批文号和中文标签。 销售转基因植物品种种子的，必须用明显的文字标注，并应当提示使用时的安全控制措施。 种子生产经营者应当遵守有关法律、法规的规定，诚实守信，向种子使用者提供种子生产者信息、种子的主要性状、主要栽培措施、适应性等使用条件的说明、风险提示与有关咨询服务，不得作虚假或者引人误解的宣传。 任何单位和个人不得非法干预种子生产经营者的生产经营自主权。	销售授权品种种子的，应当标注品种权号。 销售进口种子的，应当附有进口审批文号和中文标签。 销售转基因植物品种种子的，必须用明显的文字标注，并应当提示使用时的安全控制措施。 种子生产经营者应当遵守有关法律、法规的规定，诚实守信，向种子使用者提供种子生产者信息、种子的主要性状、主要栽培措施、适应性等使用条件的说明、风险提示与有关咨询服务，不得作虚假或者引人误解的宣传。 任何单位和个人不得非法干预种子生产经营者的生产经营自主权。

修订前	一审稿	修订后
第四十二条 种子广告的内容应当符合本法和有关广告的法律、法规的规定，主要性状描述等应当与审定、登记公告一致。	**第四十一条** 种子广告的内容应当符合本法和有关广告的法律、法规的规定，主要性状描述等应当与审定、登记公告一致。	**第四十一条** 种子广告的内容应当符合本法和有关广告的法律、法规的规定，主要性状描述等应当与审定、登记公告一致。
第四十三条 运输或者邮寄种子应当依照有关法律、行政法规的规定进行检疫。	**第四十二条** 运输或者邮寄种子应当依照有关法律、行政法规的规定进行检疫。	**第四十二条** 运输或者邮寄种子应当依照有关法律、行政法规的规定进行检疫。
第四十四条 种子使用者有权按照自己的意愿购买种子，任何单位和个人不得非法干预。	**第四十三条** 种子使用者有权按照自己的意愿购买种子，任何单位和个人不得非法干预。	**第四十三条** 种子使用者有权按照自己的意愿购买种子，任何单位和个人不得非法干预。
第四十五条 国家对推广使用林木良种造林给予扶持。国家投资或者国家投资为主的造林项目和国有林业单位造林，应当根据林业主管部门制定的计划使用林木良种。	**第四十四条** 国家对推广使用林木良种造林给予扶持。国家投资或者国家投资为主的造林项目和国有林业单位造林，应当根据林业**草原**主管部门制定的计划使用林木良种。	**第四十四条** 国家对推广使用林木良种造林给予扶持。国家投资或者国家投资为主的造林项目和国有林业单位造林，应当根据林业草原主管部门制定的计划使用林木良种。

修　订　前	一　审　稿	修　订　后
第四十六条　种子使用者因种子质量问题或者因种子的标签和使用说明标注的内容不真实，遭受损失的，种子使用者可以向出售种子的经营者要求赔偿，也可以向种子生产者或者其他经营者要求赔偿。赔偿额包括购种价款、可得利益损失和其他损失。属于种子生产者或者其他经营者责任的，出售种子的经营者赔偿后，有权向种子生产者或者其他经营者追偿；属于出售种子的经营者责任的，种子生产者或者其他经营者赔偿后，有权向出售种子的经营者追偿。	**第四十五条**　种子使用者因种子质量问题或者因种子的标签和使用说明标注的内容不真实，遭受损失的，种子使用者可以向出售种子的经营者要求赔偿，也可以向种子生产者或者其他经营者要求赔偿。赔偿额包括购种价款、可得利益损失和其他损失。属于种子生产者或者其他经营者责任的，出售种子的经营者赔偿后，有权向种子生产者或者其他经营者追偿；属于出售种子的经营者责任的，种子生产者或者其他经营者赔偿后，有权向出售种子的经营者追偿。	**第四十五条**　种子使用者因种子质量问题或者因种子的标签和使用说明标注的内容不真实，遭受损失的，种子使用者可以向出售种子的经营者要求赔偿，也可以向种子生产者或者其他经营者要求赔偿。赔偿额包括购种价款、可得利益损失和其他损失。属于种子生产者或者其他经营者责任的，出售种子的经营者赔偿后，有权向种子生产者或者其他经营者追偿；属于出售种子的经营者责任的，种子生产者或者其他经营者赔偿后，有权向出售种子的经营者追偿。

修　订　前	一　审　稿	修　订　后
第六章　种子监督管理	**第六章　种子监督管理**	**第六章　种子监督管理**
第四十七条　农业、林业主管部门应当加强对种子质量的监督检查。种子质量管理办法、行业标准和检验方法，由国务院农业、林业主管部门制定。 农业、林业主管部门可以采用国家规定的快速检测方法对生产经营的种子品种进行检测，检测结果可以作为行政处罚依据。被检查人对检测结果有异议的，可以申请复检，复检不得采用同一检测方法。因检测结果错误给当事人造成损失的，依法承担赔偿责任。	**第四十六条**　农业**农村**、林业**草原**主管部门应当加强对种子质量的监督检查。种子质量管理办法、行业标准和检验方法，由国务院农业**农村**、林业**草原**主管部门制定。 农业**农村**、林业**草原**主管部门可以采用国家规定的快速检测方法对生产经营的种子品种进行检测，检测结果可以作为行政处罚依据。被检查人对检测结果有异议的，可以申请复检，复检不得采用同一检测方法。因检测结果错误给当事人造成损失的，依法承担赔偿责任。	**第四十六条**　农业农村、林业草原主管部门应当加强对种子质量的监督检查。种子质量管理办法、行业标准和检验方法，由国务院农业农村、林业草原主管部门制定。 农业农村、林业草原主管部门可以采用国家规定的快速检测方法对生产经营的种子品种进行检测，检测结果可以作为行政处罚依据。被检查人对检测结果有异议的，可以申请复检，复检不得采用同一检测方法。因检测结果错误给当事人造成损失的，依法承担赔偿责任。
第四十八条　农业、林业主管部门可以委托种子质量检验机构对种子质量进行检验。	**第四十七条**　农业**农村**、林业**草原**主管部门可以委托种子质量检验机构对种子质量进行检验。	**第四十七条**　农业农村、林业草原主管部门可以委托种子质量检验机构对种子质量进行检验。

修 订 前	一 审 稿	修 订 后
承担种子质量检验的机构应当具备相应的检测条件、能力，并经省级以上人民政府有关主管部门考核合格。 种子质量检验机构应当配备种子检验员。种子检验员应当具有中专以上有关专业学历，具备相应的种子检验技术能力和水平。	承担种子质量检验的机构应当具备相应的检测条件、能力，并经省级以上人民政府有关主管部门考核合格。 种子质量检验机构应当配备种子检验员。种子检验员应当具有中专以上有关专业学历，具备相应的种子检验技术能力和水平。	承担种子质量检验的机构应当具备相应的检测条件、能力，并经省级以上人民政府有关主管部门考核合格。 种子质量检验机构应当配备种子检验员。种子检验员应当具有中专以上有关专业学历，具备相应的种子检验技术能力和水平。
第四十九条 禁止生产经营假、劣种子。农业、林业主管部门和有关部门依法打击生产经营假、劣种子的违法行为，保护农民合法权益，维护公平竞争的市场秩序。 下列种子为假种子： （一）以非种子冒充种子或者以此种品种种子冒充其他品种种子的； （二）种子种类、品种与标签标注的内容不符或者没有标签的。	**第四十八条** 禁止生产经营假、劣种子。农业**农村**、林业**草原**主管部门和有关部门依法打击生产经营假、劣种子的违法行为，保护农民合法权益，维护公平竞争的市场秩序。 下列种子为假种子： （一）以非种子冒充种子或者以此种品种种子冒充其他品种种子的；	**第四十八条** 禁止生产经营假、劣种子。农业农村、林业草原主管部门和有关部门依法打击生产经营假、劣种子的违法行为，保护农民合法权益，维护公平竞争的市场秩序。 下列种子为假种子： （一）以非种子冒充种子或者以此种品种种子冒充其他品种种子的； （二）种子种类、品种与标签标注的内容不符或者没有标签的。

修订前	一审稿	修订后
下列种子为劣种子： （一）质量低于国家规定标准的； （二）质量低于标签标注指标的； （三）带有国家规定的检疫性有害生物的。	（二）种子种类、品种与标签标注的内容不符或者没有标签的。 下列种子为劣种子： （一）质量低于国家规定标准的； （二）质量低于标签标注指标的； （三）带有国家规定的检疫性有害生物的。	下列种子为劣种子： （一）质量低于国家规定标准的； （二）质量低于标签标注指标的； （三）带有国家规定的检疫性有害生物的。
第五十条　农业、林业主管部门是种子行政执法机关。种子执法人员依法执行公务时应当出示行政执法证件。农业、林业主管部门依法履行种子监督检查职责时，有权采取下列措施： （一）进入生产经营场所进行现场检查； （二）对种子进行取样测试、试验或者检验；	**第四十九条**　农业**农村**、林业**草原**主管部门是种子行政执法机关。种子执法人员依法执行公务时应当出示行政执法证件。农业**农村**、林业**草原**主管部门依法履行种子监督检查职责时，有权采取下列措施： （一）进入生产经营场所进行现场检查； （二）对种子进行取样测试、试验或者检验；	**第四十九条**　农业农村、林业草原主管部门是种子行政执法机关。种子执法人员依法执行公务时应当出示行政执法证件。农业农村、林业草原主管部门依法履行种子监督检查职责时，有权采取下列措施： （一）进入生产经营场所进行现场检查； （二）对种子进行取样测试、试验或者检验；

修订前	一审稿	修订后
（三）查阅、复制有关合同、票据、账簿、生产经营档案及其他有关资料； （四）查封、扣押有证据证明违法生产经营的种子，以及用于违法生产经营的工具、设备及运输工具等； （五）查封违法从事种子生产经营活动的场所。 农业、林业主管部门依照本法规定行使职权，当事人应当协助、配合，不得拒绝、阻挠。 农业、林业主管部门所属的综合执法机构或者受其委托的种子管理机构，可以开展种子执法相关工作。	（三）查阅、复制有关合同、票据、账簿、生产经营档案及其他有关资料； （四）查封、扣押有证据证明违法生产经营的种子，以及用于违法生产经营的工具、设备及运输工具等； （五）查封违法从事种子生产经营活动的场所。 农业**农村**、林业**草原**主管部门依照本法规定行使职权，当事人应当协助、配合，不得拒绝、阻挠。 农业**农村**、林业**草原**主管部门所属的综合执法机构或者受其委托的种子管理机构，可以开展种子执法相关工作。	（三）查阅、复制有关合同、票据、账簿、生产经营档案及其他有关资料； （四）查封、扣押有证据证明违法生产经营的种子，以及用于违法生产经营的工具、设备及运输工具等； （五）查封违法从事种子生产经营活动的场所。 农业农村、林业草原主管部门依照本法规定行使职权，当事人应当协助、配合，不得拒绝、阻挠。 农业农村、林业草原主管部门所属的综合执法机构或者受其委托的种子管理机构，可以开展种子执法相关工作。

修订前	一审稿	修订后
第五十一条 种子生产经营者依法自愿成立种子行业协会，加强行业自律管理，维护成员合法权益，为成员和行业发展提供信息交流、技术培训、信用建设、市场营销和咨询等服务。	**第五十条** 种子生产经营者依法自愿成立种子行业协会，加强行业自律管理，维护成员合法权益，为成员和行业发展提供信息交流、技术培训、信用建设、市场营销和咨询等服务。	**第五十条** 种子生产经营者依法自愿成立种子行业协会，加强行业自律管理，维护成员合法权益，为成员和行业发展提供信息交流、技术培训、信用建设、市场营销和咨询等服务。
第五十二条 种子生产经营者可自愿向具有资质的认证机构申请种子质量认证。经认证合格的，可以在包装上使用认证标识。	**第五十一条** 种子生产经营者可自愿向具有资质的认证机构申请种子质量认证。经认证合格的，可以在包装上使用认证标识。	**第五十一条** 种子生产经营者可自愿向具有资质的认证机构申请种子质量认证。经认证合格的，可以在包装上使用认证标识。
第五十三条 由于不可抗力原因，为生产需要必须使用低于国家或者地方规定标准的农作物种子的，应当经用种地县级以上地方人民政府批准；林木种子应当经用种地省、自治区、直辖市人民政府批准。	**第五十二条** 由于不可抗力原因，为生产需要必须使用低于国家或者地方规定标准的农作物种子的，应当经用种地县级以上地方人民政府批准。	**第五十二条** 由于不可抗力原因，为生产需要必须使用低于国家或者地方规定标准的农作物种子的，应当经用种地县级以上地方人民政府批准。

修订前	一审稿	修订后
第五十四条 从事品种选育和种子生产经营以及管理的单位和个人应当遵守有关植物检疫法律、行政法规的规定，防止植物危险性病、虫、杂草及其他有害生物的传播和蔓延。 禁止任何单位和个人在种子生产基地从事检疫性有害生物接种试验。	**第五十三条** 从事品种选育和种子生产经营以及管理的单位和个人应当遵守有关植物检疫法律、行政法规的规定，防止植物危险性病、虫、杂草及其他有害生物的传播和蔓延。 禁止任何单位和个人在种子生产基地从事检疫性有害生物接种试验。	**第五十三条** 从事品种选育和种子生产经营以及管理的单位和个人应当遵守有关植物检疫法律、行政法规的规定，防止植物危险性病、虫、杂草及其他有害生物的传播和蔓延。 禁止任何单位和个人在种子生产基地从事检疫性有害生物接种试验。
第五十五条 省级以上人民政府农业、林业主管部门应当在统一的政府信息发布平台上发布品种审定、品种登记、新品种保护、种子生产经营许可、监督管理等信息。 国务院农业、林业主管部门建立植物品种标准样品库，为种子监督管理提供依据。	**第五十四条** 省级以上人民政府农业**农村**、林业**草原**主管部门应当在统一的政府信息发布平台上发布品种审定、品种登记、新品种保护、种子生产经营许可、监督管理等信息。 国务院农业**农村**、林业**草原**主管部门建立植物品种标准样品库，为种子监督管理提供依据。	**第五十四条** 省级以上人民政府农业农村、林业草原主管部门应当在统一的政府信息发布平台上发布品种审定、品种登记、新品种保护、种子生产经营许可、监督管理等信息。 国务院农业农村、林业草原主管部门建立植物品种标准样品库，为种子监督管理提供依据。

修　订　前	一　审　稿	修　订　后
第五十六条　农业、林业主管部门及其工作人员，不得参与和从事种子生产经营活动。	**第五十五条**　农业**农村**、林业**草原**主管部门及其工作人员，不得参与和从事种子生产经营活动。	**第五十五条**　农业农村、林业草原主管部门及其工作人员，不得参与和从事种子生产经营活动。
第七章　种子进出口和对外合作	**第七章　种子进出口和对外合作**	**第七章　种子进出口和对外合作**
第五十七条　进口种子和出口种子必须实施检疫，防止植物危险性病、虫、杂草及其他有害生物传入境内和传出境外，具体检疫工作按照有关植物进出境检疫法律、行政法规的规定执行。	**第五十六条**　进口种子和出口种子必须实施检疫，防止植物危险性病、虫、杂草及其他有害生物传入境内和传出境外，具体检疫工作按照有关植物进出境检疫法律、行政法规的规定执行。	**第五十六条**　进口种子和出口种子必须实施检疫，防止植物危险性病、虫、杂草及其他有害生物传入境内和传出境外，具体检疫工作按照有关植物进出境检疫法律、行政法规的规定执行。
第五十八条　从事种子进出口业务的，除具备种子生产经营许可证外，还应当依照国家有关规定取得种子进出口许可。 从境外引进农作物、林木种子的审定权限，农作物、林木种子的进口审批办法，引进转基因植物品种的管理办法，由国务院规定。	**第五十七条**　从事种子进出口业务的，**应当**具备种子生产经营许可证；**其中，从事农作物种子进出口业务的，**还应当依照国家有关规定取得种子进出口许可。 从境外引进农作物、林木种子的审定权限，农作物种子的进口审批办法，引进转基因植物品种的管理办法，由国务院规定。	**第五十七条**　从事种子进出口业务的，应当具备种子生产经营许可证；其中，从事农作物种子进出口业务的，还应当**按**照国家有关规定取得种子进出口许可。 从境外引进农作物、林木种子的审定权限，农作物种子的进口审批办法，引进转基因植物品种的管理办法，由国务院规定。

修 订 前	一 审 稿	修 订 后
第五十九条 进口种子的质量，应当达到国家标准或者行业标准。没有国家标准或者行业标准的，可以按照合同约定的标准执行。	**第五十八条** 进口种子的质量，应当达到国家标准或者行业标准。没有国家标准或者行业标准的，可以按照合同约定的标准执行。	**第五十八条** 进口种子的质量，应当达到国家标准或者行业标准。没有国家标准或者行业标准的，可以按照合同约定的标准执行。
第六十条 为境外制种进口种子的，可以不受本法第五十八条第一款的限制，但应当具有对外制种合同，进口的种子只能用于制种，其产品不得在境内销售。 从境外引进农作物或者林木试验用种，应当隔离栽培，收获物也不得作为种子销售。	**第五十九条** 为境外制种进口种子的，可以不受本法第五十七条第一款的限制，但应当具有对外制种合同，进口的种子只能用于制种，其产品不得在境内销售。 从境外引进农作物或者林木试验用种，应当隔离栽培，收获物也不得作为种子销售。	**第五十九条** 为境外制种进口种子的，可以不受本法第五十七条第一款的限制，但应当具有对外制种合同，进口的种子只能用于制种，其产品不得在境内销售。 从境外引进农作物或者林木试验用种，应当隔离栽培，收获物也不得作为种子销售。
第六十一条 禁止进出口假、劣种子以及属于国家规定不得进出口的种子。	**第六十条** 禁止进出口假、劣种子以及属于国家规定不得进出口的种子。	**第六十条** 禁止进出口假、劣种子以及属于国家规定不得进出口的种子。

修订前	一审稿	修订后
第六十二条 国家建立种业国家安全审查机制。境外机构、个人投资、并购境内种子企业，或者与境内科研院所、种子企业开展技术合作，从事品种研发、种子生产经营的审批管理依照有关法律、行政法规的规定执行。	**第六十一条** 国家建立种业国家安全审查机制。境外机构、个人投资、并购境内种子企业，或者与境内科研院所、种子企业开展技术合作，从事品种研发、种子生产经营的审批管理依照有关法律、行政法规的规定执行。	**第六十一条** 国家建立种业国家安全审查机制。境外机构、个人投资、并购境内种子企业，或者与境内科研院所、种子企业开展技术合作，从事品种研发、种子生产经营的审批管理依照有关法律、行政法规的规定执行。
第八章 扶持措施	**第八章 扶持措施**	**第八章 扶持措施**
第六十三条 国家加大对种业发展的支持。对品种选育、生产、示范推广、种质资源保护、种子储备以及制种大县给予扶持。 国家鼓励推广使用高效、安全制种采种技术和先进适用的制种采种机械，将先进适用的制种采种机械纳入农机具购置补贴范围。 国家积极引导社会资金投资种业。	**第六十二条** 国家加大对种业发展的支持。对品种选育、生产、示范推广、种质资源保护、种子储备以及制种大县给予扶持。 国家鼓励推广使用高效、安全制种采种技术和先进适用的制种采种机械，将先进适用的制种采种机械纳入农机具购置补贴范围。 国家积极引导社会资金投资种业。	**第六十二条** 国家加大对种业发展的支持。对品种选育、生产、示范推广、种质资源保护、种子储备以及制种大县给予扶持。 国家鼓励推广使用高效、安全制种采种技术和先进适用的制种采种机械，将先进适用的制种采种机械纳入农机具购置补贴范围。 国家积极引导社会资金投资种业。

修 订 前	一 审 稿	修 订 后
第六十四条 国家加强种业公益性基础设施建设。 对优势种子繁育基地内的耕地，划入基本农田保护区，实行永久保护。优势种子繁育基地由国务院农业主管部门商所在省、自治区、直辖市人民政府确定。	**第六十三条** 国家加强种业公益性基础设施建设。 对优势种子繁育基地内的耕地，划入基本农田保护区，实行永久保护。优势种子繁育基地由国务院农业**农村**主管部门商所在省、自治区、直辖市人民政府确定。	**第六十三条** 国家加强种业公益性基础设施建设，**保障育种科研设施用地合理需求**。 对优势种子繁育基地内的耕地，划入**永久**基本农田。优势种子繁育基地由国务院农业农村主管部门商所在省、自治区、直辖市人民政府确定。
第六十五条 对从事农作物和林木品种选育、生产的种子企业，按照国家有关规定给予扶持。	**第六十四条** 对从事农作物和林木品种选育、生产的种子企业，按照国家有关规定给予扶持。	**第六十四条** 对从事农作物和林木品种选育、生产的种子企业，按照国家有关规定给予扶持。
第六十六条 国家鼓励和引导金融机构为种子生产经营和收储提供信贷支持。	**第六十五条** 国家鼓励和引导金融机构为种子生产经营和收储提供信贷支持。	**第六十五条** 国家鼓励和引导金融机构为种子生产经营和收储提供信贷支持。
第六十七条 国家支持保险机构开展种子生产保险。省级以上人民政府可以采取保险费补贴等措施，支持发展种业生产保险。	**第六十六条** 国家支持保险机构开展种子生产保险。省级以上人民政府可以采取保险费补贴等措施，支持发展种业生产保险。	**第六十六条** 国家支持保险机构开展种子生产保险。省级以上人民政府可以采取保险费补贴等措施，支持发展种业生产保险。

修订前	一审稿	修订后
第六十八条 国家鼓励科研院所及高等院校与种子企业开展育种科技人员交流，支持本单位的科技人员到种子企业从事育种成果转化活动；鼓励育种科研人才创新创业。	**第六十七条** 国家鼓励科研院所及高等院校与种子企业开展育种科技人员交流，支持本单位的科技人员到种子企业从事育种成果转化活动；鼓励育种科研人才创新创业。	**第六十七条** 国家鼓励科研院所及高等院校与种子企业开展育种科技人员交流，支持本单位的科技人员到种子企业从事育种成果转化活动；鼓励育种科研人才创新创业。
第六十九条 国务院农业、林业主管部门和异地繁育种子所在地的省、自治区、直辖市人民政府应当加强对异地繁育种子工作的管理和协调，交通运输部门应当优先保证种子的运输。	**第六十八条** 国务院农业**农村**、林业**草原**主管部门和异地繁育种子所在地的省、自治区、直辖市人民政府应当加强对异地繁育种子工作的管理和协调，交通运输部门应当优先保证种子的运输。	**第六十八条** 国务院农业农村、林业草原主管部门和异地繁育种子所在地的省、自治区、直辖市人民政府应当加强对异地繁育种子工作的管理和协调，交通运输部门应当优先保证种子的运输。

修订前	一审稿	修订后
第九章　法律责任	**第九章　法律责任**	**第九章　法律责任**
第七十条　农业、林业主管部门不依法作出行政许可决定，发现违法行为或者接到对违法行为的举报不予查处，或者有其他未依照本法规定履行职责的行为的，由本级人民政府或者上级人民政府有关部门责令改正，对负有责任的主管人员和其他直接责任人员依法给予处分。 违反本法第五十六条规定，农业、林业主管部门工作人员从事种子生产经营活动的，依法给予处分。	**第六十九条**　农业**农村**、林业**草原**主管部门不依法作出行政许可决定，发现违法行为或者接到对违法行为的举报不予查处，或者有其他未依照本法规定履行职责的行为的，由本级人民政府或者上级人民政府有关部门责令改正，对负有责任的主管人员和其他直接责任人员依法给予处分。 违反本法第五十**五**条规定，农业**农村**、林业**草原**主管部门工作人员从事种子生产经营活动的，依法给予处分。	**第六十九条**　农业农村、林业草原主管部门不依法作出行政许可决定，发现违法行为或者接到对违法行为的举报不予查处，或者有其他未依照本法规定履行职责的行为的，由本级人民政府或者上级人民政府有关部门责令改正，对负有责任的主管人员和其他直接责任人员依法给予处分。 违反本法第五十五条规定，农业农村、林业草原主管部门工作人员从事种子生产经营活动的，依法给予处分。
第七十一条　违反本法第十六条规定，品种审定委员会委员和工作人员不依法履行职责，弄虚作假、徇私舞弊的，依法给予处分；自处分决定作出之日起五年内不得从事品种审定工作。	**第七十条**　违反本法第十六条规定，品种审定委员会委员和工作人员不依法履行职责，弄虚作假、徇私舞弊的，依法给予处分；自处分决定作出之日起五年内不得从事品种审定工作。	**第七十条**　违反本法第十六条规定，品种审定委员会委员和工作人员不依法履行职责，弄虚作假、徇私舞弊的，依法给予处分；自处分决定作出之日起五年内不得从事品种审定工作。

修订前	一审稿	修订后
第七十二条 品种测试、试验和种子质量检验机构伪造测试、试验、检验数据或者出具虚假证明的，由县级以上人民政府农业、林业主管部门责令改正，对单位处五万元以上十万元以下罚款，对直接负责的主管人员和其他直接责任人员处一万元以上五万元以下罚款；有违法所得的，并处没收违法所得；给种子使用者和其他种子生产经营者造成损失的，与种子生产经营者承担连带责任；情节严重的，由省级以上人民政府有关主管部门取消种子质量检验资格。	**第七十一条** 品种测试、试验和种子质量检验机构伪造测试、试验、检验数据或者出具虚假证明的，由县级以上人民政府农业**农村**、林业**草原**主管部门责令改正，对单位处五万元以上十万元以下罚款，对直接负责的主管人员和其他直接责任人员处一万元以上五万元以下罚款；有违法所得的，并处没收违法所得；给种子使用者和其他种子生产经营者造成损失的，与种子生产经营者承担连带责任；情节严重的，由省级以上人民政府有关主管部门取消种子质量检验资格。	**第七十一条** 品种测试、试验和种子质量检验机构伪造测试、试验、检验数据或者出具虚假证明的，由县级以上人民政府农业农村、林业草原主管部门责令改正，对单位处五万元以上十万元以下罚款，对直接负责的主管人员和其他直接责任人员处一万元以上五万元以下罚款；有违法所得的，并处没收违法所得；给种子使用者和其他种子生产经营者造成损失的，与种子生产经营者承担连带责任；情节严重的，由省级以上人民政府有关主管部门取消种子质量检验资格。

修订前	一审稿	修订后
第七十三条 违反本法第二十八条规定，有侵犯植物新品种权行为的，由当事人协商解决，不愿协商或者协商不成的，植物新品种权所有人或者利害关系人可以请求县级以上人民政府农业、林业主管部门进行处理，也可以直接向人民法院提起诉讼。 县级以上人民政府农业、林业主管部门，根据当事人自愿的原则，对侵犯植物新品种权所造成的损害赔偿可以进行调解。调解达成协议的，当事人应当履行；当事人不履行协议或者调解未达成协议的，植物新品种权所有人或者利害关系人可以依法向人民法院提起诉讼。	**第七十二条** 违反本法第二十八条规定，有侵犯植物新品种权行为的，由当事人协商解决，不愿协商或者协商不成的，植物新品种权所有人或者利害关系人可以请求县级以上人民政府农业**农村**、林业**草原**主管部门进行处理，也可以直接向人民法院提起诉讼。 县级以上人民政府农业**农村**、林业**草原**主管部门，根据当事人自愿的原则，对侵犯植物新品种权所造成的损害赔偿可以进行调解。调解达成协议的，当事人应当履行；当事人不履行协议或者调解未达成协议的，植物新品种权所有人或者利害关系人可以依法向人民法院提起诉讼。	**第七十二条** 违反本法第二十八条规定，有侵犯植物新品种权行为的，由当事人协商解决，不愿协商或者协商不成的，植物新品种权所有人或者利害关系人可以请求县级以上人民政府农业农村、林业草原主管部门进行处理，也可以直接向人民法院提起诉讼。 县级以上人民政府农业农村、林业草原主管部门，根据当事人自愿的原则，对侵犯植物新品种权所造成的损害赔偿可以进行调解。调解达成协议的，当事人应当履行；当事人不履行协议或者调解未达成协议的，植物新品种权所有人或者利害关系人可以依法向人民法院提起诉讼。

修订前	一审稿	修订后
侵犯植物新品种权的赔偿数额按照权利人因被侵权所受到的实际损失确定；实际损失难以确定的，可以按照侵权人因侵权所获得的利益确定。权利人的损失或者侵权人获得的利益难以确定的，可以参照该植物新品种权许可使用费的倍数合理确定。赔偿数额应当包括权利人为制止侵权行为所支付的合理开支。侵犯植物新品种权，情节严重的，可以在按照上述方法确定数额的一倍以上三倍以下确定赔偿数额。 权利人的损失、侵权人获得的利益和植物新品种权许可使用费均难以确定的，人民法院可以根据植物新品种权的类型、侵权行为的性质和情节等因素，确定给予三百万元以下的赔偿。	侵犯植物新品种权的赔偿数额按照权利人因被侵权所受到的实际损失确定；实际损失难以确定的，可以按照侵权人因侵权所获得的利益确定。权利人的损失或者侵权人获得的利益难以确定的，可以参照该植物新品种权许可使用费的倍数合理确定。赔偿数额应当包括权利人为制止侵权行为所支付的合理开支。侵犯植物新品种权，情节严重的，可以在按照上述方法确定数额的一倍以上**五**倍以下确定赔偿数额。 权利人的损失、侵权人获得的利益和植物新品种权许可使用费均难以确定的，人民法院可以根据植物新品种权的类型、侵权行为的性质和情节等因素，确定给予**五**百万元以下的赔偿。	侵犯植物新品种权的赔偿数额按照权利人因被侵权所受到的实际损失确定；实际损失难以确定的，可以按照侵权人因侵权所获得的利益确定。权利人的损失或者侵权人获得的利益难以确定的，可以参照该植物新品种权许可使用费的倍数合理确定。**故意**侵犯植物新品种权，情节严重的，可以在按照上述方法确定数额的一倍以上五倍以下确定赔偿数额。 权利人的损失、侵权人获得的利益和植物新品种权许可使用费均难以确定的，人民法院可以根据植物新品种权的类型、侵权行为的性质和情节等因素，确定给予五百万元以下的赔偿。

修订前	一审稿	修订后
县级以上人民政府农业、林业主管部门处理侵犯植物新品种权案件时，为了维护社会公共利益，责令侵权人停止侵权行为，没收违法所得和种子；货值金额不足五万元的，并处一万元以上二十五万元以下罚款；货值金额五万元以上的，并处货值金额五倍以上十倍以下罚款。 　　假冒授权品种的，由县级以上人民政府农业、林业主管部门责令停止假冒行为，没收违法所得和种子；货值金额不足五万元的，并处一万元以上二十五万元以下罚款；货值金额五万元以上的，并处货值金额五倍以上十倍以下罚款。	**不知道是未经植物新品种权所有人许可的授权品种的繁殖材料或者收获材料，能证明该繁殖材料或者收获材料具有合法来源的，不承担赔偿责任。** 　　县级以上人民政府农业**农村**、林业**草原**主管部门处理侵犯植物新品种权案件时，为了维护社会公共利益，责令侵权人停止侵权行为，没收违法所得和种子；货值金额不足五万元的，并处一万元以上二十五万元以下罚款；货值金额五万元以上的，并处货值金额五倍以上十倍以下罚款。 　　假冒授权品种的，由县级以上人民政府农业**农村**、林业**草原**主管部门责令停止假冒行为，没收违法所得和种子；货值金额不足五万元的，并处一万元以上二十五万元以下罚款；货值金额五万元以上的，并处货值金额五倍以上十倍以下罚款。	赔偿数额应当包括权利人为制止侵权行为所支付的合理开支。 　　县级以上人民政府农业农村、林业草原主管部门处理侵犯植物新品种权案件时，为了维护社会公共利益，责令侵权人停止侵权行为，没收违法所得和种子；货值金额不足五万元的，并处一万元以上二十五万元以下罚款；货值金额五万元以上的，并处货值金额五倍以上十倍以下罚款。 　　假冒授权品种的，由县级以上人民政府农业农村、林业草原主管部门责令停止假冒行为，没收违法所得和种子；货值金额不足五万元的，并处一万元以上二十五万元以下罚款；货值金额五万元以上的，并处货值金额五倍以上十倍以下罚款。

修　订　前	一　审　稿	修　订　后
第七十四条　当事人就植物新品种的申请权和植物新品种权的权属发生争议的，可以向人民法院提起诉讼。	**第七十三条**　当事人就植物新品种的申请权和植物新品种权的权属发生争议的，可以向人民法院提起诉讼。	**第七十三条**　当事人就植物新品种的申请权和植物新品种权的权属发生争议的，可以向人民法院提起诉讼。
第七十五条　违反本法第四十九条规定，生产经营假种子的，由县级以上人民政府农业、林业主管部门责令停止生产经营，没收违法所得和种子，吊销种子生产经营许可证；违法生产经营的货值金额不足一万元的，并处一万元以上十万元以下罚款；货值金额一万元以上的，并处货值金额十倍以上二十倍以下罚款。 因生产经营假种子犯罪被判处有期徒刑以上刑罚的，种子企业或者其他单位的法定代表人、直接负责的主管人员自刑罚执行完毕之日起五年内不得担任种子企业的法定代表人、高级管理人员。	**第七十四条**　违反本法第四十八条规定，生产经营假种子的，由县级以上人民政府农业**农村**、林业**草原**主管部门责令停止生产经营，没收违法所得和种子，吊销种子生产经营许可证；违法生产经营的货值金额不足一万元的，并处一万元以上十万元以下罚款；货值金额一万元以上的，并处货值金额十倍以上二十倍以下罚款。 因生产经营假种子犯罪被判处有期徒刑以上刑罚的，种子企业或者其他单位的法定代表人、直接负责的主管人员自刑罚执行完毕之日起五年内不得担任种子企业的法定代表人、高级管理人员。	**第七十四条**　违反本法第四十八条规定，生产经营假种子的，由县级以上人民政府农业农村、林业草原主管部门责令停止生产经营，没收违法所得和种子，吊销种子生产经营许可证；违法生产经营的货值金额不足**二**万元的，并处**二**万元以上**二十**万元以下罚款；货值金额**二**万元以上的，并处货值金额十倍以上二十倍以下罚款。 因生产经营假种子犯罪被判处有期徒刑以上刑罚的，种子企业或者其他单位的法定代表人、直接负责的主管人员自刑罚执行完毕之日起五年内不得担任种子企业的法定代表人、高级管理人员。

修订前	一审稿	修订后
第七十六条 违反本法第四十九条规定，生产经营劣种子的，由县级以上人民政府农业、林业主管部门责令停止生产经营，没收违法所得和种子；违法生产经营的货值金额不足一万元的，并处五千元以上五万元以下罚款；货值金额一万元以上的，并处货值金额五倍以上十倍以下罚款；情节严重的，吊销种子生产经营许可证。 因生产经营劣种子犯罪被判处有期徒刑以上刑罚的，种子企业或者其他单位的法定代表人、直接负责的主管人员自刑罚执行完毕之日起五年内不得担任种子企业的法定代表人、高级管理人员。	**第七十五条** 违反本法第四十八条规定，生产经营劣种子的，由县级以上人民政府农业**农村**、林业**草原**主管部门责令停止生产经营，没收违法所得和种子；违法生产经营的货值金额不足一万元的，并处五千元以上五万元以下罚款；货值金额一万元以上的，并处货值金额五倍以上十倍以下罚款；情节严重的，吊销种子生产经营许可证。 因生产经营劣种子犯罪被判处有期徒刑以上刑罚的，种子企业或者其他单位的法定代表人、直接负责的主管人员自刑罚执行完毕之日起五年内不得担任种子企业的法定代表人、高级管理人员。	**第七十五条** 违反本法第四十八条规定，生产经营劣种子的，由县级以上人民政府农业农村、林业草原主管部门责令停止生产经营，没收违法所得和种子；违法生产经营的货值金额不足**二**万元的，并处**一**万元以上**十**万元以下罚款；货值金额**二**万元以上的，并处货值金额五倍以上十倍以下罚款；情节严重的，吊销种子生产经营许可证。 因生产经营劣种子犯罪被判处有期徒刑以上刑罚的，种子企业或者其他单位的法定代表人、直接负责的主管人员自刑罚执行完毕之日起五年内不得担任种子企业的法定代表人、高级管理人员。

修订前	一审稿	修订后
第七十七条 违反本法第三十二条、第三十三条规定，有下列行为之一的，由县级以上人民政府农业、林业主管部门责令改正，没收违法所得和种子；违法生产经营的货值金额不足一万元的，并处三千元以上三万元以下罚款；货值金额一万元以上的，并处货值金额三倍以上五倍以下罚款；可以吊销种子生产经营许可证： （一）未取得种子生产经营许可证生产经营种子的； （二）以欺骗、贿赂等不正当手段取得种子生产经营许可证的； （三）未按照种子生产经营许可证的规定生产经营种子的； （四）伪造、变造、买卖、租借种子生产经营许可证的。	**第七十六条** 违反本法第三十二条、第三十三条、**第三十四条**规定，有下列行为之一的，由县级以上人民政府农业**农村**、林业**草原**主管部门责令改正，没收违法所得和种子；违法生产经营的货值金额不足一万元的，并处三千元以上三万元以下罚款；货值金额一万元以上的，并处货值金额三倍以上五倍以下罚款；可以吊销种子生产经营许可证： （一）未取得种子生产经营许可证生产经营种子的； （二）以欺骗、贿赂等不正当手段取得种子生产经营许可证的； （三）未按照种子生产经营许可证的规定生产经营种子的； （四）伪造、变造、买卖、租借种子生产经营许可证的；	**第七十六条** 违反本法第三十二条、第三十三条、第三十四条规定，有下列行为之一的，由县级以上人民政府农业农村、林业草原主管部门责令改正，没收违法所得和种子；违法生产经营的货值金额不足一万元的，并处三千元以上三万元以下罚款；货值金额一万元以上的，并处货值金额三倍以上五倍以下罚款；可以吊销种子生产经营许可证： （一）未取得种子生产经营许可证生产经营种子的； （二）以欺骗、贿赂等不正当手段取得种子生产经营许可证的； （三）未按照种子生产经营许可证的规定生产经营种子的； （四）伪造、变造、买卖、租借种子生产经营许可证的；

修 订 前	一 审 稿	修 订 后
被吊销种子生产经营许可证的单位，其法定代表人、直接负责的主管人员自处罚决定作出之日起五年内不得担任种子企业的法定代表人、高级管理人员。	**（五）不具有繁殖种子的隔离和培育条件，不具有无检疫性有害生物的种子生产地点或者县级以上人民政府林业草原主管部门确定的采种林，从事种子生产的；** **（六）未执行种子检验、检疫规程生产种子的。** 被吊销种子生产经营许可证的单位，其法定代表人、直接负责的主管人员自处罚决定作出之日起五年内不得担任种子企业的法定代表人、高级管理人员。	（五）不**再**具有繁殖种子的隔离和培育条件，**或者**不**再**具有无检疫性有害生物的种子生产地点或者县级以上人民政府林业草原主管部门确定的采种林，**继续**从事种子生产的； （六）未执行种子检验、检疫规程生产种子的。 被吊销种子生产经营许可证的单位，其法定代表人、直接负责的主管人员自处罚决定作出之日起五年内不得担任种子企业的法定代表人、高级管理人员。
第七十八条 违反本法第二十一条、第二十二条、第二十三条规定，有下列行为之一的，由县级以上人民政府农业、林业主管部门责令停止违法行为，没收违法所得和种子，并处二万元以上二十万元以下罚款：	**第七十七条** 违反本法第二十一条、第二十二条、第二十三条规定，有下列行为之一的，由县级以上人民政府农业**农村**、林业**草原**主管部门责令停止违法行为，没收违法所得和种子，并处二万元以上二十万元以下罚款：	**第七十七条** 违反本法第二十一条、第二十二条、第二十三条规定，有下列行为之一的，由县级以上人民政府农业农村、林业草原主管部门责令停止违法行为，没收违法所得和种子，并处二万元以上二十万元以下罚款：

修　订　前	一　审　稿	修　订　后
（一）对应当审定未经审定的农作物品种进行推广、销售的； （二）作为良种推广、销售应当审定未经审定的林木品种的； （三）推广、销售应当停止推广、销售的农作物品种或者林木良种的； （四）对应当登记未经登记的农作物品种进行推广，或者以登记品种的名义进行销售的； （五）对已撤销登记的农作物品种进行推广，或者以登记品种的名义进行销售的。 违反本法第二十三条、第四十二条规定，对应当审定未经审定或者应当登记未经登记的农作物品种发布广告，或者广告中有关品种的主要性状描述的内容与审定、登记公告不一致的，依照《中华人民共和国广告法》的有关规定追究法律责任。	（一）对应当审定未经审定的农作物品种进行推广、销售的； （二）作为良种推广、销售应当审定未经审定的林木品种的； （三）推广、销售应当停止推广、销售的农作物品种或者林木良种的； （四）对应当登记未经登记的农作物品种进行推广，或者以登记品种的名义进行销售的； （五）对已撤销登记的农作物品种进行推广，或者以登记品种的名义进行销售的。 违反本法第二十三条、第四十一条规定，对应当审定未经审定或者应当登记未经登记的农作物品种发布广告，或者广告中有关品种的主要性状描述的内容与审定、登记公告不一致的，依照《中华人民共和国广告法》的有关规定追究法律责任。	（一）对应当审定未经审定的农作物品种进行推广、销售的； （二）作为良种推广、销售应当审定未经审定的林木品种的； （三）推广、销售应当停止推广、销售的农作物品种或者林木良种的； （四）对应当登记未经登记的农作物品种进行推广，或者以登记品种的名义进行销售的； （五）对已撤销登记的农作物品种进行推广，或者以登记品种的名义进行销售的。 违反本法第二十三条、第四十一条规定，对应当审定未经审定或者应当登记未经登记的农作物品种发布广告，或者广告中有关品种的主要性状描述的内容与审定、登记公告不一致的，依照《中华人民共和国广告法》的有关规定追究法律责任。

修　订　前	一　审　稿	修　订　后
第七十九条　违反本法第五十八条、第六十条、第六十一条规定，有下列行为之一的，由县级以上人民政府农业、林业主管部门责令改正，没收违法所得和种子；违法生产经营的货值金额不足一万元的，并处三千元以上三万元以下罚款；货值金额一万元以上的，并处货值金额三倍以上五倍以下罚款；情节严重的，吊销种子生产经营许可证： （一）未经许可进出口种子的； （二）为境外制种的种子在境内销售的； （三）从境外引进农作物或者林木种子进行引种试验的收获物作为种子在境内销售的； （四）进出口假、劣种子或者属于国家规定不得进出口的种子的。	**第七十八条**　违反本法第五十七条、第**五十九**条、第六十条规定，有下列行为之一的，由县级以上人民政府农业**农村**、林业**草原**主管部门责令改正，没收违法所得和种子；违法生产经营的货值金额不足一万元的，并处三千元以上三万元以下罚款；货值金额一万元以上的，并处货值金额三倍以上五倍以下罚款；情节严重的，吊销种子生产经营许可证： （一）未经许可进出口种子的； （二）为境外制种的种子在境内销售的； （三）从境外引进农作物或者林木种子进行引种试验的收获物作为种子在境内销售的； （四）进出口假、劣种子或者属于国家规定不得进出口的种子的。	**第七十八条**　违反本法第五十七条、第五十九条、第六十条规定，有下列行为之一的，由县级以上人民政府农业农村、林业草原主管部门责令改正，没收违法所得和种子；违法生产经营的货值金额不足一万元的，并处三千元以上三万元以下罚款；货值金额一万元以上的，并处货值金额三倍以上五倍以下罚款；情节严重的，吊销种子生产经营许可证： （一）未经许可进出口种子的； （二）为境外制种的种子在境内销售的； （三）从境外引进农作物或者林木种子进行引种试验的收获物作为种子在境内销售的； （四）进出口假、劣种子或者属于国家规定不得进出口的种子的。

修订前	一审稿	修订后
第八十条 违反本法第三十六条、第三十八条、第四十条、第四十一条规定，有下列行为之一的，由县级以上人民政府农业、林业主管部门责令改正，处二千元以上二万元以下罚款： （一）销售的种子应当包装而没有包装的； （二）销售的种子没有使用说明或者标签内容不符合规定的； （三）涂改标签的； （四）未按规定建立、保存种子生产经营档案的； （五）种子生产经营者在异地设立分支机构、专门经营不再分装的包装种子或者受委托生产、代销种子，未按规定备案的。	**第七十九条** 违反本法第三十六条、第三十八条、**第三十九条**、第四十条规定，有下列行为之一的，由县级以上人民政府农业**农村**、林业**草原**主管部门责令改正，处二千元以上二万元以下罚款： （一）销售的种子应当包装而没有包装的； （二）销售的种子没有使用说明或者标签内容不符合规定的； （三）涂改标签的； （四）未按规定建立、保存种子生产经营档案的； （五）种子生产经营者在异地设立分支机构、专门经营不再分装的包装种子或者受委托生产、代销种子，未按规定备案的。	**第七十九条** 违反本法第三十六条、第三十八条、第三十九条、第四十条规定，有下列行为之一的，由县级以上人民政府农业农村、林业草原主管部门责令改正，处二千元以上二万元以下罚款： （一）销售的种子应当包装而没有包装的； （二）销售的种子没有使用说明或者标签内容不符合规定的； （三）涂改标签的； （四）未按规定建立、保存种子生产经营档案的； （五）种子生产经营者在异地设立分支机构、专门经营不再分装的包装种子或者受委托生产、代销种子，未按规定备案的。

修订前	一审稿	修订后
第八十一条 违反本法第八条规定，侵占、破坏种质资源，私自采集或者采伐国家重点保护的天然种质资源的，由县级以上人民政府农业、林业主管部门责令停止违法行为，没收种质资源和违法所得，并处五千元以上五万元以下罚款；造成损失的，依法承担赔偿责任。	**第八十条** 违反本法第八条规定，侵占、破坏种质资源，私自采集或者采伐国家重点保护的天然种质资源的，由县级以上人民政府农业**农村**、林业**草原**主管部门责令停止违法行为，没收种质资源和违法所得，并处五千元以上五万元以下罚款；造成损失的，依法承担赔偿责任。	**第八十条** 违反本法第八条规定，侵占、破坏种质资源，私自采集或者采伐国家重点保护的天然种质资源的，由县级以上人民政府农业农村、林业草原主管部门责令停止违法行为，没收种质资源和违法所得，并处五千元以上五万元以下罚款；造成损失的，依法承担赔偿责任。
第八十二条 违反本法第十一条规定，向境外提供或者从境外引进种质资源，或者与境外机构、个人开展合作研究利用种质资源的，由国务院或者省、自治区、直辖市人民政府的农业、林业主管部门没收种质资源和违法所得，并处二万元以上二十万元以下罚款。	**第八十一条** 违反本法第十一条规定，向境外提供或者从境外引进种质资源，或者与境外机构、个人开展合作研究利用种质资源的，由国务院或者省、自治区、直辖市人民政府的农业**农村**、林业**草原**主管部门没收种质资源和违法所得，并处二万元以上二十万元以下罚款。	**第八十一条** 违反本法第十一条规定，向境外提供或者从境外引进种质资源，或者与境外机构、个人开展合作研究利用种质资源的，由国务院或者省、自治区、直辖市人民政府的农业农村、林业草原主管部门没收种质资源和违法所得，并处二万元以上二十万元以下罚款。

修订前	一审稿	修订后
未取得农业、林业主管部门的批准文件携带、运输种质资源出境的，海关应当将该种质资源扣留，并移送省、自治区、直辖市人民政府农业、林业主管部门处理。	未取得农业**农村**、林业**草原**主管部门的批准文件携带、运输种质资源出境的，海关应当将该种质资源扣留，并移送省、自治区、直辖市人民政府农业**农村**、林业**草原**主管部门处理。	未取得农业农村、林业草原主管部门的批准文件携带、运输种质资源出境的，海关应当将该种质资源扣留，并移送省、自治区、直辖市人民政府农业农村、林业草原主管部门处理。
第八十三条　违反本法第三十五条规定，抢采掠青、损坏母树或者在劣质林内、劣质母树上采种的，由县级以上人民政府林业主管部门责令停止采种行为，没收所采种子，并处所采种子货值金额二倍以上五倍以下罚款。	**第八十二条**　违反本法第三十五条规定，抢采掠青、损坏母树或者在劣质林内、劣质母树上采种的，由县级以上人民政府林业**草原**主管部门责令停止采种行为，没收所采种子，并处所采种子货值金额二倍以上五倍以下罚款。	**第八十二条**　违反本法第三十五条规定，抢采掠青、损坏母树或者在劣质林内、劣质母树上采种的，由县级以上人民政府林业草原主管部门责令停止采种行为，没收所采种子，并处所采种子货值金额二倍以上五倍以下罚款。
第八十四条　违反本法第三十九条规定，收购珍贵树木种子或者限制收购的林木种子的，由县级以上人民政府林业主管部门没收所收购的种子，并处收购种子货值金额二倍以上五倍以下罚款。	**删去**	**删去**

修 订 前	一 审 稿	修 订 后
第八十五条 违反本法第十七条规定，种子企业有造假行为的，由省级以上人民政府农业、林业主管部门处一百万元以上五百万元以下罚款；不得再依照本法第十七条的规定申请品种审定；给种子使用者和其他种子生产经营者造成损失的，依法承担赔偿责任。	**第八十三条** 违反本法第十七条规定，种子企业有造假行为的，由省级以上人民政府农业**农村**、林业**草原**主管部门处一百万元以上五百万元以下罚款；不得再依照本法第十七条的规定申请品种审定；给种子使用者和其他种子生产经营者造成损失的，依法承担赔偿责任。	**第八十三条** 违反本法第十七条规定，种子企业有造假行为的，由省级以上人民政府农业农村、林业草原主管部门处一百万元以上五百万元以下罚款；不得再依照本法第十七条的规定申请品种审定；给种子使用者和其他种子生产经营者造成损失的，依法承担赔偿责任。
第八十六条 违反本法第四十五条规定，未根据林业主管部门制定的计划使用林木良种的，由同级人民政府林业主管部门责令限期改正；逾期未改正的，处三千元以上三万元以下罚款。	**第八十四条** 违反本法第四十四条规定，未根据林业**草原**主管部门制定的计划使用林木良种的，由同级人民政府林业**草原**主管部门责令限期改正；逾期未改正的，处三千元以上三万元以下罚款。	**第八十四条** 违反本法第四十四条规定，未根据林业草原主管部门制定的计划使用林木良种的，由同级人民政府林业草原主管部门责令限期改正；逾期未改正的，处三千元以上三万元以下罚款。
第八十七条 违反本法第五十四条规定，在种子生产基地进行检疫性有害生物接种试验的，由县级以上人民政府农业、林业主管部门责令停止试验，处五千元以上五万元以下罚款。	**第八十五条** 违反本法第五十三条规定，在种子生产基地进行检疫性有害生物接种试验的，由县级以上人民政府农业**农村**、林业**草原**主管部门责令停止试验，处五千元以上五万元以下罚款。	**第八十五条** 违反本法第五十三条规定，在种子生产基地进行检疫性有害生物接种试验的，由县级以上人民政府农业农村、林业草原主管部门责令停止试验，处五千元以上五万元以下罚款。

修订前	一审稿	修订后
第八十八条 违反本法第五十条规定，拒绝、阻挠农业、林业主管部门依法实施监督检查的，处二千元以上五万元以下罚款，可以责令停产停业整顿；构成违反治安管理行为的，由公安机关依法给予治安管理处罚。	**第八十六条** 违反本法第**四十九**条规定，拒绝、阻挠农业**农村**、林业**草原**主管部门依法实施监督检查的，处二千元以上五万元以下罚款，可以责令停产停业整顿；构成违反治安管理行为的，由公安机关依法给予治安管理处罚。	**第八十六条** 违反本法第四十九条规定，拒绝、阻挠农业农村、林业草原主管部门依法实施监督检查的，处二千元以上五万元以下罚款，可以责令停产停业整顿；构成违反治安管理行为的，由公安机关依法给予治安管理处罚。
第八十九条 违反本法第十三条规定，私自交易育种成果，给本单位造成经济损失的，依法承担赔偿责任。	**第八十七条** 违反本法第十三条规定，私自交易育种成果，给本单位造成经济损失的，依法承担赔偿责任。	**第八十七条** 违反本法第十三条规定，私自交易育种成果，给本单位造成经济损失的，依法承担赔偿责任。
第九十条 违反本法第四十四条规定，强迫种子使用者违背自己的意愿购买、使用种子，给使用者造成损失的，应当承担赔偿责任。	**第八十八条** 违反本法第四十三条规定，强迫种子使用者违背自己的意愿购买、使用种子，给使用者造成损失的，应当承担赔偿责任。	**第八十八条** 违反本法第四十三条规定，强迫种子使用者违背自己的意愿购买、使用种子，给使用者造成损失的，应当承担赔偿责任。
第九十一条 违反本法规定，构成犯罪的，依法追究刑事责任。	**第八十九条** 违反本法规定，构成犯罪的，依法追究刑事责任。	**第八十九条** 违反本法规定，构成犯罪的，依法追究刑事责任。

修订前	一审稿	修订后
第十章 附 则	**第十章 附 则**	**第十章 附 则**
第九十二条 本法下列用语的含义是： （一）种质资源是指选育植物新品种的基础材料，包括各种植物的栽培种、野生种的繁殖材料以及利用上述繁殖材料人工创造的各种植物的遗传材料。 （二）品种是指经过人工选育或者发现并经过改良，形态特征和生物学特性一致，遗传性状相对稳定的植物群体。 （三）主要农作物是指稻、小麦、玉米、棉花、大豆。 （四）主要林木由国务院林业主管部门确定并公布；省、自治区、直辖市人民政府林业主管部门可以在国务院林业主管部门确定的主要林木之外确定其他八种以下的主要林木。	**第九十条** 本法下列用语的含义是： （一）种质资源是指选育植物新品种的基础材料，包括各种植物的栽培种、野生种的繁殖材料以及利用上述繁殖材料人工创造的各种植物的遗传材料。 （二）品种是指经过人工选育或者发现并经过改良，形态特征和生物学特性一致，遗传性状相对稳定的植物群体。 （三）主要农作物是指稻、小麦、玉米、棉花、大豆。 （四）主要林木由国务院林业**草原**主管部门确定并公布；省、自治区、直辖市人民政府林业**草原**主管部门可以在国务院林业**草原**主管部门确定的主要林木之外确定其他八种以下的主要林木。	**第九十条** 本法下列用语的含义是： （一）种质资源是指选育植物新品种的基础材料，包括各种植物的栽培种、野生种的繁殖材料以及利用上述繁殖材料人工创造的各种植物的遗传材料。 （二）品种是指经过人工选育或者发现并经过改良，形态特征和生物学特性一致，遗传性状相对稳定的植物群体。 （三）主要农作物是指稻、小麦、玉米、棉花、大豆。 （四）主要林木由国务院林业草原主管部门确定并公布；省、自治区、直辖市人民政府林业草原主管部门可以在国务院林业草原主管部门确定的主要林木之外确定其他八种以下的主要林木。

修订前	一审稿	修订后
（五）林木良种是指通过审定的主要林木品种，在一定的区域内，其产量、适应性、抗性等方面明显优于当前主栽材料的繁殖材料和种植材料。	（五）林木良种是指通过审定的主要林木品种，在一定的区域内，其产量、适应性、抗性等方面明显优于当前主栽材料的繁殖材料和种植材料。	（五）林木良种是指通过审定的主要林木品种，在一定的区域内，其产量、适应性、抗性等方面明显优于当前主栽材料的繁殖材料和种植材料。
（六）新颖性是指申请植物新品种权的品种在申请日前，经申请权人自行或者同意销售、推广其种子，在中国境内未超过一年；在境外，木本或者藤本植物未超过六年，其他植物未超过四年。	（六）新颖性是指申请植物新品种权的品种在申请日前，经申请权人自行或者同意销售、推广其种子，在中国境内未超过一年；在境外，木本或者藤本植物未超过六年，其他植物未超过四年。	（六）新颖性是指申请植物新品种权的品种在申请日前，经申请权人自行或者同意销售、推广其种子，在中国境内未超过一年；在境外，木本或者藤本植物未超过六年，其他植物未超过四年。
本法施行后新列入国家植物品种保护名录的植物的属或者种，从名录公布之日起一年内提出植物新品种权申请的，在境内销售、推广该品种种子未超过四年的，具备新颖性。	本法施行后新列入国家植物品种保护名录的植物的属或者种，从名录公布之日起一年内提出植物新品种权申请的，在境内销售、推广该品种种子未超过四年的，具备新颖性。	本法施行后新列入国家植物品种保护名录的植物的属或者种，从名录公布之日起一年内提出植物新品种权申请的，在境内销售、推广该品种种子未超过四年的，具备新颖性。
除销售、推广行为丧失新颖性外，下列情形视为已丧失新颖性：	除销售、推广行为丧失新颖性外，下列情形视为已丧失新颖性：	除销售、推广行为丧失新颖性外，下列情形视为已丧失新颖性：

修 订 前	一 审 稿	修 订 后
1. 品种经省、自治区、直辖市人民政府农业、林业主管部门依据播种面积确认已经形成事实扩散的； 2. 农作物品种已审定或者登记两年以上未申请植物新品种权的。	1. 品种经省、自治区、直辖市人民政府农业**农村**、林业**草原**主管部门依据播种面积确认已经形成事实扩散的； 2. 农作物品种已审定或者登记两年以上未申请植物新品种权的。	1. 品种经省、自治区、直辖市人民政府农业农村、林业草原主管部门依据播种面积确认已经形成事实扩散的； 2. 农作物品种已审定或者登记两年以上未申请植物新品种权的。
（七）特异性是指一个植物品种有一个以上性状明显区别于已知品种。	（七）特异性是指一个植物品种有一个以上性状明显区别于已知品种。	（七）特异性是指一个植物品种有一个以上性状明显区别于已知品种。
（八）一致性是指一个植物品种的特性除可预期的自然变异外，群体内个体间相关的特征或者特性表现一致。	（八）一致性是指一个植物品种的特性除可预期的自然变异外，群体内个体间相关的特征或者特性表现一致。	（八）一致性是指一个植物品种的特性除可预期的自然变异外，群体内个体间相关的特征或者特性表现一致。
（九）稳定性是指一个植物品种经过反复繁殖后或者在特定繁殖周期结束时，其主要性状保持不变。	（九）稳定性是指一个植物品种经过反复繁殖后或者在特定繁殖周期结束时，其主要性状保持不变。	（九）稳定性是指一个植物品种经过反复繁殖后或者在特定繁殖周期结束时，其主要性状保持不变。

修订前	一审稿	修订后
（十）已知品种是指已受理申请或者已通过品种审定、品种登记、新品种保护，或者已经销售、推广的植物品种。 （十一）标签是指印制、粘贴、固定或者附着在种子、种子包装物表面的特定图案及文字说明。	**（十）实质性派生品种是指由原始品种实质性派生，或者由该原始品种的实质性派生品种派生出来的品种，与原始品种有明显区别，除派生引起的性状差异外，在表达由原始品种基因型或者基因型组合产生的基本性状方面与原始品种相同。** （十一）已知品种是指已受理申请或者已通过品种审定、品种登记、新品种保护，或者已经销售、推广的植物品种。 （十二）标签是指印制、粘贴、固定或者附着在种子、种子包装物表面的特定图案及文字说明。	（十）实质性派生品种是指由原始品种实质性派生，或者由该原始品种的实质性派生品种派生出来的品种，与原始品种有明显区别，**并且**除派生引起的性状差异外，在表达由原始品种基因型或者基因型组合产生的基本性状方面与原始品种相同。 （十一）已知品种是指已受理申请或者已通过品种审定、品种登记、新品种保护，或者已经销售、推广的植物品种。 （十二）标签是指印制、粘贴、固定或者附着在种子、种子包装物表面的特定图案及文字说明。

修订前	一审稿	修订后
第九十三条 草种、烟草种、中药材种、食用菌菌种的种质资源管理和选育、生产经营、管理等活动，参照本法执行。	**第九十一条** 草种、烟草种、中药材种、食用菌菌种的种质资源管理和选育、生产经营、管理等活动，参照本法执行。	**第九十一条 国家加强中药材种质资源保护，支持开展中药材育种科学技术研究。** 草种、烟草种、中药材种、食用菌菌种的种质资源管理和选育、生产经营、管理等活动，参照本法执行。
第九十四条 本法自2016年1月1日起施行。	**第九十二条** 本法自2016年1月1日起施行。	**第九十二条** 本法自2016年1月1日起施行。

中华人民共和国种子法（修正草案）

一、将第一条修改为："为了保护和合理利用种质资源，规范品种选育、种子生产经营和管理行为，保护植物新品种权，激励育种原始创新，维护种子生产经营者、使用者的合法权益，提高种子质量，推动种子产业化，发展现代种业，保障国家粮食安全，促进农业和林业的发展，制定本法。"

二、将第十一条第一款修改为："国家对种质资源享有主权，任何单位和个人向境外提供种质资源，或者与境外机构、个人开展合作研究利用种质资源的，应当报国务院农业农村、林业草原主管部门批准。提出申请时，需要提交国家共享惠益的方案；其中，向境外提供或者与境外机构、个人开展合作研究利用农作物种质资源的，还应当经省、自治区、直辖市人民政府农业农村主管部门审核。"

三、将第二十八条修改为："完成育种的单位或者个人对其授权品种，享有排他的独占权。任何单位或者个人未经植物新品种权所有人许可，不得生产、繁殖、加工、许诺销售、销售、进口、出口以及为上述行为储存该授权品种的繁殖材料，不得为商业目的将该授权品种的繁殖材料重复使用于生产另一品种的繁殖材料；但是本法、有关法律、行政法规另有规定的除外。

“从事本条第一款所规定的各项活动，涉及由未经许可使用授权品种繁殖材料而获得的收获材料，应当得到植物新品种权所有人许可，但其对繁殖材料已有合理机会行使其权利的情况除外。

“实质性派生品种可以申请植物新品种权，并可以获得授权。但对其实施本条第一款、第二款所述行为的，应当征得原始品种的植物新品种权所有人的同意。

“实质性派生品种实施名录及判定指南等，由国务院农业农村、林业草原主管部门依照本法及有关法律确定。

“自实质性派生品种实施名录发布之日起申请的植物新品种，按照实质性派生品种相关制度管理。”

四、将第三十一条修改为：“从事种子进出口业务的种子生产经营许可证，由国务院农业农村、林业草原主管部门核发；其中，申请从事农作物种子进出口业务的种子生产经营许可证的，还应当经省、自治区、直辖市人民政府农业农村主管部门审核。

“从事主要农作物杂交种子及其亲本种子、林木良种繁殖材料生产经营的，以及符合国务院农业农村主管部门规定条件的实行选育生产经营相结合的农作物种子企业的种子生产经营许可证，由省、自治区、直辖市人民政府农业农村、林业草原主管部门核发。

“前两款规定以外的其他种子的生产经营许可证，由生产经营者所在地县级以上地方人民政府农业农村、林业草原主管部门核发。

“只从事非主要农作物种子和非主要林木种子生产的，不需要办理种子生产经营许可证。”

五、删去第三十九条。

六、将第五十三条改为第五十二条，并删去其中的“林木种子应当经用种地省、自治区、直辖市人民政府批准。”

七、将第五十八条改为第五十七条，修改为：“从事种子进出口业务的，应当具备种子生产经营许可证；其中，从事农作物种子进出口业务的，还应当依照国家有关规定取得种子进出口许可。

“从境外引进农作物、林木种子的审定权限，农作物种子的进口审批办法，引进转基因植物品种的管理办法，由国务院规定。”

八、将第七十三条改为第七十二条，第三款中“可以在按照上述方法确定数额的一倍以上三倍以下确定赔偿数额”修改为：“可以在按照上述方法确定数额的一倍以上五倍以下确定赔偿数额”；第四款中“确定给予三百万元以下的赔偿”修改为：“确定给予五百万元以下的赔偿”；增加一款，作为第五款“不知道是未经植物新品种权所有人许可的授权品种的繁殖材料或者收获材料，能证明该繁殖材料或者收获材料具有合法来源的，不承担赔偿责任。”

九、将第七十七条改为第七十六条，第一款中“违反本法第三十二条、第三十三条规定”修改为：“违反本法第三十二条、第三十三条、第三十四条规定”；增加一项，作为第五项“（五）不具有繁殖种子的隔离和培育条件，不具有无检疫性有害生物的种子生产地点或者县级以上人民政府林业草原主管部门确定的采种林，从事种子生产的”；增加一项，作为第六项：“（六）未执行种子检验、检疫规程生产种子的”。

十、删去第八十四条。

十一、将第九十二条改为第九十条，增加一项，作为第十项“（十）实质性派生品种是指由原始品种实质性派生，或者由该原始品种的实质性派生品种派生出来的品种，与原始品种有明显区别，除派生引起的性状差异外，在表达由原始品种基因型或者基因型组合产生的基本性状方面与原始品种相同”，第十项、第十一项相应改为第十一项、第十二项。

十二、将本法中“农业主管部门”修改为“农业农村主管部门”；“林业主管部门”修改为“林业草原主管部门”；“农业、林业主管部门”修改为“农业农村、林业草原主管部门”。

本修正案自　年　月　日起施行。

《中华人民共和国种子法》根据本修正案作相应修改并对条款顺序作相应调整，重新公布。

关于《中华人民共和国种子法（修正草案）》的说明

——2021 年 8 月 17 日在第十三届全国人民代表大会常务委员会第三十次会议上

全国人大农业与农村委员会副主任委员　刘振伟

全国人民代表大会常务委员会：

我受全国人大农业与农村委员会委托，就《中华人民共和国种子法（修正草案）》的有关问题作说明。

一、为什么修改种子法

种子是发展现代农业，保障国家粮食安全的基础。建立激励和保护原始创新的种业法律制度，是“打好种业翻身仗”的关键。党中央、国务院高度重视种业发展和知识产权保护。习近平总书记指出，“创新是引领发展的第一动力，保护知识产权就是保护创新。”“要下决心把我国种业搞上去，抓紧培育具有自主知识产权的优良品种，从源头上保障国家粮食安全。”“实现种业科技自强自立、种源自主可控。”2020 年中央经济工作会议、中央农村工作会议提出，要大力推动自主创新，保护知识产权，打好种业翻身仗。今年7月9日，中央全面深化改革委员会第二十次会议审议通过《种业振兴行动方案》，将修改种子法列为重点任务，会议强调，推进种业振兴，加强知识产权保护，优化营商环境，要综合运用法律、经济、技术、行政等多种手段，推行全链条、全流程监管，对假冒伪劣、套牌侵权等突出问题要重拳出击，让侵权者付出沉重代价。

2015年修订的种子法，对植物新品种的授权条件、授权原则、品种命名、权利范围及例外、强制许可等作了规范，将植物新品种知识产权保护从行政法规上升到法律层次，为保护育种者合法权益、促进种业创新发展提供了法治保障。但总体上看，我国种业知识产权保护还有短板弱项，国内主要粮食作物品种中修饰性品种比较多，一些品种繁育停留在对主要推广品种和核心亲本的修饰改良上，导致品种遗传基础窄，审定品种多但突破性品种少，同质化问题比较突出，难以适应加强植物新品种知识产权保护、激励育种原始创新、保障粮食安全的新形势。因此，亟需对种子法进行修改，扩大植物新品种知识产权权利保护范围，延伸保护环节，提高保护水平，加大保护力度，用制度导向激发原始创新活力。

从今年3月开始，全国人大农业与农村委员会牵头启动了修改种子法工作，全国人大常委会法工委、农业农村部、国家林业和草原局、司法部、国家知识产权局等部门参与。起草组深入调查研究，广泛征求国务院有关部门、种子企业及专家意见，召开评估论证会，反复研究，形成了种子法修正草案。

二、修改的主要内容

一是扩大植物新品种权的保护范围及保护环节。为了加强植物新品种知识产权保护，维护品种权人的合法权益，借鉴国际通行做法，草案扩大了植物新品种权的保护范围及保护环节，将保护范围由授权品种的繁殖材料延伸到收获材料，将保护环节由生产、繁殖、销售扩展到生产、繁殖、加工（为繁殖进行的种子处理）、许诺销售、销售、进口、出口、储存等。草案体现权利一次用尽原则，植物新品种权所有人对繁殖材料已有合理机会行使其权利，不再对收获材料行使权利。

二是建立实质性派生品种制度。为激励育种原始创新，从源头上解决种子同质化严重问题，草案建立实质性派生品种制度，明确实质性派生品种可以申请植物新品种权，并可以获得授权，但对其以商业为目的利用时，应当征得原始品种的植物新品种权所有人的同意。在国际植物新品种保护联盟 77 个成员中，有 68 个已经实行这一制度。鉴于实施这一制度是循序渐进的过程，草案作出授权性规定，实质性派生品种实施名录及判定指南等，由国务院农业农村、林业草原主管部门依照本法及有关法律确定。自实质性派生品种实施名录发布之日起申请的植物新品种，按照实质性派生品种相关制度管理，不溯及既往。

三是完善侵权赔偿制度。为提高对侵害植物新品种权行为的威慑力，加大了惩罚性赔偿数额，对权利人的损失或侵权人获得的利益或品种权许可使用费可以确定数额的，将赔偿数额的上限由三倍提高到五倍，难以确定数额的，将赔偿限额由三百万元提高到五百万元。为保护种子市场正常交易，增加侵权人合法来源抗辩条款。草案规定，不知道是未经植物新品种权所有人许可的授权品种的繁殖材料或者收获材料，能证明该繁殖材料或者收获材料具有合法来源的，不承担赔偿责任。

四是完善法律责任。为强化对种子生产特别是果树种苗生产检验、检疫的管理，防止携带疫病果树种苗流入市场，草案明确，不具有繁殖种子的隔离和培育条件，不具有无检疫性有害生物的种子生产地点或者县级以上人民政府林业草原主管部门确定的采种林从事种子生产，未执行种子检验、检疫规程生产种子的，追究法律责任。

今年4月26日，全国人大常委会第二十八次会议审议了国务院提出的《〈中华人民共和国道路交通安全法〉等9部法律的修正案（草案）》，其中种子法修改主要针对“放管服”改革，对林木种子有关行政许可事项作出调整。经与宪法和法律委员会研究，将上述修正案涉及种子法的内容与农业与农村委员会提出的修正草案合并，提交全国人大常委会继续审议。

此外，草案还对有关条款作了文字修改。

《中华人民共和国种子法（修正草案）》和以上说明是否妥当，请审议。

全国人民代表大会宪法和法律委员会关于《中华人民共和国种子法（修正草案）》审议结果的报告

全国人民代表大会常务委员会：

常委会第三十次会议对种子法修正草案进行了初次审议。会后，常委会办公厅就修正草案有关问题征求国务院办公厅意见。法制工作委员会将修正草案印发部分省（区、市）人大、中央有关部门和基层立法联系点、全国人大代表、研究机构等征求意见；在中国人大网全文公布修正草案，征求社会公众意见。宪法和法律委员会、农业与农村委员会、法制工作委员会联合召开座谈会，听取中央有关部门、基层立法联系点、全国人大代表、专家学者、基层执法机构、行业协会和种子企业等对修正草案的意见；宪法和法律委员会、法制工作委员会到北京调研，听取意见；并就修正草案的有关问题同有关方面交换意见，共同研究。宪法和法律委员会于11月11日召开会议，根据委员长会议精神、常委会组成人员审议意见和各方面的意见，对修正草案进行了逐条审议。农业与农村委员会、最高人民法院、司法部、农业农村部、国家林业和草原局有关负责同志列席了会议。根据委员长会议精神，宪法和法律委员会还组织召开种子法修改专题座谈会，听取有关部门和专家意见。11 月 30 日，宪法和法律委员会召开会议，再次进行了审议。宪法和法律委员会认为，为贯彻落实党中央决策部署，推动种业“放管服”改革，强化种业知识产权保护，支持种业科学技术研究，进一步推进种业振兴，修改本法是必要的，修正草案经过审议修改，已经比较成熟。同时，提出以下主要修改意见：

一、有的常委会组成人员建议，贯彻党中央、国务院种业振兴有关文件精神，充实关于加强种业科学技术研究、种质资源保护等方面的规定。宪法和法律委员会经研究，建议增加以下规定：一是，在第一条中增加“加强种业科学技术研究”。二是，在现行种子法有关种质资源收集等规定基础上，增加规定，重点收集珍稀、濒危、特有资源和特色地方品种。三是，在有关条款中增加支持生物育种技术研究，鼓励种子企业与科研院所及高等院校开展主要粮食作物、重要经济作物育种攻关的内容。四是，增加保障育种科研设施用地合理需求的内容。

二、修正草案第二条、第四条规定，对于报经国务院农业农村主管部门批准的相关事项，应当先经省级农业农村主管部门审核。有的常委委员提出，省级农业农村主管部门的审核属于方便申请人提交申请材料的程序，不属于行政许可，建议予以明确。宪法和法律委员会经研究，建议将有关内容修改为：国务院农业农村、林业草原主管部门可以委托省、自治区、直辖市人民政府农业农村、林业草原主管部门接收申请材料。

三、有的常委会组成人员建议，进一步加强对植物新品种权所有人合法权益的保护。宪法和法律委员会经研究，建议对草案作以下修改：一是，明确品种权所有人有权按照许可合同约定通过提成等方式收取使用费，以从种子推广经营中获得长期收益，增加规定，植物新品种权所有人可以将植物新品种权许可他人实施，并按照合同约定收取许可使用费；许可使用费可以采取固定价款、从推广收益中提成等方式收取。二是，考虑到植物新品种权侵权行为的认定技术性强，比较复杂，拟删去修正草案第八条中关于行为人能证明合法来源不承担赔偿责任的规定，可由人民法院在案件审理中具体处理。

四、修正草案第三条中规定，实质性派生品种实施名录及判定指南等，由国务院农业农村、林业草原主管部门依照本法及有关法律确定；自实质性派生品种实施名录发布之日起申请的植物新品种，按照实质性派生品种相关制度管理。有的常委委员和地方提出，党中央、国务院种业振兴和知识产权保护有关文件提出要及时修订植物新品种保护条例，建议由国务院在修改该条例时对实质性派生品种制度作出具体规定。宪法和法律委员会经研究，建议将上述规定修改为：实质性派生品种保护的实施步骤和办法由国务院规定。

五、有的常委会组成人员建议，进一步加大对假、劣种子的处罚力度。宪法和法律委员会经研究，建议将生产经营假种子行为的有关罚款数额由“一万元以上十万元以下”提高到“五万元以上五十万元以下”；将生产经营劣种子行为的有关罚款数额由“五千元以上五万元以下”提高到“二万元以上十万元以下”。

此外，还对修正草案作了一些文字修改。

11月19日，法制工作委员会召开会议，邀请部分全国人大代表、专家学者、基层立法联系点、种子企业、基层干部等，就草案主要内容的可行性、法律出台时机、法律实施的社会效果和可能出现的问题等进行评估。普遍认为，草案贯彻落实党中央决策部署，加强植物新品种权保护，支持种业科学技术研究，调整部分行政审批事项，主要内容的针对性和可操作性较强，是可行的，建议尽快通过实施。与会人员还对草案提出了一些具体修改意见，有的意见已经采纳。

宪法和法律委员会已按上述意见提出了全国人民代表大会常务委员会关于修改《中华人民共和国种子法》的决

定（草案），建议提请本次常委会会议审议通过。

修改决定草案和以上报告是否妥当，请审议。

全国人民代表大会宪法和法律委员会

2021 年 12 月 20 日

全国人民代表大会宪法和法律委员会关于《全国人民代表大会常务委员会关于修改〈中华人民共和国种子法〉的决定（草案）》修改意见的报告

全国人民代表大会常务委员会：

本次常委会会议于12月21日上午对关于修改种子法的决定草案进行了分组审议。普遍认为，修改决定草案已经比较成熟，建议进一步修改后，提请本次常委会会议表决通过。同时，有些常委会组成人员和列席人员还提出了一些修改意见和建议。宪法和法律委员会于12月21日晚召开会议，逐条研究了常委会组成人员和列席人员的审议意见，对修改决定草案进行了审议。农业与农村委员会、最高人民法院、农业农村部、国家林业和草原局有关负责同志列席了会议。宪法和法律委员会认为，修改决定草案是可行的，同时，提出以下修改意见：

一、有的常委会组成人员建议，对加强种子规范化生产、提高种子质量提出明确要求。宪法和法律委员会经研究，建议将现行种子法第三十四条修改为：种子生产应当执行种子生产技术规程和种子检验、检疫规程，保证种子符合净度、纯度、发芽率等质量要求和检疫要求。县级以上人民政府农业农村、林业草原主管部门应当指导、支持种子生产经营者采用先进的种子生产技术，改进生产工艺，提高种子质量。

二、有的常委委员建议，对生产经营假种子行为按货值金额倍数处罚的起算标准作适当调整，进一步体现从严处罚的精神。宪法和法律委员会经研究，建议将上述起算标准由货值金额“五万元”改为“二万元”。

经与有关部门研究，建议将本决定的施行时间确定为2022年3月1日。

此外，根据常委会组成人员的审议意见，还对修改决定草案作了个别文字修改。

修改决定草案修改稿已按上述意见作了修改，宪法和法律委员会建议本次常委会会议审议通过。

修改决定草案修改稿和以上报告是否妥当，请审议。

全国人民代表大会宪法和法律委员会
2021年12月24日

编后语

2021 年修改《中华人民共和国种子法》，是 2015 年修订工作的延续，进一步完善了种业知识产权保护制度，是种业法律制度发展演变中的重大标志性事件。

为了更好地学习、理解、宣传、贯彻好《中华人民共和国种子法》，全国人大农业与农村委员会、农业农村部、国家林草局参与修法工作的同志编写了这本导读，期望对大家掌握、运用法律提供帮助。由于时间紧，水平有限，书中难免有疏漏或不妥之处，敬请批评指正。

这次修改种子法，从启动修法工作，到修正草案提请全国人大常委会审议，再到全票通过，是在一年内完成的。这得益于全国人大常委会领导同志对修法工作的高度重视，全国人大农业与农村委员会的积极推动，以及宪法和法律委员会、法制工作委员会、司法部、知识产权局等部门的大力支持，部门间形成合力，大大加快了立法进程。

谨向所有对《中华人民共和国种子法》修改工作付出辛勤劳动的同志表示衷心的感谢！

本书编写组

2022 年 2 月

图书在版编目（CIP）数据

中华人民共和国种子法导读／刘振伟，张桃林，刘东生主编．—2 版．—北京：中国法制出版社，2022.2

ISBN 978－7－5216－2535－6

Ⅰ．①中…　Ⅱ．①刘…　②张…　③刘…　Ⅲ．①种子－农业法－基本知识－中国　Ⅳ．①D922.4

中国版本图书馆 CIP 数据核字（2022）第 029079 号

责任编辑　孙　静　　　　封面设计　李　宁

中华人民共和国种子法导读

ZHONGHUA RENMIN GONGHEGUO ZHONGZIFA DAODU

主编／刘振伟，张桃林，刘东生

经销／新华书店

印刷／三河市国英印务有限公司

开本／880 毫米×1230 毫米　32 开　　　　印张／14.75　字数／260 千

版次／2022 年 2 月第 2 版　　　　2022 年 2 月第 1 次印刷

中国法制出版社出版

书号 ISBN 978－7－5216－2535－6　　　　定价：56.00 元

北京市西城区西便门西里甲 16 号西便门办公区

邮政编码：100053　　　　传真：010－63141852

网址：http：//www.zgfzs.com　　　　**编辑部电话：010－63141793**

市场营销部电话：010－63141612　　　　**印务部电话：010－63141606**

（如有印装质量问题，请与本社印务部联系。）